SCHALOM

MELANCHTHON

Schicksale am Melanchthon-Gymnasium
seit 1933

Herausgegeben von Martina Switalski

©2016 Melanchthon-Gymnasium Nürnberg

www.mabase-verlag.de

Mabase Verlag, Kirchfarrnbacher Str. 6, D- 90449 Nürnberg

Herausgeberin: Dr. Martina Switalski
Umschlaggestaltung, Satz und Layout: Andrea Biermaier, Nürnberg
Druck: cpi -print GmbH
Umschlaggestaltung unter Verwendung einer Fotographie des Melanchthon-Gymnasiums von Westen (StadtAN A39 Nr. III-Fi-S-4183)

Alle Rechte vorbehalten, auch das der fotomechanischen Wiedergabe
Printed in Germany
ISBN: 978-3-939171-48-5

Die Letzten

Wir sind die Letzten.
Fragt uns aus.
Wir sind zuständig.
Wir tragen den Zettelkasten
mit den Steckbriefen unserer Freunde
wie einen Bauchladen vor uns her.
Forschungsinstitute bewerben sich
um Wäscherechnungen Verschollener,
Museen bewahren die Stichworte unserer Agonie
wie Reliquien unter Glas auf.
Wir, die wir unsre Zeit vertrödelten,
aus begreiflichen Gründen,
sind zu Trödlern des Unbegreiflichen geworden.
Unser Schicksal steht unter Denkmalschutz.
Unser bester Kunde ist das
schlechte Gewissen der Nachwelt.
Greift zu, bedient euch.
Wir sind die Letzten.
Fragt uns aus.
Wir sind zuständig.

                              Hans Sahl (1902–1993)

Inhaltsverzeichnis

	Autorinnen und Autoren 10	
	Vorwort von Leibl Rosenberg: Innenräume – Von den Formen der Erinnerung 13	
1	Einleitung. 20	
2	Schicksale jüdischer Melanchthonianer bis 1938 24	
2.1	Jacob Rosenthals Schulzeit am Melanchthon-Gymnasium 24	
2.2	Vom Leben und Sterben jüdischer Melanchthonianer 37	
2.3	Dr. Cornelia Kirchner-Feyerabend: Jüdischer Schüler am Alten Gymnasium und eines der ersten Opfer der Shoa – Rudolf Benario . . . 39	
2.4	Zwischen den Stühlen – Kurt Arnold 53	
2.5	Erinnerungen an die Brüder Claus (Claude) und Peter Frank 55	
2.6	Familie Josephthal mit einem Beitrag von Sonja Reinhold zu Georg Josephthal. 70	
2.7	Familie Berlin mit einem Interviewbeitrag von Ioanna Kopasaki und Regina Kreuz . . . 80	
2.8	Lebens- und Sterbeweg von Dr. Siegfried Schloss mit einem Beitrag von Sophie Anuth 90	
2.9	Familie Freudenthal am Alten Gymnasium mit einem Beitrag von Theodor Tharandt zu Walter Freudenthal 96	
3	Schule im Kriegszustand: Melanchthon-Gymnasium 1939–1945 108	
3.1	NS-Ideologie im Unterricht 108	
3.2	Altphilologie unter dem Hakenkreuz 110	
3.3	(Para)militärische Indienstnahme der Schülerschaft 114	
3.3.1	Otto Hornstein: Von der Schulbank zur Flak 115	
3.3.2	Ferdinand Klaever: Kulturschutz ohne Schülerschutz 119	
3.4	Rolf Riedel: Bomben über dem Melanchthon-Gymnasium 124	
3.5	Wiederaufbau des Schulbetriebs nach Kriegsende. 126	
4	Entnazifizierung der Lehrer nach 1945 130	
4.1	Oberstudiendirektor Dr. Friedrich Mezger 130	
4.2	Naturkunde bzw. Rassenkunde bei Franz Bauer 131	
4.3	Altphilologe Dr. Friedrich Helmreich 135	
4.4	Turnlehrer Ludwig Daut 142	
4.5	Griechischlehrer Dr. Ludwig Früchtel. 146	

5	Vom Vergangenen ins Gegenwärtige	150
5.1	Probanden für das Lernlabor „Schule im Nationalsozialismus".	150
5.2	Schüleraustausch mit Jerusalem im Februar 2014 mit Beiträgen von Luisa Heine, Hannah Feldmann und Sophia Deininger	151
5.3	Schüleraustausch mit Tel Aviv im Februar 2016 mit Beiträgen von Elisabeth Adam	154
6	Nachwort	159
	Farbbildteil	161
	Jüdische Schüler am Melanchthon-Gymnasium 1899–1938	170
	Anmerkungen	176
	Abbildungsverzeichnis	183

Autorinnen und Autoren

Dr. Martina Switalski

geb. 1969; Schauspielstudium in Köln; Studium der Geschichte, Germanistik, Indologie und Ethnologie in Köln und Erlangen Nürnberg; seit 1996 Leitung der Kulturagentur Artista; Promotion in Volkskunde an der Universität Augsburg 2004; Staatsexamen Geschichte/Deutsch an der FAU Erlangen-Nürnberg 2005; Referendariat und seither Studienrätin am MGN mit dem Schwerpunkt NS-Geschichte, Zeitzeugeninterviews und peer-guiding; Initiatorin des Israel-Austauschs am MGN seit 2013; ehrenamtliche Tätigkeit als Kirchenvorsteherin, in der Archivpflege und der Interessengemeinschaft „Jüdische Geschichte in Forth".

Leibl Rosenberg, M.A.

geb. 1948, Publizist, Historiker und NS-Raubgut-Forscher; aufgewachsen im DP-Lager (Displaced Persons Camp) Föhrenwald bei Wolfratshausen und in München, Abitur in München, studierte Judaistik, Bibelwissenschaften und Archäologie an der Hebräischen Universität Jerusalem, Sprachwissenschaften, Germanistik und Amerikanistik an der Ludwig-Maximilians-Universität München; zahlreiche Ämter und Ehrenämter in der jüdischen Gemeinschaft Deutschlands; breitgefächerte Tätigkeit für Rundfunk, Fernsehen und verschiedene Printmedien; zahlreiche Veröffentlichungen mit den Schwerpunkten Literatur und jüdische Kultur, Geschichte, Religion und Tradition, sowie Provenienzforschung und Restitution, lebt und arbeitet seit 1988 in Nürnberg, seit 1997 Beauftragter der Stadt Nürnberg zur Erforschung und Restitution von Buchbeständen aus NS-Raubgut der Stadtbibliothek im Bildungscampus Nürnberg.

Dr. Cornelia Kirchner-Feyerabend

Studium der Geschichte und der Anglistik an der FAU Erlangen (1974–1980); Staatsexamen, Tätigkeit als wissenschaftliche Mitarbeiterin und Promotion in Geschichte ebendort; Referendariat und seit 1990 Tätigkeit im bayerischen Schuldienst, derzeit Studiendirektorin und Seminarlehrerin für Geschichte am MGN mit einem Schwerpunkt auf Zeitzeugenforschung und Führungen zu (jüdischer) Geschichte in Nürnberg und München; ehrenamtliche Tätigkeit als Bezirksvorsitzende des Bayerischen Philologenverbandes (bpv).

Sophie Anuth
geb. 1994, 2004-2012 Melanchthon-Gymnasium, September 2012 - September 2013 Freiwilligendienst bei „Aktion Sühnezeichen" in Jerusalem, ab 2013 Studium der Architektur in Berlin, November 2014 Preisträgerin der Wertheimer-Schloß-Medaille der Loge „Zur Wahrheit" in Nürnberg, Juni 2015 Mitarbeit bei der Muslala Group beim Bau eines Meeting Point für kulturellen Austausch des Jerusalem Festivals in Jerusalem

Sonja Reinhold
geb. 1993, 2004-2012 Melanchthon-Gymnasium, seit 2012 Studium der Politikwissenschaft und des Öffentlichen Rechts an der FAU Erlangen-Nürnberg, Mitarbeit beim Aufbau eines Arbeitskreises zu Israel/Palästina bei der Erlanger Hochschulgruppe von Amnesty International, August 2016 Summer School-Programm der University of Tel Aviv

Theodor Tharandt
geb. 1998, 2008-2016 Melanchthon-Gymnasium, W-Seminararbeit „Kritischer Kommentar zum Champagnefeldtagebuch Walter Freudenthals 1917", Preis des Vereins für die Geschichte der Stadt Nürnberg/Kategorie Schülerarbeit im Juni 2016

Ioanna Kopasaki
geb. 1994, 2004-2012 Melanchthon-Gymnasium, W-Seminararbeit „Entrechtung des Rechtsstands am Beispiel der Nürnberger Familie Berlin", Preis der Naturhistorischen Gesellschaft Nürnberg und Preis des Bayerischen Clubs zur Förderung der bayerischen Kultur im Maximilianeum München, derzeit Studium der Psychologie an der Universität der Bundeswehr München

Regina Kreuz
geb. 1993, 2004-2012 Melanchthon-Gymnasium, W-Seminararbeit „Emigration der Nürnberger Rechtsanwaltsdynastie Berlin"

Autorinnen zum Israelaustausch 2014 und 2016

Sophia Deininger
Abitur 2016

Luisa Heine
Abitur 2016

Hannah Feldmann
Abitur 2016

Elisabeth Adam
Abitur 2017

Leibl Rosenberg: Innenräume – Von den Formen der Erinnerung

„Ich glaube, dass wir die richtige Form der Erinnerung noch nicht gefunden haben."[1] – Roman Herzog, der frühere Bundespräsident, hat sich mit diesen Worten zu einer der großen Fragen unserer Existenz geäußert. Natürlich meinte er uns Deutsche und unsere deutsche Geschichte in den letzten 100 Jahren. Aber seine Worte weisen – ob es ihm nun bewusst war oder nicht – weit über dieses engumgrenzte Begriffsfeld hinaus. Um solch ein weites Feld, wie es die Erinnerung darstellt, betreten zu können, empfiehlt es sich, das sprachliche und begriffliche Rüstzeug, das wir für unsere Wanderung brauchen, zu überprüfen.

Im Lun Yü, in den Gesprächen des Kung Futse, auch Konfuzius oder Meister Kung genannt, findet sich folgende Maxime: Dsi Lu sprach: „Der Fürst von We wartet auf den Meister, um die Regierung auszuüben. Was würde der Meister zuerst in Angriff nehmen?" Der Meister sprach: „Sicherlich die Richtigstellung der Begriffe." Dsi Lu sprach: „Darum sollte es sich handeln? Da hat der Meister weit gefehlt! Warum denn deren Richtigstellung?" Der Meister sprach: „Wie roh du bist, Yu! Der Edle lässt das, was er nicht versteht, sozusagen beiseite. Wenn die Begriffe nicht richtig sind, so stimmen die Worte nicht; stimmen die Worte nicht, so kommen die Werke nicht zustande; kommen die Werke nicht zustande, so gedeiht Moral und Kunst nicht; gedeiht Moral und Kunst nicht, so treffen die Strafen nicht; treffen die Strafen nicht, so weiß das Volk nicht, wohin Hand und Fuß setzen. Darum sorge der Edle, dass er seine Begriffe unter allen Umständen zu Worte bringen kann und seine Worte unter allen Umständen zu Taten machen kann. Der Edle duldet nicht, dass in seinen Worten irgendetwas in Unordnung ist. Das ist es, worauf alles ankommt."[2]

Mit dieser zweieinhalb Jahrtausende alten Maxime im Hinterkopf können wir uns dem Begriff Erinnerung zuwenden. *Erinnern*, schwaches Verb, mittelhochdeutsch, (er)innern, inren, ist abgeleitet von dem althochdeutschen Raumadjektiv innaro „der Innere, innerer" und bedeutet ursprünglich „machen, dass jemand etwas inne wird". Diese Definition, die Friedrich Kluge 1883 in seinem Etymologischen Wörterbuch der deutschen Sprache[3] gibt, ist in ihrer Knappheit gleichzeitig präzise und weitgefasst. „Machen, dass jemand etwas inne wird", verweist auf eine Handlung, auf ein gewolltes oder ein nicht gewolltes Tun. Gleichzeitig wird auch der Raum, in dem dieses Tun sich verwirklichen soll, ins Spiel gebracht: Es ist das Innere des Menschen, sein Innenraum, sein Herz, sein Hirn oder seine Seele, in dem die Tat der Erinnerung vollbracht werden muss. Anders gesagt: Erinnern ist Handeln, Erinnern ist Tun, Erinnern ist Arbeit. Nun ist es ja ein Leichtes, andere aufzufordern, dass sie etwas tun oder dass sie etwas lassen sollen. Doch Friedrich Kluge definiert das Wort „erinnern" keineswegs so einseitig. „Machen, dass jemand etwas inne wird", heißt es ja und keineswegs „Machen, dass jemand anderes etwas inne wird"! Erinnern ist nur die eine Seite dieser Wortmedaille, die andere Seite heißt „sich (selbst) erinnern". Das ist viel schwerer und mit diesem „sich erinnern" sollten wir nachdenkend beginnen.

Wer „sich erinnern" möchte, muss den dunkelsten und geheimnisvollsten Ort der Welt betreten: sein eigenes Ich. Nichts ist besser abgeschirmt, nichts ist tiefer verborgen, nichts ist unerreichbarer als das, was in unserem tiefsten Innern schlummert. Zu diesem nahen und doch so fernen Ziel vorzudringen, macht wahrlich Mühe und Arbeit. Nur so ist zu verstehen, warum die Erinnerung, weshalb das Erinnern uns Menschen so schwer fällt. Natürlich denken wir lieber an die glücklichen, an die schönen Augenblicke unseres Lebens zurück als an die dunklen, traurigen Momente. Doch auch die Erinnerung an das Glück vermag uns zu Tränen zu rühren – einfach, weil es vergangen ist. Das Vergängliche erinnert uns an unsere eigene Vergänglichkeit, an die natürlichen – ich möchte ergänzen – an die gottgegebenen Grenzen unserer Existenz. Wenn uns schon der Gedanke an vergangenes Glück traurig stimmen kann, um wie viel mehr vermag das die Erinnerung an das Unglück, das uns widerfahren ist! Und wie steht es um die Erinnerung an das Unglück, das Leid, den Schmerz, das Verhängnis, das wir über andere gebracht haben? Dies auszuhalten ist nur wenigen Menschen gegeben. Vielleicht ist der Mensch deshalb so erfindungsreich in seinem bewussten und unbewussten Bemühen, diesen Teil seiner Erinnerungen, diesen Winkel seines Innersten, vor allen anderen Menschen und ganz besonders vor sich selbst zu verbergen.

Die Erinnerung an das eigene Leben – und wir sprechen hier immer noch von dem Einzelmenschen – ist nur selten ein Vergnügen. Es kann nicht verwundern, wenn die kollektive Erinnerung einer Gemeinschaft ebenso selten ein Vergnügen darstellt. Wenn Prospero im letzten Akt von Shakespeares „Sturm" sagt: „Lasst die Erinnerung uns nicht belasten / Mit dem Verdrusse, der vorüber ist"[4], mag das, wenn überhaupt, für das Theater gelten – uns Lebenden am Ende des blutrünstigen 20. Jahrhunderts und zu Beginn des nicht weniger mordlüsternen 21. Jahrhunderts kann diese Maxime nicht helfen. Der „Verdruss", das Vergangene, ist zwar vergangen, aber deswegen noch lange nicht vorbei. Die Erinnerungen lasten auf uns und es kommt mir so vor, als ob sie ein Eigenleben hätten, als ob sie dies aus eigenem Antrieb täten. Die Erinnerung an das, was gewesen ist, überfällt uns, wann immer und in welcher Form immer sie dies will.

Die Erinnerung lässt sich nicht befehlen. Sie verweigert sich oder sie spricht ungefragt, sie schlummert oder gibt preis – ganz nach ihrem Belieben. Es ist nur schwer Staat zu machen mit einer Kategorie des Menschseins, die den Ungehorsam zum Wesenskern hat, die die ordnende Hand ausschlägt, die sich nicht zügeln und lenken lässt, nicht von Einzelnen und schon gar nicht von der Gruppe, der Gesellschaft oder der Nation. Mit ihr, der Erinnerung, ringen wir, wenn uns Vergangenes begegnet, wenn wir Gegenwärtiges beurteilen, wenn sich uns Künftiges schemenhaft am Horizont ankündigt. Das Vergangene reicht unbesiegbar stark hinein in unser Heute – ein täglich vergehender und entstehender Strom der Zeit. Und es wartet schon auf uns, wenn die Morgenröte eines jeglichen neuen Tages unaufhaltsam heraufdämmert. Die Erinnerung ist, bei rechtem Licht besehen, Erbschaft und Botschaft zugleich. Sie schwemmt Geschichte an, Gutes und Böses, Schönes und Hässliches, Gigantisches und Unsichtbares. All das Vergangene, all das nicht vergehen Könnende, lagert sich wie Treibsand ab an den Wegen und Stegen unseres Alltags, unserer täglichen und nächtlichen Existenz. Weil sie, die Erinnerung, so ist, wie sie ist, vermag sie uns stets aufs Neue zu überraschen, zu verblüffen und auch zu beschämen.

Das Gewesene verwest nicht, wird nicht zu Staub und Asche. Die Erinnerungen, die wir Deutsche – ganz unabhängig von unserer Religion, von unserer Familie, von unserem Wohnort und von unserem Beruf – an die Vergangenheit haben, sind keine blassen Gestalten einer verblichenen Wochenschau. Sie sind hier, mitten unter uns. Sie sitzen auf unserem Schoß, sie hängen an unserem Rücken, sie drücken uns die Kehle ab. Die Erinnerungen sitzen in unseren Herzen, Hirnen und Seelen, Erinnerungen, die nicht vergehen wollen.

Nun mag manch einer fragen, wieso sich denn das altehrwürdige Nürnberger Melanchthon-Gymnasium auf den Weg in die eigene Vergangenheit gemacht hat, wozu Schüler und Lehrer all die Mühen auf sich genommen haben, um die Erinnerung an das Unvergessbare zum Thema zu machen. Haben wir denn nicht genug damit zu tun, diese unsere Vergangenheit in Schach zu halten, unser Heil in einer besseren Zukunft zu suchen? Wozu dies alles wieder und immer wieder aufrühren, wozu immer an Auschwitz erinnern? Wozu uns immer wieder quälen mit Dingen, die wir sowieso nicht mehr ändern können? Wäre es nicht besser, leichter und heilsamer, den Mantel des Schweigens über all den Verdruss zu breiten? Wer so argumentiert, hat die Natur des Menschen nicht begriffen. Wer so redet, will verstummen und verstummen lassen. Wie dumm, wie falsch, wie menschenfeindlich! Worüber man schweigt, hat sich noch lange nicht erledigt. Was geschehen ist, kann nicht mehr aus der Welt geschafft werden, genauso wenig wie das Gesagte – sei es Lob, sei es Tadel, sei es Fluch, sei es Segen – nie mehr rückgängig gemacht werden kann. Das Gesagte und das Getane, das Verschwiegene und das Unterlassene, wirken weiter, haben Einfluss auf die Zukunft. Und selbst wenn die ganze Welt ein Bündnis des Vergessens schließen würde – irgendwo würde irgendwer die leise Stimme des Gewissens hören und eine einzige Frage eines einzigen kleinen Kindes würde die ganze verbissen schweigende Welt ins Unrecht setzen.

Nein, Erinnerung ist nicht machbar und nicht weg-machbar. Sie ist nicht in unser Belieben gestellt, sie gehorcht nicht unseren Launen und Befindlichkeiten. Die Erinnerung besteht aus sich selbst heraus und sie hat nicht uns, wir haben ihr zu gehorchen. So gesehen, ist die Frage nach „der richtigen Form" der Erinnerung nicht übermäßig klug, auch wenn sie ein Bundespräsident gestellt hat. Sie sucht sich ihren Weg, ihren Ausdruck, ihren Sitz im Leben. Erinnerung ist geradezu die Antithese zur Macht und zur Herrschaft des Menschen. Sich erinnern muss jedoch, anders herum gesehen, nicht die Hilflosigkeit des Einzelnen, die Aufhebung seines Willens bedeuten. Erinnerung ist – das darf ich als gläubiger Mensch sagen – ein Geschenk, eine Gnade Gottes, Erinnerung vermag uns mit unserem Menschsein zu versöhnen.

Erinnern definiere ich so: innehalten. Dann: nachdenken. Schließlich: begreifen und zulassen.

Innehalten: nicht einfach weitermachen, nicht alles weiter laufen lassen; aus der Hektik des Alltags heraustreten, beiseite gehen, zur Ruhe kommen, sein Inneres ausrichten, sich selbst wiedergewinnen.

Nachdenken: noch einmal denken, noch einmal neu denken, mit Gefühlen denken, mit Gedanken unseren Schmerz erfühlen, neue Wege suchen, neu ansetzen bei uns selbst, das Vor-Gedachte beiseiteschieben, das eigene, subjektive Urteil aus dem Vorurteil entwickeln; wieder auf sich selbst hören lernen.

Begreifen: nach den tiefen Gefühlen und Gedanken greifen und sich von ihnen berühren lassen; dem Neu-Gedachten, dem Neu-Gelernten Raum in uns geben; sich ergreifen lassen von dem, was vor uns war, von dem, was in uns ist, von dem, was mit uns wird.

Zulassen: sich in die Mitte der Erinnerung stellen, das Tor für Schmerz, Angst und Verzweiflung öffnen; erkennen, dass wir das als Erinnerung aushalten können müssen, was andere mit ihrem Leib erduldet und mit ihrem Leben bezahlt haben.

Ist die Beschäftigung mit den Erinnerungen an deutsche Geschichte der letzten hundert Jahre – nach all dem, was hier angedeutet wurde – erträglich oder unerträglich? Das ist nicht die Frage – die eigentliche Frage lautet: Ist die Beschäftigung mit der Erinnerung überhaupt vermeidbar? Ich meine: Das Unvermeidliche ist genau das, was wir am dringendsten benötigen. Und sollte jemand vergessen haben, was Geschichte und die Beschäftigung mit ihr bedeuten, könnte er sich von Friedrich Schiller belehren lassen: „Fruchtbar und weit umfassend ist das Gebiet der Geschichte; in ihrem Kreise liegt die ganze moralische Welt. Durch alle Zustände, die der Mensch erlebte, durch alle abwechselnde Gestalten der Meinung, durch seine Thorheit und seine Weisheit, seine Verschlimmerung und seine Veredlung, begleitet sie ihn, von allem, was er sich nahm und gab, muß sie Rechenschaft ablegen."[5]

Wenn all das, was hier über Erinnerung gesagt wurde, nur einigermaßen stimmt, dann darf man sie wirklich zu den schwierigsten Dingen rechnen. In diesen Betrachtungen war ja in erster Linie lediglich von den Erinnerungen derer die Rede, die das Grauen erlebt, überlebt, aus erster Hand erfahren haben. Was ist mit denen, die nicht selbst „dabei" waren, die Nachgeborenen der zweiten, dritten Generation? Was ist mit denen, die noch geboren werden, mit unseren Nachkommen, die einst unseren Platz einnehmen werden? Wie sollen sie mit den Erinnerungen umgehen?

Fragen wir sie doch, die Schüler des Melanchthon-Gymnasiums, was sie mit den Erinnerungen an Juden und Judentum angefangen haben. Es wurden die verschiedensten Arbeiten erstellt, so verschieden sie auch waren, eines haben sie dennoch gemeinsam: Sie konnten so gut wie gar nicht aus dem persönlichen Erleben, wenn überhaupt nur aus den Begegnungen mit „Betroffenen" – Juden oder anderen Deutschen – schöpfen. Die Teilnehmer an diesem Projekt haben sich nicht an etwas erinnert, was sie selbst erlebt haben, etwas niedergeschrieben, was sie schon immer wussten – wie hätten sie das auch gekonnt? Nein, sie sind einen anderen, einen mühsameren Weg der Erinnerung gegangen. Sie wurden zu Spurensuchern, zu Jägern und Sammlern. Ich meine, dass sie – und viele andere Menschen, die sich in den letzten Jahren und Jahrzehnten mit Juden und Judentum, mit diesen Deutschen und ihrem Deutschtum befasst haben – vorbildlich gehandelt haben und handeln. Im Talmud können wir lesen: „Das ist es, was Rabbi Chanina gesagt hat: Viel habe ich von meinem Lehrer gelernt, mehr als von meinen Lehrern, von meinen Kollegen, und am allermeisten von meinen Schülern."[6] Wohl der Schule, die solche Schüler, die solche Lehrer hat!

Man sagt, das Geheimnis der Erlösung hieße Erinnerung. Ich möchte das ergänzen: Das Geheimnis der Erinnerung heißt Arbeit. Wer die Spur aufnehmen möchte, wird viele, unendlich viele Fährten entdecken, die auf den Spurenleser warten. Die Spuren sind allgegenwärtig: in Archiven und Bibliotheken, in Orts-, Feld- und Flurnamen, in den Sprachen unserer Heimat, in den Fotoalben unserer Vorfahren, im hintersten Gedächtniswinkel unserer Großeltern. Noch gibt es die Augenzeugen – befragen wir sie! Noch liegen ungesichtet, unverstanden, riesige Mengen verstaubter Materialien herum, die von einem Leben vor unserem eigenen Leben zeugen. Sorgen wir dafür, dass sie nicht zu Staub zerfallen, bevor wir sie wenigstens zur Kenntnis genommen haben! Lernen wir, dass jeder Einzelne von uns aus der Geschichte kommt und selbst zu einem Stück Geschichte werden wird!

Es sei, gerade unter dem Namen Philipp Melanchthons, erlaubt und notwendig, auf die Spuren hinzuweisen, die Juden und Judentum in den verschiedenen Konfessionen des Christentums hinterlassen haben. Das Judentum ist im Christentum offenbar und allgegenwärtig für den, der Augen und Ohren hat. In seinen „Bekenntnissen" erzählt Augustinus, er habe einmal zur Zeit, als er sich nach einem lockeren Lebenswandel der christlichen Lehre zuzuwenden begann, aus einem benachbarten Hause den Zuruf einer kindlichen Stimme gehört: „Tolle, lege, tolle, lege – nimm und lies!" Er habe darin eine göttliche Mahnung gesehen, die Heilige Schrift zu lesen. Diese kindliche Stimme ist nicht verstummt, wir müssen nur auf sie hören.

Erinnerung in Deutschland: ein dorniger, ein steiniger Anstieg auf ein schroffes Felsengebirge, das im beinahe undurchdringlichen Nebel der Geschichte verborgen bleibt. Mühsam tasten wir uns vorwärts und niemand kennt die genaue Route. Während der Wanderer Gletscher und Eisbäche überquert, warten rechts und links der Wegstrecke unerforschte Felshänge, die kaum je ein Mensch betrat. Es sind scheinbar abseitige Felder der Erinnerung, die darauf warten, dass endlich auch sie von eifrigen Spurensuchern betreten werden. Ich denke hier an die Geschichte und Leidensgeschichte der Sinti und Roma, der Homosexuellen, der bekennenden Christen, der politisch Verfolgten.

Wenn wir aufrichtig sein wollen, müssen wir uns dazu entschließen, keine Trennung zwischen den einzelnen Opfergruppen mehr vorzunehmen. Die am meisten gelitten haben, dürfen nicht die Gemeinsamkeit des Erlittenen aller Opfer aus ihrem Bewusstsein verdrängen. Und die, die das Leid verursacht haben, dürfen nicht auch noch Generationen später die Rangfolge der Betroffenheit bestimmen. Alles zusammen genommen – die Untat und der Widerstand dagegen, die Gewalt und die Befreiung von der Gewalt – ergibt unsere gemeinsame Geschichte. Wir müssen das ganze Erbe annehmen, um das Grauen zu überwinden. Erinnern wir uns nicht, werden wir die Beute des Bösen sein.

Wer diesen Weg geht, wird lernen, zwei Stufen der Erinnerung zu unterscheiden. In der ersten Stufe suchen wir Spuren, die um uns herum auf uns warten. In der zweiten Stufe erkennen wir Spuren, die wir tief in uns tragen, auch wenn wir Nachgeborene, Spätere, Verschonte sind. Es sind Spuren in unserer Sprache, in unserer Kunst, in unserem Glauben. Wer sich die Mühe macht, diese zweite Stufe zu erklimmen, muss wissen, dass Schmerzen auf ihn warten. Schmerzen der Erkenntnis des Gewesenen und Schmerzen des Verlusts des Vergangenen. Aber tief in unserem Inneren warten auch Glück und Freude auf den Suchenden: das Glück des Wiederfindens, die Freude der Gemeinsamkeit, die Hoffnung auf eine bessere Zukunft, die wir selbst gestalten können. Wir leben im Innenraum der Geschichte – es ist unmöglich, sie zu verlassen.

Sich erinnern und andere erinnern sind durchaus nicht voneinander geschiedene Vorgänge. Die Mühsal und die Freude des Spurensuchens erlebt der Suchende zwar individuell, doch sein Tun ist – so einsam es oft sein mag – keine Privatangelegenheit. Die Arbeit der Erinnerung ist ein sozialer, ein eminent politischer Akt. Wer sich dieser Arbeit stellt, tut es auch für andere, wer eine Brücke baut, will sie nicht nach Überqueren der Schlucht zerstören. Andere, Spätere werden den Erbauer wahrscheinlich nicht loben, aber seine Arbeit nutzen werden sie schon. Einer muss vorausgehen, einer muss das Licht anmachen, einer muss das Feuer bewachen: „For some must watch, that most can sleep."[7] Eine Nation, eine Gesellschaft wie die unsere, die ihr Selbstverständnis nicht zuletzt aus der Überwindung einer verbrecherischen Diktatur bezieht, kann und darf nicht auf das Vergessen setzen. Sich und andere erinnern heißt gerade in Deutschland: den demokratischen Rechtsstaat und ein menschenwürdiges Leben für alle sichern.

Die Teilnehmer an dieser Geschichtswerkstatt haben getan, was sie tun mussten, nicht weil man es ihnen befohlen hat, nicht weil ihnen die Wahl ihres jeweiligen Themas handfeste Vorteile versprochen hat, nicht weil es keine anderen Themen geben würde. Die Teilnehmer haben sich einer Anforderung aus der Mitte ihres eigenen Ichs gestellt. Sie haben mit Mühe, mit Schmerz, mit Eifer und Begeisterung etwas Großartiges geleistet. Sie haben – wohl ohne es kaum zu ahnen – im Sinne des unsterblichen römischen Dichters und Denkers Quintus Horatius Flaccus gehandelt. Horaz singt in seinen Oden die prophetischen Worte: „Exegi monumentum aere perennius/ regalique situ pyramidum altius – Ich habe mir ein Denkmal errichtet, dauerhafter als Erz/und höher als der königliche Bau der Pyramiden."[8]

Philipp Melanchthon, der humanistisch überaus bewanderte Kenner der Antike, meinte einmal: „Die Jugend recht bilden ist etwas mehr als Troja erobern." Er hatte nur teilweise Recht. Vor kurzem stand ich innerlich sehr bewegt in den Ruinen des nicht von mir eroberten Trojas. Es ist unsagbar viel schwerer, in die Finsternisse unserer eigenen Vergangenheit hinabzusteigen. Diese jungen Menschen haben es gewagt. Ich bin stolz und dankbar, einige von ihnen ein kleines Stück Wegs begleitet zu haben. Ganz gleich, wie zufrieden Sie Melanchthonianer mit dem Ergebnis Ihrer Mühen sind – jede Arbeit, die ich gesehen habe, war es wert, getan zu werden. Sie haben das Richtige getan und sie haben es gut getan. Ihr Weg ist der Weg, der in die Zukunft führt.

Neue Formen der Erinnerung? Nein. Es sind die alten Tugenden, die wir brauchen: Ernst, Respekt, Demut und Liebe. Ich habe von Ihnen gelernt, ich bin froh, dass Sie mich belehrt haben. Ich habe zu danken.

1 Einleitung

Die zwölf Jahre herrschende Diktatur der Nationalsozialisten schickte ihre ideologischen Vorboten im kaiserlichen Untertanenstaat voraus und lässt uns auch über 70 Jahre nach Kriegsende nicht aus dem Schatten totalitärer und Menschen vernichtender Erinnerungsstrukturen treten. Die 148 Monate der NS-Diktatur sind die längsten zwölf Jahre deutscher Geschichte und ihre Aufarbeitung dauert an.

Der vorliegende Bericht über das Melanchthon-Gymnasium in den Jahren 1933 bis 1945 will daher heutigen wie ehemaligen Schülerinnen und Schülern und allen Freunden der Schule die Möglichkeit geben, die langlebige Wirkung diktatorisch-rassistischer Erziehungsmaßnahmen im eigenen Hause sicherlich nicht fassbar, aber zumindest nachvollziehbar zu machen. Dieser Versuch gründet in den Kernfragen aller diesbezüglichen Vergangenheitsbewältigung: Schützte die humanistische Ausrichtung der Schule vor den Menschen entwürdigenden Untaten und Morden der Nationalsozialisten oder stützte man die herrschende Ideologie in vorauseilendem Gehorsam, um der „Gleichschaltung" mit den Realgymnasien zu entgehen? Wie konnte man es zulassen, dass die „mores", das scheinbar unerschütterliche Gesetz einer abendländischen Normsetzung der Tugend, Sittsamkeit, Ehrlichkeit und Toleranz, plötzlich auf den lateinischen Wortstamm verengt nicht mehr als Moral, sondern nur noch als auswechselbarer Sittengebrauch[1] gedeutet wurden, plötzlich markige NS-Sprüche das Morgengebet ersetzten und die Schüler statt mit religiös bedingtem „Grüß Gott" mit politisch verbrämtem „Heil Hitler" grüßten? War in einer humanistischen Bildungsinstitution, die in einer 2500jährigen Denkkultur in Literatur, Philologie, Theologie und Philosophie um die Frage des menschlichen Gewissens kreiste, ein reines Gewissen geblieben? Hatte man mit der Pflege vorsokratischer Größe, römischer Tugendlehre oder christlicher Heilslehre mehr Widerstand gegen die Blut-und Bodenideologie entwickeln können, weil der Horizont weiter war und die Fragestellung tiefer ging?

Es soll und kann in der Enkelgeneration der damaligen Machthaber und Mitläufer nicht um das Finden einer Gerechtigkeit gehen, an der „die Welt zugrunde ginge", wie es der lateinische Rechtsspruch „fiat iustitia et pereat mundus" rigoros suggeriert. Es ist sowieso fraglich geworden, wie einem einzelnen Menschen nach Aufhebung der Individualität in der Massengesellschaft bzw. ihrer totalitären Erweiterung, der gleichgeschalteten Volksgemeinschaft, Schuld zugesprochen werden soll und wohin die scheinbar ersetzbare Moral geflüchtet ist, die diese Schuld zu richten hätte. Es soll aber wohl dem Leser und der Leserin dieser Zeilen die Möglichkeit gegeben werden, sich selbst ein Urteil über das Verhalten der Schule, der Schüler und der Lehrer des humanistischen Melanchthon-Gymnasiums zwischen 1933 und 1945 zu bilden, denn auch Schulen haben ihr Schicksal. Sed habent sua fata scholae …

Die Basis dieser Erinnerungsarbeit sind Archivalien des Schularchivs, des Stadtarchivs Nürnberg und des Staatsarchivs Nürnberg. Sie werden kontrastiert und bebildernd ergänzt mit Zeitzeugenberichten der NS-Zeit. Die Interviews konzentrierten sich auf die Erfahrungen jüdischer und christlicher, damals arisch genannter, Schüler zu gleichen Teilen. Der Dank, der diesen Zeilen unterliegt, gilt also v.a. jenen Menschen, die bereit waren, ihre Erinnerungen mit uns zu teilen und uns als Gesprächspartner zur Verfügung zu stehen. Ich will in der Reihenfolge der geführten Gespräche hier Herrn Dr. Jacob Rosenthal (Jerusalem), Herrn Kurt Arnold (Nürnberg), Herrn Prof. Otto Hornstein, Herrn Volkmar Schardt (Uttenreuth), Herrn Dr. Ferdinand Klaever, Herrn Peter Schmid (Nürnberg), Herrn Ludwig Berlin (London) und Herrn Pfarrer Karl Buck (Heroldsberg) herzlichst danken. Ihre – oft schmerzlichen – Erzählungen über eine Zeit der politischen Indoktrination oder sozialen Ausgrenzung und Verfolgung waren für die teilnehmenden Schülerinnen und Schüler des Projekts „Schalom Melanchthon" so einprägsam, dass es ratsam scheint, sie mit dieser Schrift auch anderen zugänglich zu machen. Abiturienten und Abiturientinnen des Wissenschaftspropädeutischen Seminars „Jüdische Melanchthonianer" im Schuljahr 2011/12 haben ebenso wie zwei neunte Klassen im Projekt „Schule und Archiv" in den Folgejahren wesentlich zur Ausweitung, Vertiefung und Erstellung der einzelnen Biographien früherer Melanchthonianer beigetragen und so will ich neben der gesamten 9d des Schuljahres 2011/2012 v.a. die Teilnehmer und Teilnehmerinnen unseres zweijährigen Arbeitszyklus' im W-Seminar des Abiturjahrgangs 2012 namentlich nennen, um ihnen für ihre Arbeit, ihre Ideen und ihre emotionale Teilhabe an einem un-humanen Abschnitt unseres humanistischen Gymnasiums herzlich zu danken: Tanja Böhm, Pascal Henninger, Valeriy Izrailevych, Leonie Panzer, Franziska Reim, Fiona Ruppert, Frederic Steinmann, Carlotta Zeitlhack, Thilo Ziel, Max Zrenner, Sonja Reinhold, Ioanna Kopasaki, Regina Kreuz und Sophie Anuth. Herausheben will ich die letzten vier Schülerinnen, weil Teile ihrer Seminararbeit hier abgedruckt sind. Sonja Reinhold schreibt in Kapitel 2.6 über die Familie Josephthal, Ioanna Kopasakis und Regina Kreuz' Interview mit Ludwig Berlin ist in 2.7 nachzulesen und Sophie Anuth schildert Verfolgung und Ermordung von Dr. Siegfried Schloß im Kapitel 2.8. Aus dem Abiturjahrgang 2016 fanden Auszüge der Seminararbeit von Theodor Tharandt über Walter Freudenthals Champagnefeldtagebuch von 1915 Eingang in diese schulgeschichtliche Dokumentation. Außerordentlich dankbar bin ich auch meiner Historikerkollegin, Frau Dr. Cornelia Kirchner-Feyerabend, für ihren Beitrag zu Rudolf Benario. Er macht die vorliegende Schrift zu einem veritablen Schüler-Lehrer-Erinnerungsband zur Schulgeschichte.

Diese Bemerkung mag den Leser und die Leserin dieser Zeilen auch auf einen gewissen Stil-Mix aufmerksam machen. Die vorliegenden Zeilen verstehen sich als Abschlussdokument einer intensiven Schülerarbeit und variieren daher zwischen historischem Kommentar, archivalisch gestützter Ergebnisdarstellung und transkribierten Zeitzeugeninterviews.

In meinen Dank will ich neben den Autoren und Autorinnen die geduldige Permanenz zweier Mitarbeiter des Stadtarchivs Nürnberg einschließen. Ohne die hilfreiche Hand Christof Neidigers für die Archivneulinge und den tiefen Quell an Kenntnissen und Kontakten zu Nürnbergern jüdischen Glaubens von Gerhard Jochem hätte diese Arbeit nicht stattfinden können. Letzterer hat neben der fachlichen Beratschlagung dieses Geschichtsprojekts auch die finanzielle Unterstützung der „Förderung zeitgeschichtlicher Forschung in Nürnberg und der Vermittlung ihrer Ergebnisse" (FZFN) innerhalb der Jerry-Nothmann-Förderung erwirkt. Dank dafür!

„Schalom Melanchthon" ist das Werk vieler Köpfe und Hände innerhalb unserer Schulfamilie und ich will neben der Schülerschaft all jene dankend nennen, die diesen Prozess begleiteten und noch unterstützen. Hartmut Castners kritischer Geist initiierte dieses Projekt durch die gemeinsame Planung der Schulgedenkfeier am 19. April 2010 wesentlich mit. Meine Kunstkollegin Andrea Schneider-Deisel hat durch die Artefakte „Bank", „Durchbruch" und „Ausgrenzung" eine bleibende Erinnerungsarbeit erschaffen lassen, die unser Foyer beim Haupteingang seither prägt. Den Verlauf der Verschriftlichung begleiteten u.a. meine Historikerkollegen André Kaiser und Heike Hessenauer. Geduldig und hilfreich begegnete Cornelia Hentschler als Schulbibliothekarin und Hüterin des Schularchivs unseren vielfältigsten und zeitlich immer wieder ungelegen kommenden Bitten. Auch hierfür: Danke! Besonderer Dank gilt aber Karin Verscht-Biener, die in präziser Weise die mühsame Korrekturarbeit übernommen hat. Ihr ist auch der glückliche Kontakt zum Mabase Verlag zuzuschreiben, der diese Arbeit unter der Obhut von Martin Backhouse in sein Programm aufgenommen hat. Für die professionelle Formgebung dieser Artikel aus unterschiedlichsten Händen, die ansprechende graphische Gestaltung, den Satz und v.a. ihre Geduld sei Andrea Biermaier ein herzlicher Dank ausgesprochen, dem sich der an die Freunde des Melanchthon-Gymnasiums für die großzügige finanzielle Unterstützung unbedingt anschließt! Konrad Birkmann vom Elternbeirat unserer Schule sei für seine immer anregend-vernetzende Mithilfe seit den Artefakten 2010 und besonders für die intensive Begleitung in der Schlussphase der Drucklegung von Herzen gedankt.

Die Arbeit an diesem Geschichtsprojekt barg viele Begegnungen, deren Lebensschwere und Intensität sich mir und meinen begleitenden Schülerscharen tief einprägte. Neben den Zeitzeugen gilt dies im besonderen Maße für das Zusammentreffen mit Leibl Rosenberg. Seine langjährige kritisch-konstruktive Begleitung und philosophisch-glaubensbedingte Hilfestellung finden in seinem einleitenden Essay zur Erinnerungsarbeit Niederschlag, der diese deskriptive Arbeit adelt und hebt. Fruchtbar und immer wieder anregend hinsichtlich des Einbezugs unserer Schülergruppen gestaltet sich auch die Zusammenarbeit mit Dr. Mathias Rösch, dem Leiter des Schulmuseums und Dozenten für Allgemeine Pädagogik an der Universität Erlangen-Nürnberg. Auch ihm sei für die kollegiale Begleitung von den ersten Coachingtagen für die W-Seminaristen 2011 bis hin zur Ausstellungseröffnung „Schule in der NS-Zeit" 2016 für seinen Ansporn und den fachlichen Austausch herzlichst gedankt.

Es gereicht diesem Buch zur besonderen Ehre, dass es durch die Bereitschaft des Stadtarchivs Nürnberg unter der Leitung von Dr. Michael Diefenbacher die Möglichkeit bekommt, dort nicht nur vorgestellt, sondern auch ausgestellt zu werden. Im Namen aller beteiligten Schüler und Schülerinnen und der gesamten Schulfamilie des Melanchthon-Gymnasiums erlaube ich mir, Ulrike Swoboda und dem die Ausstellung vorbereitenden Team für deren zielführende und präzise Gestaltung unseren gemeinsamen Dank auszusprechen.

Der letzte Dank gilt Herrn Otto Beyerlein, der mir als Direktor in den letzten Jahren alle Freiheit im Denken und Forschen, im Handeln und Gestalten ließ, um die vorliegenden Schülerarbeiten einer interessierten Öffentlichkeit zugänglich zu machen und einen Austausch mit Israel zu beginnen, der Vergangenheit und Zukunft gleichermaßen in sich birgt. „Schalom Melanchthon" bringt hoffentlich auch ein Stück Frieden mit dem Gewesenen in unser Haus.

Ein Blick auf die jüdischen Mitschüler des „Alten Gymnasiums", wie das Melanchthon-Gymnasium bis 1933 hieß, darf nicht nur vom entehrenden und schulverweisenden Ende im Jahr 1938 her gewagt werden, sondern muss im langen 19. Jahrhundert beginnen, das die Chancen der liberalen Assimilation und religiösen Symbiose von Juden und Christen in sich barg. Die Biographien des in Sachsenhausen getöteten Rechtsanwalts Dr. Siegfried Schloß und der Nürnberger Rabbinersöhne Walter und Heinz Freudenthal[2] sollen exemplarisch für den Werdegang der Melanchthonianer stehen, die zwischen 1898 und 1919 ihr Abitur am Alten Gymnasium ablegten und damit Zeugen der erstarrten Untertanengesellschaft des Kaiserreichs, Helden des Ersten Weltkrieges und Opfer des latenten Antisemitismus der Nachkriegszeit wurden. Deren Lebenswege bzw. deren Tod sind vom Nationalsozialismus entsetzlich geprägt. Der wesentliche Fokus der Arbeit liegt gemäß dem Untersuchungszeitraum 1933 bis 1945 auf den Biographien der jüdischen Schüler und deren damaliger Mitschüler. Nur so kann ein eindrückliches Bild von der Schulatmosphäre, von der politischen Infiltration, der Ausgrenzung und letztlich dem Schulverweis aller jüdischen Melanchthonianer bis 1938 entstehen. Ein weiterer Untersuchungsaspekt muss nach den Schülern und dem Schulbetrieb nach 1933 der Lehrerschaft jener Zeit gelten. Deren Entnazifizierungsakten geben deutliche Hinweise auf die einzelnen Verstrickungen in das NS-System, aber auch auf die Reinwaschung durch Persilscheine und fehlende Entnazifizierung nach dem Zweiten Weltkrieg. Ein letzter Aspekt gilt den aktuellen Schulprojekten zur Aufarbeitung, v.a. dem Israelaustausch, der eine sinnvolle Fortführung der Auseinandersetzung mit der Schulgeschichte im Umfeld der jüdischen Melanchthonianer darstellt. Die Möglichkeit, ehemalige Schüler der Kriegsgeneration fragen zu können, schwindet. Allen Zeitzeugen hängt bereits das Prädikat der bald einzigen Überlebenden an, denn ihr Tod markiert die „Einmaligkeit und Unwiederholbarkeit erfahrungsgesättigter Kommunikation."[3] Im Bewusstsein, dass wir nur noch sehr geringe Möglichkeiten haben, mit ehemaligen jüdischen Schülern unserer Schule reden zu können, hatte die Begegnung mit Herrn Dr. Jacob Rosenthal 2010 einen Initialcharakter für das gesamte Projekt „Schalom Melanchthon".

2 Schicksale jüdischer Melanchthonianer bis 1938

Das Gedenken des 450. Todestags unseres Schulgründers Philipp Melanchthon am 19. April 2010 widmete sich im doppelten Sinne der ars moriendi, der Kunst des Sterbens. Bei aller gebührenden Würdigung der Taten des Reformators, Gräzisten und „Praeceptors Germaniae" sollte auch eine Hinterfragung des humanistischen Gedankenguts stattfinden. Es darf als glücklicher Zufall gewertet werden, dass ich zusammen mit meinem Kollegen Hartmut Castner nach ersten Recherchen im Stadtarchiv im Sommer 2009 Kontakt zu Herrn Dr. Jacob Rosenthal aufnehmen konnte, der unsere Schule 1938 aufgrund seines jüdischen Glaubens verlassen musste, aber einer Einladung des Hauses folgte und vom 13. April bis 23. April 2010 in Nürnberg weilend, beredt und eindrücklich Zeugnis ablegte von seiner Schulzeit unter nationalsozialistischer Herrschaft. Als ehemaliger Schüler, emigrierter Zionist und promovierter Historiker war er in vielfacher Weise als Kronzeuge des Gedenkens an die jüdischen Melanchthonianer „qualifiziert" und sprach bei der Gedenkveranstaltung zusammen mit dem evangelischen Landesbischof Dr. Johannes Friedrich am 19. April 2010 vor der Schulversammlung und vielen Ehemaligen von der Waage zwischen humanitas und inhumanitas. Durch seine Mitarbeit im Yad Vashem, dem „World Center for Holocaust Research, Documentation, Education and Commemoration", in Jerusalem half uns Dr. Jacob Rosenthal in den Folgemonaten bei den Recherchen zur Schulgeschichte in der NS-Zeit. Er gab uns neben den Opfernamen auch Nachricht über ehemalige jüdische Mitschüler, die die Shoa überlebt haben. Er sprach von Claude (vormals Claus) Frank (geb. 1925 in Nürnberg, gest. 2014 in New York), der als Pianist und Beethoven-Interpret Karriere machte, von der Rechtsanwaltsdynastie der Berlins oder von Georg Josephthal (geb. 1912 in Nürnberg, gest. 1962 in Luzern), der als Giora Josephthal nach der Gründung des Staates Israel dort Arbeitsminister wurde.

2.1 Jacob Rosenthals Schulzeit am Melanchthon-Gymnasium

Bei der Ankunft des Ehepaars Rosenthal eröffnete schon die erste Fahrt vom Flughafen zum Hotel die historische Betrachtung. Dr. Jacob Rosenthal erzählte, wie er 1929 als Erstklässler bei den damaligen Wahlen, der NSDAP intuitiv misstrauend, im Beisein des Kindermädchens kleine handgeschriebene Zettel im Stadtpark anklebte: „Wählt SPD!" Freilich hatten diese Wahlplakate wenig Einfluss auf das allgemeine Stimmungsbild. Er erzählte von der weitläufigen Familie, der er entstammte. Heiner Rosenthal – denn so hieß Jacob bis zur Emigration – war 1922 als Sohn von Dr. Julie Löwenthal-Rosenthal (1897-1987), der Tochter des Fabrikbesitzers Otto Metzger in Mögeldorf, und des Chemikers Dr. Otto Rosenthal (1881-1924) geboren worden. Dr. Otto Rosenthal hatte die väterliche Fabrik für synthetische Klebemittel in Gostenhof übernommen, wurde im Ersten Weltkrieg eingezogen und diente als Oberleutnant im 8. Königlich Bayerischen Feldartillerie-Regiment, das er, mit dem Eisernen Kreuz der I. und II. Klasse ausgezeichnet, schwer verwundet verließ. Er verstarb 1924 in Folge seines Kriegsleidens. Die verwitwete Mutter beendete ihre kunstgeschichtliche Dissertation über das Augustinerkloster in Nürnberg. Sie arbeitete als Angestellte des Stadtarchivs Nürnberg und bis 1933 auch als freie Journalistin. Der kleine Heiner durfte oft ins Kino gehen, damit seine Mutter dann die Kritik über den von ihm erzählten Film verfassen konnte. 1931 heiratete sie den Rechtsanwalt Dr. Alfons Löwenthal, der als zweiter Vorsitzender der zionistischen Ortsgruppe in Nürnberg auch deutlichen Einfluss auf die baldige Ausreise der Familie nahm.

Die Aufnahme Heiner Rosenthals an das Melanchthon-Gymnasium (damals noch Altes Gymnasium) erfolgte 1932 zusammen mit den jüdischen Mitschülern Hans Dirnbach, Jacob Katz und Heinz Lichtenstein. Durch die Pflege der alten Sprachen und das Wahlfach Hebräisch, das vom Rabbiner Dr. Max Freudenthal für die oberen Klassen und von Moses Rülf für die unteren Klassen gegeben wurde, war das Melanchthon-Gymnasium für die arrivierte jüdische Mittelschicht die traditionelle Ausbildungsstätte.

Im Schnitt wies eine der beiden Eingangsklassen, so hat die Auswertung unserer Jahresberichte von 1899 bis 1938 erbracht, drei bis acht jüdische Mitschüler, also durchschnittlich 7% Juden auf. Die Ideologisierung des Unterrichts durch Rassenkunde, Parteigenossen im Lehrkörper und die fortschreitende Entrechtung der jüdischen Kinder musste Heiner Rosenthal schmerzhaft erfahren, wenngleich ihn der Status als Sohn eines Frontsoldaten zunächst an der Schule verbleiben ließ. Dr. Jacob Rosenthal erinnerte sich an viele ideologisch bedingte Änderungen im Unterrichtsgeschehen nach 1933. „In meiner Klasse waren [1932/33 insgesamt] 28 Katholiken, 12 Protestanten und 4 Juden. Die meisten Katholiken waren am Anfang noch in der katholischen [marianischen] Kongregation organisiert und nur wenige Katholiken und Protestanten im Jungvolk der Hitlerjugend. Daher war kaum offener Antisemitismus zu spüren. Man spielte noch gemeinsam in den Pausen, ging zusammen auf Schulausflüge, traf sich auch nach dem Unterricht. Das änderte sich schlagartig, als im Lauf des Jahres

Abb. 1: Heiner, später Jacob Rosenthal vor 1939 und 2010 im Melanchthon-Gymnasium, siehe auch Seite 157 im Farbbildteil

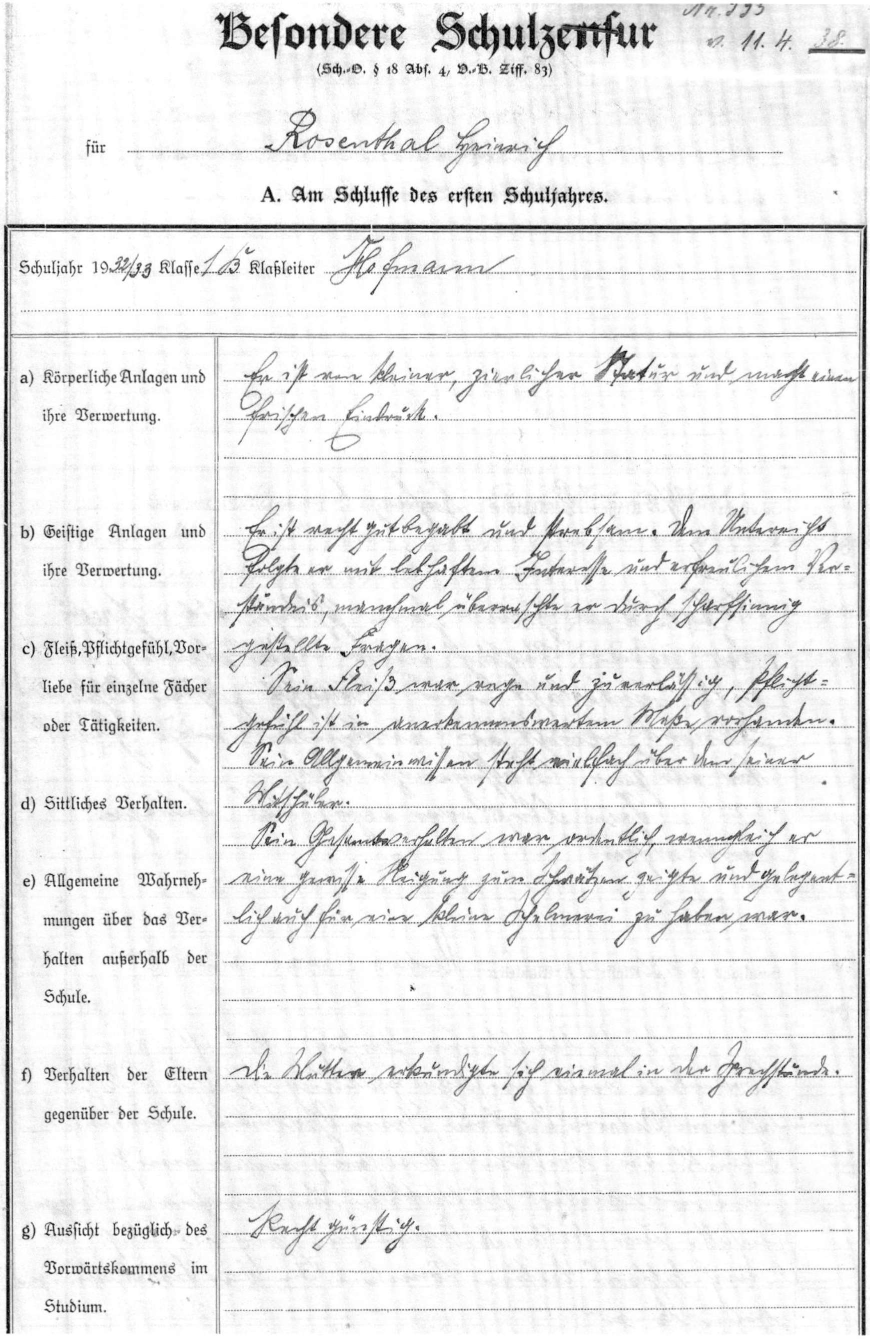

Besondere Schulzensur

(Sch.-O. § 18 Abs. 4, D.B. Ziff. 83)

Nr. 333
v. 11.4.38

für __Rosenthal Heinrich__

A. Am Schlusse des ersten Schuljahres.

Schuljahr 19 32/33 Klasse 1 b Klaßleiter _Hofmann_

a) Körperliche Anlagen und ihre Verwertung.	Er ist von kleiner, zierlicher Statur und macht einen frischen Eindruck.
b) Geistige Anlagen und ihre Verwertung.	Er ist recht begabt und strebsam. Dem Unterricht folgt er mit lebhaftem Interesse und erfreulichem Verständnis, manchmal überrascht er durch scharfsinnig gestellte Fragen.
c) Fleiß, Pflichtgefühl, Vorliebe für einzelne Fächer oder Tätigkeiten.	Sein Fleiß war rege und zuverlässig, Pflichtgefühl ist in anzuerkennendem Maße vorhanden. Sein Allgemeinwissen steht vielfach über dem seiner Mitschüler.
d) Sittliches Verhalten.	
e) Allgemeine Wahrnehmungen über das Verhalten außerhalb der Schule.	Sein Gesamtverhalten war verhältnismäßig, er zeigt eine gewisse Neigung zum Schwatzen jedoch ist anzunehmen, daß sich für ihn kein Schlimmes zu haben war.
f) Verhalten der Eltern gegenüber der Schule.	Die Mutter erkundigte sich einmal in der Sprechstunde.
g) Aussicht bezüglich des Vorwärtskommens im Studium.	Recht gut.

Abb. 2: In der Schulzensur, dem ersten Zeugnis, für Heinrich (Jacob) Rosenthal am Melanchthon-Gymnasium 1933 machte Heinrich „einen frischen Eindruck". Er war „recht begabt und strebsam. Dem Unterricht folgte er mit lebhaftem Interesse und erfreulichem Verständnis, manchmal überraschte er durch scharfsinnig gestellte Fragen. [...] Sein Allgemeinwissen steht vielfach über dem seiner Mitschüler."

alle Jugendverbände in die Hitlerjugend eingegliedert werden mussten. Ich erinnere mich noch an ein Wochenende im Frühjahr 1933, als an irgendeiner der vielen damaligen festlichen Veranstaltungen das Verbot des Tragens von Parteiabzeichen aus der Weimarer Zeit aufgehoben wurde und der Klassleiter, ein junger Studienassessor, der besonders beliebt war und nie ein Wort über Politik, geschweige denn über Antisemitismus erwähnt hatte, in SA-Uniform und mit erhobener Hand die Klasse betrat. Wir Juden waren wie vor den Kopf geschlagen! Dieser nette populäre Lehrer war also vielleicht beim Boykott der jüdischen Geschäfte vor einem jüdischen Laden gestanden, hatte bei der Verbrennung jüdischer Bücher auf der Deutschherrenwiese mitgeholfen oder vielleicht sogar ehemalige jüdische Politiker im Braunen Haus am Marienplatz verhaftet, geschlagen und in das Konzentrationslager Dachau verfrachtet!"[4] Die Folgen der Machtergreifung waren im Schulalltag für die jüdischen Schüler deutlich spürbar, denn ihre soziale Ausgrenzung wurde stärker. „Deutschland wurde damals ‚gleichgeschaltet', die Juden, auch wir im Alten Gymnasium, ausgeschaltet. Obwohl wir vier Juden alle Kinder von Frontkämpfern des Ersten Weltkriegs waren und laut des ‚Gesetzes gegen die Überfüllung deutscher Mittelschulen', wie dieses Nazigesetz so schön euphemistisch tituliert war, zunächst weiter bleiben durften, begann die Isolation. Wir saßen von jetzt an in den letzten Bänken an der Wand, keine Spiele mehr in der Pause, wo wir Juden allein herumstanden, Dispensierung von Ausflügen und Veranstaltungen, kein gemeinsames Schwimmen oder Schlittschuhlaufen nach der Schulzeit mehr, wir wurden einfach boykottiert. Hier und da fielen antisemitische Bemerkungen von Seiten der Mitschüler gegen uns, auch ließ man mir manchmal die Luft aus dem Fahrrad. Ich möchte aber ausdrücklich betonen, dass wir von allen Lehrern, auch von den als Nazis bekannten, immer korrekt ohne jede Benachteiligung behandelt wurden. Außerdem bekam ich eine gründliche humanistische Bildung in diesen sechs Jahren, von vereinzelten rassistischen Themen abgesehen."[5]

Vermessung im Fach Rassenkunde

Beim neu eingeführten Fach „Rassenkunde" wusste Dr. Jacob Rosenthal von seiner Vermessung zu berichten: „Der Assessor Friedrich Hufnagel [...] erschien [neu] in der Klasse und gab die erste Stunde in ‚Rassenkunde'. Nachdem er sich ausgiebig über die prinzipiellen Merkmale der verschiedenen Typen verbreitet hatte, ging er zur Analyse von einigen Schülern über. Am Schluss deuteten die Klassenkameraden auf mich und baten ihn um seine Meinung. Ich wurde auf ein Podest gestellt. Meine Nase wurde mit einem Lineal geprüft und für gerade befunden. Dann wurden der Abstand der Ohren vom Kopf sowie die gesamte Schädelform genau vermessen. Schließlich verkündete der Lehrer, dass ich trotz dunkler Haare ein ausgesprochen arischer Typ sei. Er begriff aber nicht, weshalb die ganze Klasse in ein stürmisches Gelächter ausbrach."[6]

Dieser rassistischen biologischen Vermessung folgte eine ebenso rassistische Zeugnisbemerkung durch Assessor Hufnagel. Während „Heinrich Rosenthal" 1932/33

Abb. 3: Antisemitische Zeugnisbemerkung gegen Heiner Rosenthal von Klassleiter Hufnagel im Schuljahr 1934/35 und Titelbild „Die Judenfrage im Unterricht" von Friedrich Wilhelm Fink

im Zeugnis als „recht gut begabt[er] und strebsam[er]" Schüler gekennzeichnet wird, der, „mit lebhaftem Interesse" ausgestattet, manchmal „durch scharfsinnig gestellte Fragen" überraschte, kennzeichnet ihn Friedrich Hufnagel nur durch den Brennspiegel der NS-Rassenlehre. Hufnagel, der der Schule „seit 1928 als Erzieher wie in seiner Stellung als HJ-Führer wertvolle Dienste geleistet"[7] hatte, schrieb im Jahr 1934/35 im Zeugnis über Heiner Rosenthal: „Indem er zwar seine Pflicht tut, sonst aber jeden Versuch einer Anbiederung an mich unterlässt und bewusst großen Abstand nimmt, zeigt er entschieden mehr Charakter als sein Rassegenosse Katz."[8] Der bewusst große Abstand half ihm gegenüber seinen Mitschülern angesichts der undurchdringlichen Härte und Wirksamkeit der Untermenschenlehre jedoch nichts.

Der Pionier des neu geschaffenen Faches „Rassenkunde" war der antisemitische Stadtrat Friedrich Wilhelm Fink (1897–1988). Nachdem er am 1. April 1930 in die NSDAP eingetreten war, wirkte er zwischen 1933 und 1935 ehrenamtlich im Stadtrat als NSDAP-Fraktionsführer. 1934 wurde Fink Direktor der Städtischen Berufsschule und avancierte 1935 zum hauptberuflichen Stadtrat für Schule und Bildung. In seinem, im Stürmerverlag gedruckten, antisemitischen Machwerk „Die Judenfrage im Unterricht" fordert er die Erzieher auf, den Juden „in seiner ganzen Ungeheuerlichkeit, Fürchterlichkeit und Gefährlichkeit" zu zeigen.

Schulausflug in Hundehütte

Abb. 4: Mathematiklehrer Konrad Heißner

Dr. Jacob Rosenthal berichtete von einem denkwürdigen Schulausflug: „Der Zeitgeist wurde an der Schule immer stärker fühlbar. Das bekamen wir auf einem Klassenausflug in die Gegend von Heroldsberg zu spüren. Der Ausflug war dem Besuch auf einem Bauernhof gewidmet, um laut Befehl des Unterrichtsministeriums die Verbindung mit der deutschen Scholle zu bekräftigen. Als der Klaßleiter beim Bauern zu Mittag aß, überfielen die anderen Schüler uns Juden, fesselten uns mit Ketten an die leeren Hundehütten und machten sich über uns lustig. Der Lehrer, Dr. Konrad Heißner, sah die Szene, ließ uns sofort losmachen und befahl uns auf dem Rückweg direkt neben ihm zu gehen. Später mußten wir nicht mehr an Klassenausflügen teilnehmen."[10] Der Mathematik- und Physiklehrer Dr. Konrad Heißner wurde auch von anderen jüdischen Mitschülern als entlastend und neutral geschildert. Claude Franks Brief vom 30. Juni 1984 erinnert sich an „Hofmann, Heißner und Schenk" als fabelhaft. Partei- und ämterlos überstand Dr. Heißner die NS-Zeit. Er wurde mit dem Bescheid der Militärregierung 1945 sofort wieder eingestellt, da er lediglich in der NSV (Nationalsozialistische Volkswohlfahrt) war und sonst keinerlei Mitgliedschaften aufzuweisen hatte.

Judenhass und Judenrücksicht

Während in der Zeit der Weimarer Republik die Einhaltung religiöser Pflichten von der Regierung gewährt worden war, sodass christliche wie jüdische Kinder ihre jeweiligen Feiertage feiern durften, stach diese liberale Handhabung der Religion den NS-Größen und deren willigen Vollstreckern wie ein Dorn ins Auge. Dr. Jacob Rosenthal erinnerte sich noch deutlich an den „Klaßleiter in der 5. Klasse. Dieser Dr. Wilhelm Roll war ein prominenter Nazi und ein berüchtigter Antisemit, der bei festlichen Gelegenheiten seine fanatischen Reden hielt. Bei seinen lateinischen Prüfungen [1937] wurden Aussprüche des ‚dux noster', unseres ‚Führers' übersetzt, doch besonders schlimm war der Geschichtsunterricht. Im Gedächtnis ist mir noch eine Stunde, als er mit haßverzerrtem Gesicht eine wütende Rede über die ‚jüdischen Schieber' im zweiten Kaiserreich hielt. Mittendrin klopfte es und der Pedell (= Schuldiener) brachte ein Zirkular. Dr. Roll unterbrach seine Tirade, wandte seinen Blick gegen die jüdische Bank, die er sonst im allgemeinen ignorierte, senkte seine Stimme um etliche Oktaven und verlas, daß ‚die israelitischen Schüler am kommenden Laubhüttenfest vom Unterricht befreit' seien. Er unterschrieb das Zirkular, grüßte den Schuldiener mit ‚Heil Hitler' und setzte seine Hetzrede unbeirrt fort."[11] Dr. Wilhelm Roll war als Studienprofessor Verwalter der Lehrmittelsammlung und Leiter der VDA-Schulgemeinschaft. Für diesen „Volksbund für das Deutschtum im Ausland" rekrutierte Dr. Roll 1938/39 mit 266 Mitgliedern etwa 80% der Schülerschaft des Melanchthon-Gymnasiums, die durch Straßensammlungen 340 RM erreichten[12]. Seinen regimetreuen Unterricht stellte er als Gausachbearbeiter, Teilnehmer der Reichswettkämpfe der SA in Berlin und Wehrmachtsangehöriger beim Sudetendeutschen Freikorps unter Beweis.[13]

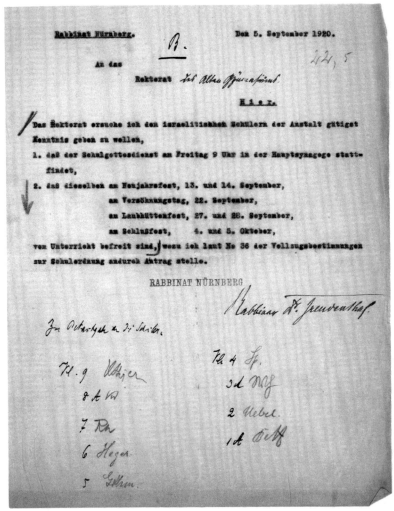

Abb. 5: Ankündigung der jüdischen Feiertage für das Alte Gymnasium durch Rabbiner Dr. Freudenthal vom 5. September 1920: „Das Rektorat ersuche ich den israelitischen Schülern der Anstalt gütigst Kenntnis geben zu wollen, dass der Schulgottesdienst am Freitag 9 Uhr in der Hauptsynagoge stattfindet, daß dieselben am Neujahresfest, 13. und 14. September, am Versöhnungstag, 22. September, am Laubhüttenfest, 27. und 28. September, am Schlussfest, 4. und 5. Oktober, vom Unterricht befreit sind ..."

Melanchthon-Gymnasium „judenrein“

Im Frühjahr 1938, vor Beginn des neuen Schuljahres am 1. April 1939, wurde den jüdischen Mitschülern am Melanchthon-Gymnasium weit vor dem „offiziellen“ reichsweiten Verbot des Zutritts zu öffentlichen staatlichen Schulen am 12.12.1938, dringlich nahe gelegt, sich abzumelden.

„Anfang 1938 rief uns Juden dann der für die 7. Klasse vorgesehene Ordinarius [Dr. Joseph Höflinger], der ein bekannter Nazi war, zu sich in der Pause und erklärte uns, dass das MGN im kommenden Schuljahr ‚judenrein' sein werde und wir deshalb unseren Eltern mitteilen sollten uns in ein ‚Institut mit mehr Glaubensgenossen' umzuschulen. Das Gesetz verlangte das erst nach dem 9. November dieses Jahres. Das [Melanchthon-Gymnasium] war also leider führend auf diesem Gebiet!“[14] Jacob Rosenthal verbrachte sein letztes Schuljahr vor der Emigration in der Oberschule der jüdischen Gemeinde in Berlin. Claude Frank ist erst am 25. September 1938 von seiner Mutter Irma Frank formlos aus der Klasse IVB abgemeldet worden und hat damit den traurigen Ruhm erworben, der letzte Jude der Vorkriegszeit am Melanchthon-Gymnasium gewesen zu sein.

Am Humanistischen Gymnasium hat man aus Angst vor Repressionen der ganz und gar antikenfeindlichen NS-Schulpolitik im vorauseilenden Gehorsam eintrittswilligen jüdischen Schülern von Anfang an gesagt, sie mögen doch bitte eine andere Bildungsinstitution aufsuchen, um dem Melanchthon-Gymnasium Schwierigkeiten zu ersparen. Volkmar Schardt (1926–2015) erinnert sich noch daran, wie er mit seinen Klassenkameraden am 20. April 1936 zur Aufnahmeprüfung in Deutsch, Rechnen und Religion kam. „Da waren vier Schüler, die mit ihren Eltern in einen besonderen Raum gebeten wurden. Ich habe hinterher mal gehört, dass man diese jüdischen Eltern bat, ihre Schüler nicht an dieser Anstalt anzumelden, damit die Schule keine Belastung bekommt.“[15] Eventuell spielte hierbei das „Gesetz vor Überfremdung (bzw. Überfüllung) der deutschen Schulen“ vom 3. Mai 1933 eine Rolle, da die Aufnahme jüdischer

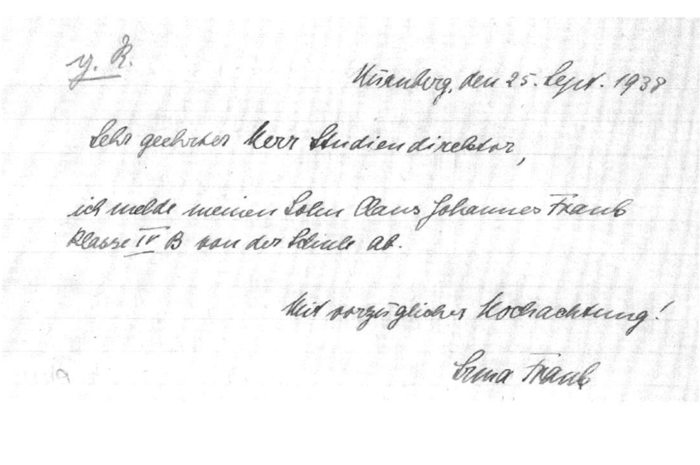

Nürnberg, den 25. Sept. 1938

Sehr geehrter Herr Studiendirektor,

ich melde meinen Sohn Claus Johannes Frank Klasse IV B von der Schule ab.

Mit vorzüglicher Hochachtung!

Irma Frank

Abb. 6: Formlose Abmeldung vom Melanchthon-Gymnasium für Claus Frank durch die Mutter Irma, geb. Ehrlich, am 25. September 1938: „Sehr geehrter Herr Studiendirektor, ich melde meinen Sohn Claus Johannes Frank Klasse IVb von der Schule ab. Mit vorzüglicher Hochachtung!“

Abb. 7: Pass von Heinrich (Israel) Rosenthal zur Emigration nach Palästina 1939

Schüler auf 1,5% der Schülerschaft beschränkt sein musste und nur die Kinder von Frontkämpfern oder aus Ehen, bei welchen ein Elternteil oder zwei Großeltern arisch waren, ausgenommen waren. Das Protokoll des Reichsministeriums für Erziehung ging am 1. Dezember 1938 davon aus, dass rund 35000 jüdische Schüler und Schülerinnen im Reichsgebiet beschult wurden. Alle bestehenden 167 jüdischen Schulen im Reich waren zu schließen und die jüdischen Kinder schließlich auch aus den „arischen", zumeist noch konfessionell gruppierten Volksschulen zu entlassen. Bis zum 30. Juni 1942 hatte die nationalsozialistische Erziehungsmaxime ihr Ziel erreicht.

Zionistische Jugendorganisation „Habonim"

Jacob Rosenthals Erinnerungen waren Berichte einer zunehmenden sozialen Isolation. Juden wurden „selbstverständlich" aus den gemeinschaftlichen parteilichen Aktionen ausgenommen, mussten weder beim Morgenappell im Pausenhof noch beim Absingen nationalsozialistischen Liedgutes mitmachen. Dies hieß aber auch, dass sie fortwährend ausgestoßen und isoliert wurden. „Heute überlege ich mir manchmal, wie ich es eigentlich so lang in dieser für uns Juden bedrückenden Atmosphäre ausgehalten habe. Ich hatte damals das Gefühl, ich würde gegen das Andenken meines Vaters verstoßen, wenn ich diese Position, die ich ihm verdanke, aufgeben würde. Er war im Jahr 1924 an einem verschleppten Leiden aus den Schützengräben verstorben und ich galt seither als Kriegswaise. Er war ein großer Patriot, der als Oberleutnant mit dem EK I (Eisernes Kreuz I. Klasse, MS) ausgezeichnet war. Außerdem hat es mir sehr geholfen, dass ich seit Anfang 1934 im zionistischen Jugendbund ‚Habonim'[16] zuerst Mitglied, nach einem Jahr Leiter einer jüngeren Gruppe war. Ich lernte Hebräisch und war früh auf die Auswanderung vorbereitet. Die Treffen unter der Woche im Jugendheim in der Neuen Gasse, die Ausflüge an Sonntagen und die Sommer- und Winterlager in den Ferien waren ein erfolgreiches und ablenkendes Gegengewicht zur Atmosphäre im MGN."[17]

Die Verweisung von der Schule war hart, aber auch erlösend. Der von seinem Stiefvater genährte Traum von einem Leben in Israel wurde auch während der Schulzeit von der zionistischen Jugendorganisation „Habonim" (hebr.: „Bauleute") genährt. Diese Jugendarbeit jenseits vom HJ-Drill gab Heinrich Rosenthal Halt und Hoffnung und ging letztlich auf das von Theodor Herzl im Jahre 1895 erschienene Manifest „Der

Judenstaat" zurück, das ein politisches Streben nach einem Staat Israel in Palästina weckte. Im gelobten Land, auf dem Tempelberg Davids, dem Berge Zion, und der umgebenden Stadt Jerusalem, dem Wohnsitz Gottes, sollten alle verfolgten Juden Zuflucht finden. Die Opfer antisemitischer Ausschreitungen kamen in fünf Auswanderungswellen nach Palästina. Mit der ersten „Alija" (hebr.: „Aufstieg") kamen Russen und Osteuropäer, mit dem letzten riesigen Schub ab 1933 die deutschen Juden und Opfer der nationalsozialistischen Rassenideologie ins Land. Um alle Ausreisewilligen auf das harte Leben in der Wüste vorzubereiten, boten auch zionistische Jugendorganisationen wie die „Habonim", die bis zum allgemeinen Verbot 1936 als Pfadfindergruppe getarnt waren, Übungen zur Anpassung an die palästinensischen Lebensbedingungen an. Zum Aufbau eines Staates auf unbekanntem bzw. feindlichem Wüstengebiet waren Kenntnisse im Brunnenbau, in der Landwirtschaft, der Bewässerungstechnik, der staatlichen Organisation sowie der identitätsstiftenden Religion und Politik nötig.

Heiner Rosenthal hat die Nürnberger zionistische Jugendorganisation geleitet und vielfältig für die kopierte Jugendzeitschrift „Habonim noar chaluzi Nürnberg" geschrieben. Eine kleine Auswahl seiner Texte vermittelt diese Collage:

Abb. 8: Heiner Rosen-thals Impressionen für die zionistische „Pfadfinder"-Gruppe „Habonim" 1937, siehe Seite 157 im Farbbildteil

„Was geschah uns vier Juden im Lauf der Zeit? Hans Dirnbach, dessen Vater jugoslawischer Staatsangehöriger war, wanderte bereits 1934 nach Zagreb aus. Die Familie wurde 1941 von kroatischen Faschisten in einem KZ ermordet. Heinz Lichtenstein kam 1936 mit einem Kindertransport nach England, studierte und promovierte in Schottland, diente im Krieg in der britischen Armee und machte später in Kanada eine glänzende Karriere als Professor für Psychologie an der Universität Calgary. Er verstarb dort vor einigen Jahren. Jakob Katz kam später in die Klasse und wir beide blieben, bis man uns hinauswarf. Da die Familie ihre polnische Staatsangehörigkeit verlor, wurde sie wie alle Staatenlosen dieser Kategorie im September 1938 ausgewiesen und ist dann im Holocaust in Polen umgekommen.

Da steh ich nun als Einziger Überlebender. Ich kam mit der Familie im April 1939 in das Land, das damals das englische Mandatsgebiet Palästina war und heute Israel heißt, musste nun meine humanistische Erziehung an den Haken hän-

gen und nach zwei Jahren in einer Tel Aviver Handwerkerschule schloss ich mich
– getreu meiner zionistisch-sozialistischen Ideologie – einem jungen Kibbuz in der
Haifabucht an, wo ich Maschinist auf einem Trawler war. Dort habe ich die Dame
neben mir kennen gelernt, die es nun schon 65 Jahre mutig an meiner Seite aushält.
Später arbeitete ich in der jungen Handelsmarine, wo ich bis zum leitenden Ingenieur auf großen Tankschiffen avancierte, am Technion in Haifa studierte und dann
in verschiedenen maritimen Instituten Vorlesungen hielt, darunter auch als Gastdozent an der Fachhochschule Flensburg im Jahr 1978. Dabei möchte ich betonen,
dass das heutige Israel mit dem damaligen in meinen Augen nur noch wenig Ähnlichkeit hat, doch Politik will ich an diesem festlichen Tag nicht berühren. Man
kann darüber in dem Artikel lesen, den ich letztes Jahr für die Zeitschrift „Transit
Nürnberg" geschrieben habe. Erst als ich pensioniert wurde, kam der immanente
Humanismus meiner Gymnasialzeit wieder zum Vorschein, als ich moderne jüdische Geschichte studierte und promovierte."[18] So kurz fasste Dr. Jacob Rosenthal
seinen Weg nach der Emigration beim Schuljubiläum 2010 zusammen. Ergänzend
sei hinzugefügt, dass er das letzte Schuljahr vor der Emigration auf der jüdischen
Oberschule in Berlin verbrachte. Während die elterlichen Betriebe 1938 arisiert
wurden und zwei Brüder seines Vaters dem Holocaust zum Opfer fielen, bereitete
die Familie Löwenthal-Rosenthal nach der Pogromnacht fieberhaft die Auswanderung vor und kam am 3. April 1939 mit dem Schiff „Palästina" in Tel Aviv an.
Der weitere Lebensweg kam, wie Dr. Jacob Rosenthal resümierend schmunzelte,
ohne altgriechische Grammatik von Dr. Früchtel aus. Er schloss sich der Hagana,
der israelischen Untergrundbewegung gegen die Araber, an und wohnte mit seiner
Frau Tirza und seiner wachsenden Familie im Kibbuz. Vom Maschinistenlehrling
auf einem Trawler arbeitete er sich auf See zum Leitenden Ingenieur auf Schiffen
der Handelsmarine und Ausbilder in maritimen Schulen hinauf. Dieser Weg führte
ihn mit einer Delegation des UNDP (United Nations Development Program) auf
den Philippinen zur Modernisierung der staatlichen Handelsmarine-Akademie in
Manila und für kurze Zeit auch nach Flensburg. Im hohen Alter von 81 Jahren
reichte er 2003 seine Doktorarbeit an der Hebrew University mit dem Titel „Die

Abb. 9: Jacob Rosenthal als Marineoffizier und mit seiner Frau Tirza nebst Enkel

Abb. 10: „Die Ehre des jüdischen Soldaten – Die Judenzählung im Ersten Weltkrieg und ihre Folgen" Doktorarbeit von Jacob Rosenthal von 2003

Ehre des jüdischen Soldaten" ein. Sie bearbeitet die antisemitischen Vorbehalte der Armee gegenüber den jüdischen Frontkämpfern, um das Andenken seines in Folge einer Kriegsverletzung gestorbenen Vaters als pars pro toto der Vaterlandsliebe deutscher Juden zu ehren.

Dr. Jacob Rosenthal hat nicht nur das W-Seminar „Jüdische Melanchthonianer" im Abiturjahrgang 2010/12 unter der Leitung von Dr. Martina Switalski, sondern auch ein dreiteiliges Kunstprojekt des Kunstkurses unter der Leitung von Andrea Schneider-Deisel initiiert. Der kritische Historiker und versöhnliche Europäer verstarb am 20. Februar 2012 in Jerusalem und wurde im Kibbuz Kiryat Anavim begraben.

Seine letzten Worte beim Festakt 2010 gemahnten an die Ehrung freiheitlich-humanistischer Strukturen: „Ein letztes Wort an Sie liebe Kollegen, Kolleginnen, Schüler und Schülerinnen. Sie können sich glücklich fühlen in der heutigen freien und fortschrittlichen Atmosphäre, die jetzt in diesem Institut herrscht und dem wahren humanistischen Geist Philipp Melanchthons folgt, in einer Stadt und in einem demokratischen Land, die sich von einer schrecklichen Vergangenheit losgesagt haben, sie jedoch nicht vergessen dürfen."[19]

Dr. Jacob Rosenthal initiierte als Mitarbeiter von Yad Vashem auch die Nachforschungen zu anderen Opfern des Alten Gymnasiums an diesem größten Forschungsinstitut zur jüdischen Geschichte. Mit Hilfe von Annika Döbler, die 2014 nach ihrem Abitur am Melanchthon-Gymnasium in einem Kibbuz am Kinneret arbeitete, wurden im Juli 2014 wesentliche Materialien zu jüdischen Melanchthonianern geborgen. Dafür sei ihr ein herzliches Danke ausgesprochen.

Abb. 11: Clara Künne erklärt Direktor Otto Beyerlein und Landesbischof Dr. Johannes Friedrich die Installation „Ausgrenzung" ihrer Arbeitsgruppe mit Natalia Blazejewska, Dwayne Bush und Johannes Heilmann am 19. April 2010.

Abb. 12: Dr. Jacob Rosenthal beim Kunstwerk „Bank" mit eingeblendeten Passbildern der letzten jüdischen Melanchthonianer vor 1938 – siehe auch Seite 158 im Farbbildteil

Abb. 13: Drittes Artefakt zur Erinnerungsarbeit von 2010: „Durchbruch des Humanismus" von Alicia Büschel, Jonas Fleischmann, Tobias Lutz und Mona Passler. Auf dem Boden unter den Plexiglaswürfeln steht Melanchthons Ausspruch: Die Kinder recht bilden ist etwas mehr als Troja zu erobern.

2.2 Vom Leben und Sterben jüdischer Melanchthonianer

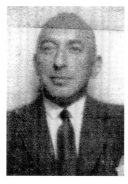

Abb. 14: Ludwig Ullmann (1892 – 1942)

Ludwig Ullmann wurde am 7. August 1892 in Nürnberg geboren, absolvierte am Spittlertorgraben 47 wohnend das Alte Gymnasium, um dann Zahnmedizin zu studieren. Er wurde zusammen mit seiner Frau Caroline Kern, mit dem Transport II/25, 474 am 11. November 1942 von Nürnberg nach Theresienstadt deportiert und dort am 17. November 1942 ermordet. Seine Cousine zweiten Grades, Ingelore Hack, geborene Wertheimer, reichte bei der „page of testimony" im Yad Vashem auch ein Bild des ehemaligen Melanchthonianers ein.

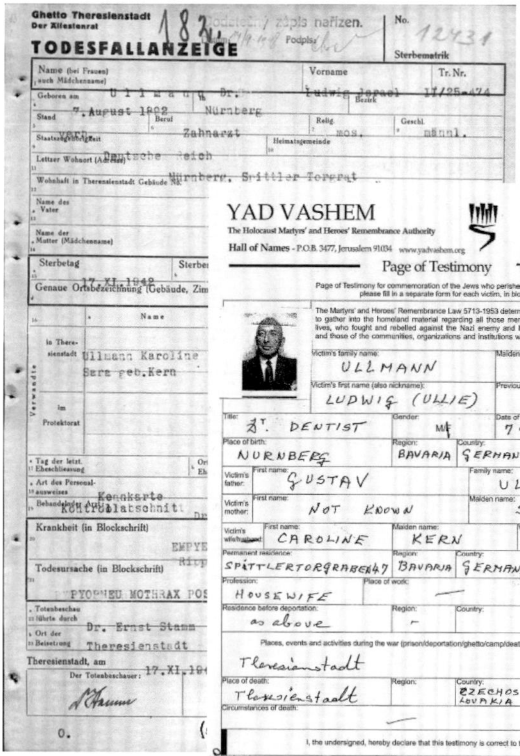

Ghetto Theresienstadt
Der Ältestenrat
TODESFALLANZEIGE
182
Dodatečný zápis nařízen.
Podpis:
No. 12431
Sterbematrik
Name (bei Frauen auch Mädchenname): Ullmann Dr.
Vorname: Ludwig Israel
Tr. Nr.: II/25-474
Geboren am: 7. August 1892
Bezirk: Nürnberg
Stand: verh.
Beruf: Zahnarzt
Relig.: mos.
Geschl.: männl.
Staatsangehörigkeit: Deutsche Reich
Heimatsgemeinde
Letzter Wohnort (Adresse): Nürnberg, Spittler Torgrat
Wohnhaft in Theresienstadt Gebäude Nr.
Name des Vater
Name der Mutter (Mädchenname)
Sterbetag: 17. XI. 1942
Sterbe…
Genaue Ortsbezeichnung (Gebäude, Zim…
Verwandte — Name
in Theresienstadt: Ullmann Karoline Sara geb. Kern
im Protektorat
Tag der letzt. Eheschliessung
Ort … Eh…
Art des Personalausweises: Kennkarte
Behandelnder Arzt: Kontrollabschnitt
Krankheit (in Blockschrift): EMPYE…
Todesursache (in Blockschrift): …PYOPNEU MOTHRAX POS…
Totenbeschau führte durch: Dr. Ernst Stamm
Ort der Beisetzung: Theresienstadt
Theresienstadt, am 17. XI. 194…
Der Totenbeschauer:
O.

Abb. 15: Todesfallanzeige für Ludwig Ullman

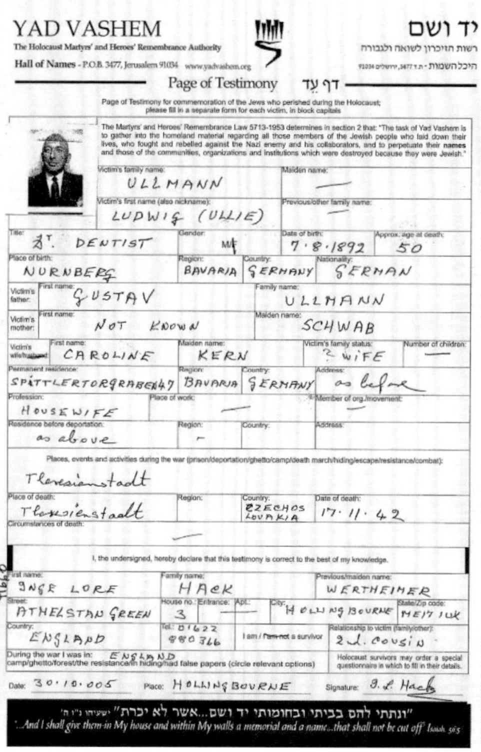

YAD VASHEM
The Holocaust Martyrs' and Heroes' Remembrance Authority
Hall of Names - P.O.B. 3477, Jerusalem 91034 www.yadvashem.org
יד ושם
רשות הזיכרון לשואה ולגבורה
היכל השמות - ת.ד 3477, ירושלים 91034
Page of Testimony דף עד
Page of Testimony for commemoration of the Jews who perished during the Holocaust; please fill in a separate form for each victim, in block capitals
The Martyrs' and Heroes' Remembrance Law 5713-1953 determines in section 2 that: "The task of Yad Vashem is to gather into the homeland material regarding all those members of the Jewish people who laid down their lives, who fought and rebelled against the Nazi enemy and his collaborators, and to perpetuate their names and those of the communities, organizations and institutions which were destroyed because they were Jewish."
Victim's family name: ULLMANN
Maiden name: —
Victim's first name (also nickname): LUDWIG (ULLIE)
Previous/other family name: —
Title: Dr. DENTIST
Gender: M/F
Date of birth: 7·8·1892
Approx. age at death: 50
Place of birth: NURNBERG
Region: BAVARIA
Country: GERMANY
Nationality: GERMAN
Victim's father: First name: GUSTAV
Family name: ULLMANN
Victim's mother: First name: NOT KNOWN
Maiden name: SCHWAB
Victim's wife/husband: First name: CAROLINE
Maiden name: KERN
Victim's family status: ? WIFE
Number of children: —
Permanent residence: SPITTLERTORGRABEN 47
Region: BAVARIA
Country: GERMANY
Address: as before
Profession: HOUSEWIFE
Place of work: —
Member of org./movement: —
Residence before deportation: as above
Region: –
Country:
Address:
Places, events and activities during the war (prison/deportation/ghetto/camp/death march/hiding/escape/resistance/combat): Theresienstadt
Place of death: Theresienstadt
Region:
Country: CZECHOSLOVAKIA
Date of death: 17·11·42
Circumstances of death: —
I, the undersigned, hereby declare that this testimony is correct to the best of my knowledge.
First name: INGE LORE
Family name: HACK
Previous/maiden name: WERTHEIMER
Street: ATHELSTAN GREEN
House no.: 3
Entrance:
Apt.: —
City: HOLLINGBOURNE
State/Zip code: ME17 1UK
Country: ENGLAND
Tel.: 01622 880366
I am / I am not a survivor
Relationship to victim (family/other): 2d. COUSIN
During the war I was in: ENGLAND camp/ghetto/forest/the resistance/in hiding/had false papers (circle relevant options)
Holocaust survivors may order a special questionnaire in which to fill in their details.
Date: 30·10·005
Place: HOLLINGBOURNE
Signature: I. L. Hack
"ונתתי להם בביתי ובחומותי יד ושם...אשר לא יכרת" ישעיהו נ"ו ה'
"...And I shall give them in My house and within My walls a memorial and a name...that shall not be cut off" Isaiah 56:5
41660

Abb. 16: page of testimony für Ludwig Ullman aus Nürnberg

Abb. 17: Siegfried Kupfer (1882–1941)

Ullmanns Altersgenosse Siegfried Kupfer wurde am 14. November 1882 in Burgkundstadt im Bezirksamt Lichtenfels als Sohn von Oberamtsrichter Siegmund Kupfer und Mina Amalie Iglauer geboren. Während seiner Schulzeit am Alten Gymnasium wohnten sie am Marienplatz 4 im II. Stock und zogen während des Krieges zum Maxfeld 93a. Er wurde am 29. November 1941 nach Riga deportiert und am 5. Dezember 1941 für tot erklärt. Sein Sohn Eric M. Kupfer aus Sepulveda Los Angeles County in Californien gab auch seine Mutter, Anna Kupfer, geborene Gundelfinger, als Opfer an.

Weitere Opfer der Shoa: Herbert Lippmann, Ludwig Neuburger, Martin Öttinger und Emil Bacharach

Herbert Lippmann wurde am 9. August 1886 als Sohn des Kaufmanns Carl Lippmann und seiner Frau Ida Lippmann-Aufochs in Leipzig geboren und ging in Nürnberg zur Schule. Während des Krieges war er in Perpignan im Süden Frankreichs im Lager Gurs. Laut Bundesarchiv in Koblenz wurde er vom letzten Wohnort in der Nürnberger Meuschelstraße 38 ins Gefängnis gebracht und mit dem Transport vom 29. November 1941 nach Riga-Jungfernhof deportiert und dort ermordet. Über seine Frau Frieda ist vom Neffen Karl M. Hess aus West Covina, der die page of testimony erstellte, nichts berichtet. Von Ludwig Neuburger, der am 18. September 1902 in Hainsfarth (Bezirksamt Nördlingen) als Sohn eines Kaufmanns geboren wurde, sind der Todesort und die -ursache unklar.

Martin Öttinger wurde am 28. März 1879 als Sohn eines Kaufmanns in Neumarkt i.d.Opf. geboren und wohnte während der Schulzeit am Melanchthon-Gymnasium in der Gunterstr. 5 in Nürnberg. Seit 1911 war er in Nürnberg gemeldet, ab 1923 in unmittelbarer Nähe der Schule, in der Sulzbacherstr. 31. Er heiratete 1920 Lilli, geborene Lehmann, in München und wurde praktischer Arzt und Chirurg. Sein Sohn Hans, geboren am 27. Januar 1922 in Nürnberg, war ebenfalls Schüler des Melanchthon-Gymnasiums. Er wurde am 25. Januar 1939 nach Bern abgemeldet und überlebte. Der Vater, Dr. Martin Öttinger, musste 1934 seine Praxis abmelden und mit seiner Frau Lilli von 1940 bis 1942 im Judenhaus in der Sulzbachstr. 48 wohnen. Am 10. September 1942 wurde er mit dem Transport II/25 Zug Da 512 von Nürnberg nach Theresienstadt deportiert, wobei 949 der 1000 Deportierten ermordet wurden. Dr. Öttinger starb am 22. März 1943 in Theresienstadt. Seine Frau Lilli wurde am 9. Oktober 1944 in Auschwitz getötet.

Abb. 18: Emil Bacharach (1887-1941)

Ein weiteres Opfer der Shoa im Umkreis der Schule war Emil Bacharach, der am 19. September 1887 in Erlangen geboren wurde. Sein Vater, Dr. Isaak Bacharach, lehrte Mathematik und Physik am „Königlich Bayerischen Technikum" und zog am 24. November 1896 mit der Familie von Erlangen nach Nürnberg in die Friedrichstraße 66. Als Konrektor des Technikums am Keßlerplatz musste Isaak Bacharach im Zuge der Vorstufe der Deportation am 30. März 1939 in das „Judenhaus" Bucher Straße 17 umziehen. Dort kümmerte sich sein Sohn, der von den Nazis aus dem Dienst entfernte Landgerichtsrat Emil um ihn. Emil wurden laut den pages of testimony seiner Tochter Yehudit Front nach der Deportation am 29. November 1941 in Riga ermordet.

2.3 Dr. Cornelia Kirchner-Feyerabend: Jüdischer Schüler am Alten Gymnasium und eines der ersten Opfer der Shoa – Rudolf Benario

Rudolf Benario (ein Kunstname, der sich aus dem hebräischen „Ben" (Sohn) und „Arie" (Löwe) zusammensetzt) war der Sohn des aus Unterfranken stammenden Leo Benario (1875–1947) und der jüngsten Tochter des damals weltgrößten Spielwarenimperiumsbesitzers Ignaz Bing. Leo und Marie[20] Bing heirateten 1907 in Nürnberg. Genau neun Monate später, am 20. September 1908, kam in Frankfurt am Main, wo der gelernte Bankkaufmann Leo seit 1905 als Redakteur der renommierten linksliberalen „Frankfurter Zeitung" arbeitete, der Sohn Rudolf zur Welt. Man lebte in der Körnerwiese 17 großbürgerlich in einer repräsentativen Wohnung und pflegte auch gesellschaftlich familiären Umgang mit den ebenfalls in Frankfurt lebenden Verwandten beider jüdischen Familien, reiste jedoch auch häufig in die fränkische Heimat, um die Familie zu besuchen und vor allem auch, um Zeit in der „zweiten Heimat" des Geheimen Kommerzienrats Bing zu verbringen. In Streitberg in der Fränkischen Schweiz, in der nach Marie Bing benannten „Villa Marie" verbrachte auch die Familie Benario viele Wochen. Sogar als Marie mit Rudolf hochschwanger war, reiste sie mit Leo dorthin, um an einem Großereignis für ihre Familie und den Ort Streitberg teilzunehmen: Im Juni 1908 besuchte der wittelsbachische Thronfolger Ludwig, genannt der „Millibauer", den Kurort Streitberg, um sich dort von dem autodidaktischen Höhlenforscher und Hobbyarchäologen Ignaz Bing die von ihm entdeckte und nach ihm benannte Tropfsteinhöhle zeigen zu lassen.[21]

Fraglos sah es der erfolgreiche Fabrikant und Unternehmer als große Ehre an, dass er seine königliche Hoheit, den späteren König Ludwig III., nicht nur durch die Schauhöhle führen, sondern ihn und weitere Honoratioren in seiner „Villa Marie" bewirten

Abb. 19: Straßenschild in Fürth

durfte, wobei sein Schwiegersohn Leo irrtümlicherweise für einen Kellner gehalten wurde.[22] Selbstbewusst stellte der liberale Ignaz seinen Schwiegersohn als Redakteur der „Frankfurter Zeitung"[23] vor, die er selbst regelmäßig las.

Als Rudolf vier Jahre alt war, wurde am 8. Mai 1912 seine Schwester Irene in Frankfurt geboren.[24] 1914 überschattete der Ausbruch des Ersten Weltkrieges das junge Familienglück der Benarios. Ein Cousin Maries, Stefan Bing, fiel 1916 in Frankreich[25] und im „Epochenjahr 1917" wurde Leo Benario, immerhin schon 42 Jahre alt, zum Landsturm eingezogen, nachdem er kurz vorher eine Verdienstmedaille für Kriegshilfe erhalten hatte. Die Kriegsstammrollen berichten weiter, dass Leo zunächst dem Kommando der zweiten Garnisonskompanie Nürnberg unterstand, bevor er zum Ersatzseebataillon nach Kiel versetzt wurde. Die Kriegsstammrolle liefert auch eine Personenbeschreibung Leo Benarios[26]: Nach ihr war er 156 cm groß, von mittlerer Gestalt, seine Nase und sein Mund waren gerade, er hatte blondes Haar, einen Schnurrbart und trug Augengläser. Kurz vor Kriegsende verschlug es ihn im September 1918 aus nicht bekannten Gründen nach Wemding im Ries, von wo aus er nicht wieder nach Frankfurt, sondern am 3. September 1918 nach Nürnberg zurückzog. Man geht kaum fehl in der Annahme, dass sich Marie mit den beiden Kindern wegen der kriegsbedingten Abwesenheit ihres Mannes Leo seit 1917 häufig oder auch ganz zu ihrer Familie, die in der damals noblen Marienvorstadt, in der Marienstraße 15 lebte, begeben hat. Die Sommerwochen verbrachte man traditionell in der „Villa Marie" in Streitberg, wo der Patriarch Ignaz Bing gerade damals viel Zeit mit der Abfassung seiner Lebenserinnerungen verbrachte, die er nicht zuletzt auch unter dem Eindruck des Krieges für seine Enkel schrieb und ihnen widmete, wobei der sich voll integriert fühlende Jude auf die Erwähnung fast jeglicher antisemitischer Vorfälle verzichtete. Auch die skandalöse Judenzählung der OHL (Oberste Heeresleitung), von der er 1916 zweifellos erfahren hatte, erwähnt der Autor mit keinem Wort, vermutlich, weil er die erfolgreiche Integration seiner Familie nicht in Gefahr sehen wollte. Dass der als liberal bekannte Hauptrabbiner Dr. Freudenthal damals wegen dieser diffamierenden „Judenzählung" in München beim Kriegsminister[27] vorstellig wurde, war Ignaz Bing sicher bekannt. Im Frühjahr 1918 ist der Ehrenbürger Ignaz Bing in seinem Wohn- und

Geschäftshaus in Nürnberg verstorben, ein schmerzlicher Verlust auch für Marie, die ein enges Verhältnis zu ihrem Vater gehabt hatte.

Inzwischen lebte sie wieder in der Noris. Sicher mit der Unterstützung ihrer wohlhabenden Eltern hatte man das repräsentative Anwesen in der Erlenstegenstraße 24 erworben. In der Villa mit prächtigem Garten fühlte sich die Familie nach Leos Rückkehr aus dem Krieg und dem „anno horribilis", in dem alleine in Nürnberg über 1000 Menschen an Tuberkulose und der Spanischen Grippe starben, äußerst wohl und pflegte regen Umgang mit Freunden und Verwandten. Rudolf, inzwischen zehn Jahre alt, wurde wohl auch auf Empfehlung von Siegmund Bing am Alten Gymnasium in der Sulzbacher Str. 32 eingeschult, wo er eine fundierte Bildung erhalten und erfolgreich das Absolutorium (Abitur) ablegen sollte, was seinem Vater Leo nicht vergönnt gewesen war und worunter dieser Zeit seines Lebens in gewisser Weise gelitten hatte, da ihm somit akademische Titel verwehrt geblieben sind. Laut Jahresbericht von 1918/19 wurde er an Ostern 1918 mit diesen 14 weiteren jüdischen Mitschülern am

Alten Gymnasium in Nürnberg in die Klasse 1B eingeschult.

Benario, Rudolf	geb. am 20. Dez. 1908	in Nürnberg, isr. Redakteur
Freund, Heinrich	geb. am 22. Mai 1909	in Nürnberg, isr. Kaufmann
Gerngroß, Joachim	geb. am 08. Jan. 1908	in Nürnberg, isr. Fabrikdirektor
Goldschmidt, Justin	geb. am 15. Nov. 1908	in Nürnberg, isr. Vereinsbeamter
Goldstein, Kurt	geb. am 1. März 1908	in Nürnberg, isr. Kaufmann
Gutmann, Fritz	geb. am 27. Juli 1908	in Nürnberg, isr. Kaufmann
Heßlein, Paul	geb. am 25. Nov. 1908	in Nürnberg, isr. Kaufmann
Langstadt, Hans	geb. am 15. Juni 1908	in Nürnberg, isr. Kaufmann
Levy, Hans	geb. am 8. Okt. 1908	in Nürnberg, isr. Großkaufmann
Maienthau, Heinz	geb. am 12. Jan. 1908	in Nürnberg, isr. Großkaufmann
Neuberger, Harald	geb. am 11. Febr. 1908	in Nürnberg, isr. Großkaufmann
Röderer, Fritz	geb. am 15. Juli 1908	in Nürnberg, isr. Kaufmann
Silberstein, Lothar	geb. am 11. Febr. 1908	in Nürnberg, isr. Kaufmann
Späth, Kurt	geb. am 15. Sept. 1908	in Nürnberg, isr. Kaufmann
Thurnauer, Hans	geb. am 11. Juni 1908	in Nürnberg, isr. Fabrikbesitzer (+)

Abb. 20: Pass von Hans Thurnauer

Abb. 21: Pass von Kurt Späth, geboren am 15. September 1908 und später wohnhaft in der Gleißbühlstraße 3 in Nürnberg

Der kleine Rudolf besuchte die Klasse 1b mit 33 (später 34) Schülern. Mit der Straßenbahn konnte er von der Erlenstegenstraße in das Alte Gymnasium (seit 1933 Melanchthon-Gymnasium) fahren, welches er vier Jahre lang besuchte. Am 31. Oktober 1922 verließ er die Anstalt aus unbekannten Gründen. In dem handschriftlich angefertigten Jahresbericht wird nicht auf die näheren Umstände hingewiesen. Von den 15 jüdischen Mitschülern der Eingangsklasse waren beim Weggang Benarios im Jahr 1922/23 noch sechs übrig. Ob Rudolf am Tag seines Abschieds von der Schule mit seinen Klassenkameraden der Parallelklasse 4a im Schulhof der Darbietung von Balladen von Goethe und Schiller beiwohnte, ist nicht bekannt. Die Aufführung vor großem Auditorium erbrachte laut dem Jahresbericht des Alten Gymnasiums vom 1922/23 einen Reinerlös von 200000 RM – die Inflation warf ihre Schatten voraus.

Rudolf wechselte an das Alte Gymnasium in Würzburg, welches schon sein Vater Leo besucht hatte. Aber auch an diesem Gymnasium, wo Rudolf die 5. Klasse besuchte, blieb er nicht lange. Mit Beginn des neuen Schuljahres wechselte der nunmehr fünfzehnjährige Rudolf zu Ostern 1923 an das Humanistische Gymnasium nach Ansbach[28]. Die Internatsanmeldungen dort überstiegen die 49 Wohn- und Unterbringungsmöglichkeiten, weshalb ca. 20 Schüler abgewiesen werden mussten. Rudolf fand also keine Aufnahme im Internat, aber Ansbacher Bürger stellten freie Zimmer fast unentgeltlich zur Verfügung, wie der entsprechende Jahresbericht festhielt. Rudolf fand Aufnahme bei dem kinderlosen katholischen Ehepaar Beer in der Maximilianstraße 17. Dr. Hans Beer (geb. 1886) war Lehrer für Geschichte, Deutsch, Griechisch und Kurzschrift am Humanistischen Gymnasium. Schon in dem ersten Schuljahr, nunmehr in der 6. Klasse, kam es zu Problemen. Am 20. Januar 1924 schrieb Leo Benario, der in Nürnberg gerade das „Institut für Zeitungskunde" an der Handelshochschule gegründet hatte, an den Ansbacher Schulleiter Schreibmüller, da offensichtlich eine Abweisung Rudolfs drohte. Der besorgte Vater versuchte, einige „ungünstige Einwirkungen" als Erklärung für Rudolfs Trotz und Arroganz zu finden und führte den „schlechten Gesundheitszustand meiner Frau [Marie Bing], Krankheit des Schwesterchens [Irene], Zeitverhältnisse und vor allem die Jahre seiner [Rudolfs] körperlichen Entwicklung"[29] an. Auch eigene Fehler räumte er ein. Er habe wegen der Inanspruchnahme durch seine Berufstätigkeit und vorher durch seine kriegsbedingte Abwesenheit zu wenig Einfluss auf Rudolfs Erziehung genommen und auch dessen Ungezogenheiten nie für „voll" genommen und darauf – wenig altersangemessen – mit Ironie reagiert. Letztlich rückte Rudolf vor, sein Betragen gab offensichtlich keinen Anlass mehr zu Klagen, doch „Fleiß und Leistungen entsprachen nur mittleren Anforderungen." Seine Verweigerungshaltung hatte Rudolf im folgenden Schuljahr 1924/25 aufgegeben, denn nun wurde auch sein Fleiß als lobenswert bezeichnet, wenngleich sich dies noch nicht merklich auf alle seine Leistungen niedergeschlagen hat. Seine Geschichtsnote hatte er immerhin um drei Notenstufen im Vergleich zur 6. Klasse verbessern können. Warum Rudolf die ganze Schulzeit seit 1924/25 vom Turnunterricht befreit war, bleibt unklar. Hat es an seiner Kurzsichtigkeit, einem Haltungsschaden, wegen dem er später Einlagen tragen musste, oder seiner Anfälligkeit für Bronchitis gelegen?

In der 8. Klasse hatte Rudolf seine Unlust ganz klar überwunden, sowohl die Noten für Betragen und Fleiß als auch die in den einzelnen Fächern hatten sich gesteigert, insbesondere in israelitischer Religion, Latein und Geschichte. In Deutsch hielt er in der Abschlussklasse (9. Klasse 1926/27) einen freien Vortrag zum Thema: „Dürers Reise in die Niederlande", wofür er die schriftlichen Quellen Dürers auszuwerten hatte, was ihm in Anbetracht der Gesamtnote wohl auch gut gelungen war.[30] Am Samstag, den 8. Mai 1926 wird Rudolf mit der Familie den Geburtstag der jüngeren Schwester Irene gefeiert und den Baufortschritt beim Bau des Anwesens Erlenstegenstraße 24a be-

Abb. 22: Rudolf Benario beim Ballspielen im Garten des elterlichen Anwesens in der Erlenstegenstraße 24a

gutachtet haben. Im März des Jahres 1926 hatte Leo Benario die baupolizeiliche Genehmigung zum Bau eines Gartenwohnhauses auf seinem Grund in der Erlenstegenstraße 24a erhalten, welches nun nach den Plänen des Architektenbüros Otto Weiß im Laufe des Jahres 1926 fertiggestellt wurde und vom 23. Juni 1926 bis Anfang 1930 von der Familie Benario bewohnt wurde. Der Buchstabe B für Benario im Fenstergitter neben der Eingangstür erinnert noch heute an den Bauherrn.

Im März 1927 legte Rudolf die Reifeprüfung mit Leistungen ab, die sich eher am unteren Ende der Notenskala befanden und entschied sich für ein Studium der Rechts- und der Sozialwissenschaften, welches er zunächst in Erlangen begann, vom 4.8. bis 27.10. in Würzburg fortführte, um dann die Zeit vom 27.10.1928 bis 9.3.1929 im Berlin der Roaring Twenties zu verbringen. Die letzte Namensliste der immatrikulierten Studenten der Humboldt Universität wurde 1920/21 publiziert. Jedenfalls hat er damals seine kommunistische Cousine Olga Benario nicht mehr in Berlin angetroffen, deren tolldreiste Befreiungsaktion ihres Geliebten aus dem Kriminalgericht Moabit[31] aber sicher noch unvergessen war. Ab dem 25.4.1929 war Rudolf unter drei verschiedenen Adressen in Erlangen gemeldet, bevor er am 21.12.1930 nach Fürth in die Moststraße 35 zu seiner Familie zog, die zu Beginn des Jahres ihr Anwesen in der Erlenstegenstraße 24a aus unbekannten Gründen verlassen hatte und nach elfmonatiger Übergangszeit in der Ludwig-Feuerbach-Straße 35 letztlich nach Fürth, in den 2. Stock des repräsentativen Hauses von Karl Adler in die Moststraße in Fürth zog, wo sich im Erdgeschoss das Lager der Kurz-, Woll- und Weißwarenhandlung en gros von Gustav Schickedanz befand. Irene Benarios beste Freundin Emilie Kolb, die bei der „liberalen, aufgeklärten" jüdischen Familie in der Moststraße ein und aus ging, sollte 1937 die Privatlehrerin der Schickedanztochter Louise werden.

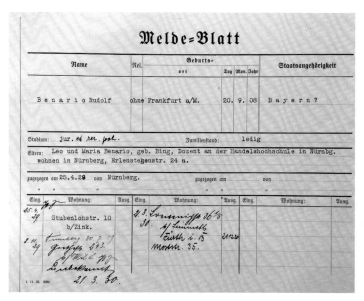

Abb. 23: Meldeblatt für Rudolf Benario

Seit dem Frühjahr war Rudolf wieder Student an der Friedrich-Alexander-Universität. Sowohl dort als auch in Fürth engagierte er sich zunehmend politisch. An seiner Alma Mater tat Rudolf dies als Mitglied und Schriftführer des Republikanischen Studentenbundes, welcher auf Seiten der Weimarer Republik stand und diese gegen Angriffe von rechts zu verteidigen suchte.[32] An anderer Stelle wurde er als Vorsitzender der sozialdemokratischen Studenten deklariert. Festgehalten werden kann in jedem Fall seine Affinität zur Sozialdemokratie, was nicht zuletzt wohl auch auf sein liberales, pazifistisches, aufgeklärtes Elternhaus zurückgeführt werden kann.

Seine Schwester Irene, die nach dem Besuch des sechsstufigen Mädchenlyzeums der Englischen Fräulein 1929 an die Oberrealschule in Fürth (heute Hardenberg-Gymnasium Fürth) gewechselt war, lebte mit den Eltern in der Moststraße. Sie war weitgehend unpolitisch. Doch blieben ihr und ihrem Bruder die Spannungen nicht verborgen, denen ihr Vater Leo in der Zeit nach der Weltwirtschaftskrise zunehmend ausgesetzt war. Trotz fehlender akademischer Grade war Leo Benario Direktor des von ihm gegründeten Instituts für Zeitungskunde und hielt an der Handelshochschule als nebenamtlicher Dozent Vorlesungen über Wirtschaftsjournalismus. Allerdings hatte er das Nachsehen, als die Mehrzahl der anderen nebenberuflichen Stellen an der jungen Handelshochschule am Ende der 20er Jahre sukzessive in ordentliche, gut dotierte Professuren umgewandelt wurden. Der Aufforderung, eine „methodisch-wissenschaftliche Arbeit zur Bewertung seiner wissenschaftlichen Befähigung" vorzulegen, war er lange nicht nachgekommen. Die 17seitige Publikation zur ‚Soziologie der Zeitung' in der Zeitschrift für Völkerpsychologie und Soziologie aus dem Jahre 1926 genügte den Ansprüchen des Senats offenbar nicht. Neben den fehlenden akademischen Voraussetzungen sorgte auch Leo Benarios Bemühen, nach außen mehr vorzugeben als der Realität entsprach, für eine ablehnende Haltung von Seiten des Senats.[33] Unter dieser als ungerecht empfundenen Zurückweisung litt der ambitionierte Zeitungswissenschaftler und setzte umso größere Erwartungen in den akademischen Erfolg seines Sohnes.

Zu Beginn des Jahres 1930 war es auf einer Sitzung des Studentenausschusses, dem AStA, zum Eklat gekommen, in dessen Zentrum Rudolf Benario stand. Ihm wurde von nationalsozialistisch-antisemitisch eingestellten Studenten des NSDStB schädigendes Verhalten vorgeworfen, weshalb diese gemäß der „Erlanger Nachrichten" am 18.1.1930 unterstützt von anderen Studentenvertretern die Sitzung des AStAs verließen. Im Wintersemester 1930/31 erhielt Rudolfs Gruppierung nur einen Sitz[34] bei der AStA-Wahl am 14. November 1930, der NSDStB dagegen 19 von 25.

Schon im Sommersemester 1927 war ein Aushang der AG Republikanischer Studenten mit antisemitischer Schmiererei („Judenknechte") versehen worden und die judenfeindliche Stimmung unter den Erlanger Studenten hatte sich in der Folge weiter verstärkt, nicht zuletzt durch wiederholte Auftritte des vom NSDStB eingeladenen Adolf Hitler, der in seiner Rede am Vorabend der AStA-Wahl am 13.11.1930 gesagt haben soll: „Ich werde es dieser Universität nie vergessen, deren Jugend die erste war, die sich zu mir bekannte."³⁵ Im Sommersemester 1931 war es der Gruppe um Rudolf gelungen, den Literaturnobelpreisträger Thomas Mann für den 11. Juni 1931 einzuladen. Man geht wohl kaum fehl in der Annahme, dass hier die Kontakte des Onkels Siegmund Bing hilfreich gewesen sind. Der Kritiker, Publizist und Journalist war bekannt und befreundet mit vielen namhaften Vertretern der Kultur- und Literaturszene. Dem Aufruf der Republikanischen Studenten zum Vortrag über „Europa als Kulturgemeinschaft" folgten weit über 1000 Interessierte. „Solange die Völker fürchten [...], daß sie ihre Seele verraten, indem sie Europa bejahen [...], so lange wird Europa nicht sein"³⁶, verkündete der bekennende Europäer Thomas Mann im Erlanger Redoutensaal. Sein Appell wurde durch massiven Protest von rechten Studenten gestört, was aber von der Universitätsleitung nicht weiter geahndet wurde. Nur drei Wochen später sprach Adolf Hitler wieder als Gastredner des NSDStB im Kolosseumssaal.

Rudolf war jedoch nicht nur an seiner Alma Mater politisch aktiv, sondern auch in Fürth, wo er seit Ende 1930 gemeldet war und wo er am 17. Juli 1931 an einer nicht angemeldeten, somit nicht genehmigten KPD-Demonstration teilgenommen hatte. Er wird im Oktober 1931 vom Amtsgericht Fürth „wegen eines Vergehens nach §3 der VO des RPräs. vom 28. März 1931 zur Bekämpfung politischer Ausschreitungen zur Geldstrafe von a c h t z i g Reichsmark" verurteilt. Ob Rudolf Benario, wie von der Bayerischen Zeitung vom 13.10.1931 angegeben, einen Sprechchor „Gebt uns Arbeit, gebt uns Brot" initiiert hatte, konnte nicht zweifelsfrei geklärt werden, wäre aber bei 13700 Arbeitslosen in Fürth im Jahr 1931 nicht so unwahrscheinlich.

In Fürth war Rudolf, der in seinen letzten Schuljahren stets vom Sportunterricht befreit gewesen war, auch sportlich aktiv geworden. Gemeinsam mit 22 anderen Mitgliedern, meist jungen Kommunisten, bildete er den Kanu-Klub, für den Kanus selbst gebaut worden sind. Auf dem gepachteten Gelände wurde ein Bootshaus errichtet und Rudolf pflanzte unter tatkräftigem Einsatz jene Birken, die heute noch an ihn erinnern. Schon im Juni 1931 hatte Rudolf bei einer Veranstaltung der Fürther SPD im Geismannsaal seinen Übertritt von den Jungsozialisten zur KPD publik gemacht, worüber im SPD-Organ „Fränkische Tagespost" am 13. Juni 1931 ausführlich berichtet wurde. Mit riesigen, nagelbeschlagenen Schuhen („Kanalschiffchen") sei er ans Podium gelatscht. Er trug ein kleines Oberlippenbärtchen, wodurch er vielleicht ein wenig erwachsener und ernstzunehmender erscheinen wollte. In jedem Fall wirkte sein betont provokatives Auftreten auf die SPD-Genossen recht arrogant, insbesondere, da er mit dem „Genossen Eberhard" einen verdienten Arbeiterführer diffamierte. Durch diese deutliche Positionierung ist nachvollziehbar, warum Rudolf in der Anklageschrift des Amtsgerichts Fürth vom Oktober 1931 wegen seiner Demonstrationsteilnahme als Kommunist, aber nicht als Funktionär bezeichnet wurde. In den Ermittlungsakten wurde er jedenfalls als Kommunist geführt, was wohl auch dem Rektor der Universität, Eugen Locher, durch die politische Polizei zu Ohren gekommen ist, weshalb er dies an das Kultusministerium nach München meldete: „[...] ist ein früherer stud.rer. pol. Benario zu erwähnen, der zeitweilig mit kommunistischer Agitation sich befasst hat, zur Zeit aber der sozialdemokratischen Partei angehören soll."³⁷

Auch in diesem denunziatorischen Schreiben vom 12.12.1932 wurde also der politische Standpunkt Rudolfs nicht so ganz klar. Die weitaus meiste Zeit des Jahres 1932 hat sich Rudolf intensiv mit der Abfassung seiner Dissertationsschrift über „Wirtschaftsräte der deutschen Literatur und Gesetzgebung der Jahre 1840–1849" gewidmet, die 128 Seiten umfasst. Aber die politischen Ereignisse hat Rudolf natürlich mitverfolgt und wird erleichtert gewesen sein, dass bei den Reichstagswahlen fünf Tage vor seinem Rigorosum die NSDAP erhebliche Stimmenverluste erlitten hatte. „Am 11.11.1932 wurde er mit ‚sehr gut' geprüft und erhielt am 28.01.1933 sein Doktordiplom."[38] Gerade zwei Tage vor der „Machtergreifung" war die Freude im Hause Benario sicherlich überaus groß, vor allem für Vater Leo, dem – genauso wie schon seinem Vater Aron – ein gymnasialer -, geschweige denn akademischer Abschluss verwehrt gewesen war. Auch Rudolfs Verlobte, von der Fotografien existieren, deren Name aber unbekannt ist, wird sich mit Rudolf gefreut haben. Die Fotografien stammen wohl aus der Zeit nach dem Tod Rudolfs. Es kann spekuliert werden, ob die traurig blickende junge Frau neben den Eltern Rudolfs eventuell Else Boehm ist, die Jurastudentin, die mit Rudolf den Vorsitz in der AG Republikanischer Studenten inne hatte. Jedenfalls hat sie sich, so ein Hinweis von Michael Schneeberger, dessen Nachlass im Johanna-Stahl-Zentrum Würzburg verwahrt wird, exakt ein Jahr nach Rudolfs Tod umgebracht. Auf dem Foto scheint sie denselben Ring zu tragen wie Rudolf. Auch seine

Abb. 24: Rudolf Benario (1908-1933) vor seiner Ermordung im KZ Dachau im Garten des Elternhauses, Erlenstegenstraße 24a

Schwester Irene, die am 17. März 1932 ihre Reifeprüfung in Fürth abgelegt hatte und von Herbst 1932 bis April 1933 Statistik und Versicherungsmathematik in Erlangen studierte, wird sich gefreut haben. Irene war damals nicht politisch interessiert und war es nach brieflichen Aussagen an Gertrud Lehmann vom Stadtarchiv Erlangen bis ins hohe Alter nicht. Sie war also nicht in die 22 Personen starke linke Studentengruppe Erlangen eingebunden, die sich im Wintersemester 1932/33 konstituiert hatte und in der allein 15 Mitglieder jüdischen Glaubens waren. Einmal aktenkundig geworden, sollte der Vorwurf ‚Kommunist' zu sein sowohl für Rudolf als auch für Max Hanns Kohn schließlich tödliche Folgen haben. Mit dem folgenreichen Reichstagsbrand vom 27. Februar 1933 und der tags darauf erlassenen Verordnung „Zum Schutz von Volk und Reich" verschärfte sich die Lage für bekennende Linke extrem, da die Nationalsozialisten eine kommunistische Verschwörung hinter der Brandstiftung sahen. Zur „Abwehr kommunistischer staatsgefährdender Gewaltakte" wurden die Grundrechte außer Kraft gesetzt und eine beispiellose Hetze und Verfolgung der Kommunisten begann. Sie konnten in „Schutzhaft" genommen werden, ohne dass sie einem Richter vorgeführt werden mussten. Deutschland hatte also Anfang März 1933 sehr rasch nach der Machtübernahme Hitlers aufgehört, ein Rechtsstaat zu sein.

In dieser Atmosphäre fand die Reichstagswahl vom 5. März 1933 statt, die Hitler allerdings nicht die erhoffte Mehrheit brachte. In Fürth erreichte die NSDAP 44,8% [reichsweit nur 43,9%], die SPD 33,5% [reichsweit 18,3%] und die KPD 10% [reichsweit 12,3%].[39] Die Schlagworte „Arbeit, Ruhe, Ordnung, Vaterland" hatten die Menschen überzeugt. Die Ausschaltung von Kommunisten ging weiter. Hitler warnte in seinen Reden vor der „Weltgefahr des Kommunismus" und die Verfolgung wurde ohne ersichtlichen Widerstand auch auf Gewerkschafter und Sozialdemokraten ausgedehnt. In Fürth drohte der „Stürmer"-Schriftleiter Karl Holz: „Jetzt beginnt in Bayern das Saubermachen." Am 9. März 1933 fegte ein Putsch die legale Regierung von Ministerpräsident Held in München hinweg und General Franz von Epp wurde zum Reichskommissar für Bayern mit exekutiver Gewalt ernannt. Er übertrug die Polizeibefugnisse auf den Reichsführer der SS, Heinrich Himmler, den er zum Polizeipräsidenten von München und Nürnberg ernannte. Am Morgen des 10. März 1933 verordnete die neue Regierung Schutzhaft für alle kommunistischen Funktionäre. Auch viele Sozialdemokraten und Mitglieder des Reichsbanners fielen dieser Verhaftungswelle zum Opfer und die Gefängnisse quollen über.[40]

In der Nacht vom 10. zum 11. März 1933 wurden auch die Benarios in der Moststraße aufgescheucht. Rudolf wurde verhaftet und sollte als „Schutzhäftling" sofort mitkommen. Gegen den Protest der Eltern, den kranken Sohn, der mit hohem Fieber und einer Bronchitis bettlägrig war, zu inhaftieren, wurde der „sattsam bekannte kommunistische Winsler und Jude Benario" abgeführt. Hämisch bezeichnete der „Fürther Anzeiger" am nächsten Tag dessen Fieber von 39°C als „Reisefieber."[41]

Nur knapp zwei Wochen später musste Leo Benario einen weiteren Tiefschlag erleben, als er erfuhr, dass er wegen seiner jüdischen Herkunft fristlos aus dem Hochschuldienst entlassen sei – bereits vierzehn Tage vor dem „Gesetz zur Wiederherstellung des Berufsbeamtentums".

Wegen der vielen Verhaftungen waren die Gefängnisse in Fürth überfüllt. Neben Rudolf, seinem Freund Ernst Goldmann und ihrer Mitstreiterin Hedwig Laufer waren Dutzende Fürther und Nürnberger Kommunisten und Sozialdemokraten in „Schutzhaft" genommen worden. Rudolf und Ernst brachte man in der Turnhalle bei der Feuerwache im heutigen Schliemann-Gymnasium unter, da das Stadtgefängnis am Gänsberg in der Katharinenstraße 11, das so genannte „Katharinenkloster", keine Kapazitäten mehr hatte. Genau einen Monat blieben die Schutzhäftlinge in Fürth, bevor sie von der Landespolizei mit dem ersten Sammeltransport aus Franken mit insgesamt 60 Gefangenen nach Dachau in das neu errichtete Konzentrationslager verbracht wurden, welches gerade an diesem Tag, am 11. April 1933, an die SS übergeben worden war, die sofort mit ihrem Schreckensregiment begann.[42]

Die letzten zwei Tage im Leben des Dr. Rudolf Benario sind recht gut dokumentiert, da unmittelbar nach dem Mord an ihm und dreien seiner Glaubensbrüder die Staatsanwaltschaft im Lager ermittelte. Erhalten sind auch die Aussagen seiner Mitgefangenen, die schon mit Rudolf und Jakob Goldmann in Fürth in Haft gewesen waren und tief betroffen von den brutalen Misshandlungen der jüdischen Genossen und geschockt über die Morde an ihnen waren. So konnten sie sich an etliche Details auch nach über vierzehn Jahren noch gut erinnern, als sie 1948 gegen den Hauptverantwortlichen, Hans Steinbrenner, aussagten.

Gleich nach der Ankunft im Lager waren die jüdischen Häftlinge durch Hans Steinbrenner übel misshandelt worden, der sie fünfundzwanzig Mal mit seinem Ochsenziemer schlug, bevor sie in ihre Baracke wanken mussten. An Nachtruhe war nicht zu denken, denn gegen 3 Uhr schossen betrunkene SS-Leute wahllos in die Baracken und ordneten einen nächtlichen Zählappell an.

Am Mittwochmorgen wurde Rudolf mit zwei weiteren Juden zur Arbeit herangezogen. Sie mussten Müllkübel leeren und mit einer Schubkarre Unrat zu einer Kiesgrube bringen, wobei es wieder Schläge setzte, bis die jungen Männer aus vielen Wunden bluteten. Nachmittags ging ihr Martyrium weiter. Der völlig entkräftete Rudolf und seine Leidensgenossen wurden am 12. April zu schweren Erdarbeiten gezwungen. Gegen 17 Uhr schließlich befahl der sadistische SS Mann Steinbrenner Rudolf Benario, Ernst Goldmann, Arthur und Erwin Kahn ihn mit Spaten aus dem Lager zu begleiten.[43]

An dem Kanal zur Amper entlang, der das Lager begrenzte, in Richtung auf das damals noch nicht existierende Krematorium mussten sie in das Wäldchen gehen, das als Schießplatz genutzt wurde. Dort wartete bereits eine Gruppe von SS-Männern auf die Gefangenen. Plötzlich erscholl der Befehl „Laufen!", den Rudolf Benario, sein enger Freund Ernst Goldmann, Arthur und Erwin Kahn befolgten. Circa 20 Pistolenschüsse und die Schreie der tödlich Verwundeten waren zu hören.[44] Obwohl den Mitgefangenen befohlen worden war, sofort in ihre Baracke Block II/1 zu gehen, hatte es genug Ohrenzeugen des Massakers, die im Prozess gegen den SS-Mann Steinbrenner 1948 aussagten, gegeben. Einer, der sich außerplanmäßig noch im Lager befindlichen bayerischen Landespolizisten war zu der Stelle geeilt und hatte zwei Tote gesehen, einem dritten gab einer der Männer den „Gnadenschuss" – man weiß nicht, welches der unglücklichen Opfer es war. Der Gerichtsarzt Dr. Flamm, der die Leichen am nächsten Tag untersuchte, schrieb in den Totenschein als Todeszeitpunkt ca. 17 Uhr. Erwin Kahn überlebte trotz mehrerer Schussverletzungen und wurde noch nach München ins Krankenhaus gebracht, wo er bei klarem Bewusstsein seinem Arzt und seiner Frau von dem blutigen Geschehen berichten konnte. Der wertvolle Zeuge verstarb jedoch am 16. April 1933.[45]

Am Tag nach den Morden begann die Staatsanwaltschaft in dem Fall der angeblich bei einem Fluchtversuch Getöteten im Konzentrationslager Dachau zu ermitteln, was zeigt, dass die Justiz noch nicht völlig gleichgeschaltet war. Allerdings erregte diese Nachforschung verständlicherweise das Missfallen der SS. So wurden die ermittelnden Staatsanwälte Wintersberger und Hartinger vom Landgericht II in ihren Untersuchungen im Lager nicht gerade unterstützt.[46] Ende 1933 verfügte der bayerische Innenminister Hans Frank endgültig, dass weder ermittelnde Beamte das Lager betreten, noch Angehörige des Lagers verhört werden durften. Das Konzen-trationslager Dachau war endgültig zum rechtsfreien Raum geworden. Von Dachau führte die Blutspur auch nach Auschwitz. Dieser Zusammenhang wurde der Verfasserin dieser Zeilen in vielen Zeitzeugengesprächen mit Dr. h.c. Max Mannheimer (1920-2016) immer wieder vor Augen geführt.

Am Gründonnerstag, den 13. April 1933 konnte man in den Zeitungen Bayerns gemäß einer Pressemitteilung des Münchner Polizeipräsidiums lesen, dass „3 Kommunisten bei Fluchtversuch aus Dachauer Konzentrationslager erschossen"[47] worden waren.

Vom Tod ihres Sohnes wussten Leo und Marie Benario am Gründonnerstag noch nichts, denn an diesem Tag schrieb Vater Benario an die Lagerleitung Dachau einen maschinenschriftlichen Brief, der einer Paketsendung an Rudolf beigegeben war.[48] Zermürbt von der Sorge um ihr Kind hatten die Eltern wohl am Vortag sorgfältig Dinge eingepackt, von denen sie glaubten, dass er sie benötigen würde: einen Wintermantel, Taschentücher, Schuhe mit Einlagen, sogar Hausschuhe, Medikamente und ein Fieberthermometer. Die tatsächliche Realität des Konzentrationslagers Dachau war damals allgemein definitiv nicht bekannt und die Eltern ahnten nicht, dass wohl zum Zeitpunkt ihres liebevollen Packens ihr geliebter Sohn von den Kugeln seiner Mörder getroffen wurde!

Am 15. April 1933 informierte die Lagerleitung Dachau den Geschäftsführer der Israelitischen Kultusgemeinde Nürnberg, Bernhard Kolb, über den Tod Benarios, Goldmanns und Kahns und forderte ihn auf, einen Leichenwagen zum Abtransport der eingesargten Toten nach Dachau zu schicken.⁴⁹ Weiter berichtet der Theresienstadt-Überlebende Kolb auch vor dem internationalen Militärtribunal im Juni 1946 über die Morde in seinem Abriss zur Geschichte der Juden Nürnbergs: „Obwohl die Särge verschlossen waren, habe ich sie öffnen lassen. Ich habe die Leichen identifiziert […] An der Leiche des am 12.4.1933 getöteten Arthur Kahn aus Nürnberg, der mit mir weitläufig verwandt war, habe ich eine Obduktion […] vornehmen lassen. […] In dem Protokoll ist festgestellt, daß Kahn durch mehrere Schüsse getötet wurde und daß die einzelnen Einschußstellen aus der Leiche herausgeschnitten worden waren […], weil die Lagerverwaltung verheimlichen wollte, daß die Schüsse aus nächster Nähe […] abgegeben worden sind. Der Sektionsbefund lautet: Kopfdurchschuss mit Zertrümmerung von Teilen der Hirnbasis, darunter verlängertem Mark. Streifschüsse am rechten Oberarm und rechter Brustseite. Weichteildurchschuss durch den rechten Oberschenkel."⁵⁰ Für Rudolf liegen solche präzisen Angaben nicht vor, doch ist davon auszugehen, dass

Abb. 25: Grabstein Rudolf Benarios (1908-1933) auf dem Israelitischen Friedhof in Nürnberg

mit seiner Leiche das Gleiche geschehen ist wie mit der Arthur Kahns. Der Neffe Rudolfs erinnert sich an den Bericht seiner Mutter Irene wie folgt: „Als der Körper der Familie übergeben wurde, war klar, dass ihm in die Stirn geschossen worden war."[51] Die Einäscherung fand nach Aussage von Irene Benario-Nahon aus dem Jahr 1993 am Münchner Ostfriedhof statt. Seine letzte Ruhe fand Dr. Rudolf Benario am 24. April 1933 auf dem neuen Israelitischen Friedhof in Nürnberg in der Schnieglinger Straße 155. Auf seinem Grabstein findet sich allerdings kein Hinweis wie auf dem des jungen Medizinstudenten Arthur Kahn: Das erste Opfer der IKG (Israelitischen Kultusgemeinde) Nürnberg nach der Machtübernahme durch die Nationalsozialisten 1933. Alle drei Toten aus Franken, ebenso wie Erwin Kahn aus München, gehörten zu den ersten Opfern der Shoa, diese jungen Männer waren die ersten, die wegen ihres jüdischen Glaubens und ihrer linken politischen Gesinnung in Dachau ermordet wurden.

Auf dem Grab der Eltern, die nach Verfolgung und Exil in Nizza lebten und starben, erinnert eine kleine Tafel an den so jung ums Leben gebrachten Sohn Rudolf, dem vielleicht die erhoffte berufliche Karriere möglich gewesen wäre.[52] Marie Bing-Benario war nie wirklich über den Verlust ihres einzigen Sohnes hinweggekommen und verfiel später in Depressionen. Die Schwester Irene war nach dem Mord an ihrem Bruder nur noch einmal in Erlangen, wo man ihr vom NSDStB unverhohlen gedroht hat, dass sie leicht eine Treppe hinabfallen könnte. Sie verließ noch vor ihren Eltern fluchtartig Deutschland, um sich nach Paris und Livorno in London niederzulassen. Ihren Sohn, der 1938 noch in Livorno geboren wurde, nannte sie in liebevoller Erinnerung an Bruder und Vater Leon Rodolfo. Rudolfs Verlobte, die in der am 18. April 1933 von Leo Benario aufgegebenen Todesanzeige Rudolfs nicht namentlich genannt wurde, nahm sich am 1. Jahrestag seines Todes, am 12. April 1934 das Leben.[53]

Über einen Rechtsanwalt in Nizza namens L. Stern hatte Marie Bing-Benario 1951 versucht, Entschädigungsleistungen über das bayerische Landesentschädigungsamt und auch von der Stadt Nürnberg zu erlangen. Vier Jahre nach dem Tod ihres Gatten lebte sie „vom Schicksal gebrochen […] in den allerdürftigsten Verhältnissen in Nizza, unterstützt von ihrer Tochter in London."[54] Ihr Antrag auf Entschädigung für entgangene Dienstbezüge des 1933 fristlos entlassenen Gatten, für das geraubte Vermögen, aber vor allem für den ermordeten Sohn lehnte das Amt ab. Die Stadt Nürnberg berief sich in ihrer Ablehnung auf die „außerordentliche finanzielle Belastung durch die Kriegsfolgen". So starb Marie, deren Vater einst über mehr als 10.000 Beschäftigte geboten hatte, in relativer Armut Mitte der 70er Jahre, ohne jemals wieder deutschen Boden betreten zu haben. An ihren Sohn Rudolf Benario erinnern inzwischen eine Straße in Fürth und eine Gedenktafel, die 2013 geschändet und daraufhin erneuert wurde. Sie steht am Rednitzufer nahe der Birken, die er einst gepflanzt hatte.

2.4 Zwischen den Stühlen – Kurt Arnold

Fiona Ruppert führte am 22. März 2011 ein Filminterview mit Kurt Arnold, der aufgrund seiner jüdischen Mutter im Dritten Reich als so genannter „Halbjude" galt und ebenfalls, wenngleich auch später, vom Melanchthon-Gymnasium verwiesen wurde. Am 19. Juli 1926 als Sohn eines katholischen Rechtsanwalts und einer jüdischen Mutter geboren, trat er am 12. April 1937 in das Melanchthon-Gymnasium in die Klasse 1b bei Dr. Schenk ein.

Abb. 26: Schülerfilmteam vom 22. März 2011 mit Nikolai Wüstemann, Valentin Olpp, Pascal Henninger, Fiona Ruppert und Kurt Arnold

Sein Gutachten aus der Grundschule, das im Schularchiv des Melanchthon-Gymnasiums zu finden ist, spricht eine besondere Übertrittsempfehlung aus: Kurt Walter Arnold „ist gut veranlagt und zählt zu den Besten der Klasse. Er schließt sich den Mitschülern kameradschaftlich an, seinem zarteren Wesen widerstrebt es, sich an roheren Spielen zu beteiligen, ist aber keineswegs wehleidig. Seine körperliche Entwicklung ist gut und seinem Alter entsprechend. Seine Leistungen im Unterricht sind recht gut. Er ist fleißig, strebsam, gewissenhaft und ordnungsliebend, höflich und wohlgesittet. Für Musik und Gesang fehlt ihm das musikalische Gehör. Ein älterer Bruder besucht bereits das humanistische Gymnasium. Der Schüler steht unter bestem erziehlichen Einfluß. Mutter ist zwar Jüdin, aber der Schüler genießt die gesetzl[ichen] Vorrechte, da der Vater Frontkämpfer war. Zu beanstanden ist die Handschrift des Schülers; Seine Anlagen [...] befähigen ihn wohl für den Eintritt in die höhere Schule"[55] heißt es im März 1937. Der Beisatz über die religiöse, damals rassisch verstandene Zugehörigkeit seiner Mutter lässt sich zwei Jahre nach Erlass der Nürnberger Rassegesetze auch hier schon finden. Bei seinem Gang durch sein altes Schulhaus 2011 berichtete Kurt Arnold von weiteren Leidensgenossen und von einem Fragebogen, der 1938 auszufüllen war. „Rassisch verfolgt wurde außer mir auch Klaus Bingold, dessen Vater Chefarzt im Städtischen Krankenhaus war, der dann aber aufgrund seiner jüdischen Frau nicht mehr praktizieren durfte. Ich habe nach dem Krieg meinen Bruder in München besucht und gesehen, dass der Vater Bingold dort wieder als Professor angestellt war."

Erste Klasse B.
Klaßleiter: Studienassessor Dr. S c h e n k.
Zu Anfang 29 Schüler, am Schluß 26.

1.	Aichinger, Herbert	28. 12. 26	ev.	Bezirksdirektor
2.	Arnold, Kurt	19. 7. 26	kath.	Rechtsanwalt
3.	Beuschel, Hellmut	3. 6. 27	ev.	Hauptlehrer
4.	Bock, Eberhard	27. 5. 27	„	Bibliotheksdirektor
5.	Bosch, Fritz	10. 6. 26	„	Bäckermeister
6.	Brons, Peter	21. 1. 27	men.	Diplomkaufmann
7.	Dietz, Johannes	16. 8. 26	ev.	Pfarrer
8.	Dumrauf, Reinhold	8. 9. 27	kath.	Offiziant
9.	Gaertner, Erno	12. 12. 27	ev.	Rechtsanwalt
10.	Graf, Max	27. 8. 26	„	Kaufmann
11.	Grob, Erwin	15. 8. 26	„	Oberregierungsbaurat
12.	Haas, Eduard	27. 3. 27	„	Fabrikdirektor

Abb. 27: Klassenliste der 1b von 1937 mit Kurt Arnold

Am 3. Dezember 1938, also bereits nach dem Verweis aller „Volljuden" von der Schule, erhebt das Direktorat mittels eines ministerialen Fragebogens die Daten aller so genannter „Halbjuden":

„Das Melanchthon-Gymnasium Nürnberg bittet die Erziehungsberechtigten des Schülers (bei verschiedener Abstammung der Eltern den arischen Teil) um Beantwortung folgender Fragen:

1. Von wie viel Großelternteilen, die der Rasse nach volljüdisch sind, stammt Ihr Sohn Kurt Arnold ab? (Volljüdisch ist ein Großelternteil ohne weiteres, wenn er der jüdischen Religionsgemeinschaft angehört hat.)

2. Hat Ihr Sohn beim Erlaß des Reichsbürgergesetzes vom 15.9.1935 der jüdischen Religionsgemeinschaft angehört? Nein

Ist er nach diesem Tag in diese Religionsgemeinschaft aufgenommen worden? Nein"

Dieses Blatt bittet Direktor Mezger rücksichtsvoll „am besten mit der Post – der Anstalt ausgefüllt zusenden zu wollen u. die Schüler brauchen von seinem Inhalt nichts zu erfahren!"[56]

Der Erinnerungsgang durch die alte Lernstätte am 22. März 2011 führte das Interviewteam auch an einen heute kaum bekannten Platz, nämlich den ehemaligen Bunker der Schule, der heute lediglich als Ablagestelle für Elektroschrott genutzt wird. Dieser Bunker war für die Schule und die umliegende Sulzbacher Straße gebaut worden. Während des Krieges wurden häufiger Luftschutzübungen durchgeführt, von denen sich eine im Gedächtnis Kurt Arnolds besonders eingeprägt hat: „Ja, hier hatten wir immer Probealarm und mussten alle so schnell wie möglich in den Keller flüchten. Einmal saßen wir dort und saßen plötzlich völlig im Dunkeln, weil jemand das Licht ausgeschaltet hatte. Ich wollte mich schon melden, als plötzlich jemand fragte: ‚Welcher Volksschädling hat das Licht ausgemacht?' Da ließ ich meine Hand unten. Ein Volksschädling war ich nicht. Ich habe Jahre später einen ehemaligen Mitschüler in München getroffen, der inzwischen im Finanzministerium arbeitete und der hat mir dann gesagt, dass er es damals war, der den Lichtschalter betätigt hatte. Das Ganze zog sich soweit, dass Direktor Mezger noch in der dann folgenden Weihnachtsansprache allen Schülern ein schönes Weihnachtsfest und ein gutes neues Jahr wünschte – nur nicht jenem, der damals im Luftschutzkeller das Licht ausgemacht hatte! Das hatte er nicht vergessen!" Der von Kurt Arnold stets mit Wohlwollen benannte Dr. Mezger musste alle „jüdischen Mischlinge" letztlich seiner Schule verweisen. Im September 1942 erhielt der „Schüler Kurt Walter Arnold", der im Schuljahr 1942/43 in der 6b war, folgende Anweisung: „Nach einer neuen Bestimmung der Unterrichtsbehörde darf ein Schüler der 5. oder 6. Klasse, der jüd. Mischling 1. Grades ist, die höh. Schule nur bis zu dem Schluß des Schuljahres besuchen, zu dem er in die 7. Klasse versetzt wird. Somit hat K. W. Arnold am Schluß des Schuljahres 1942/43 nach Erreichung des Ziels der 6. Klasse – aus dem Mel-Gymn auszuscheiden. Ich bitte um Kenntnisnahme, Unterschrift und Rückleitung dieser Mitteilung an das Dirkt." Lapidar hieß es noch, dass der „Vater am 7.9.42 in die Sprechstunde kam". Er konnte aber nicht viel mehr als ein Abgangszeugnis für seinen Sohn erwirken, der seit „Ostern 1937 Schüler der Anstalt" war. Im Austrittszeugnis erzielte er „von den Fremdsprachen abgesehen, […] bei entsprechendem Fleiße meist erfreuliche Erfolge. Bei den Leibesübungen zeichnete er sich im Schwimmen aus. Im Unterricht zeigte er eine gewisse Neigung zu Unaufmerksamkeit, sonst war das Verhalten ordentlich."[57] Der Direktor fügte handschriftlich hinzu, dass der Schüler nach „dem RdErl. [Runderlass] des Herrn Reichsminister für W. E und V. [Wissenschaft, Erziehung und Volksbildung] vom 2.7.42, Ziff 4" mit Ende dieses Schuljahres aus der höheren Schule ausscheide. Eine weitere rassistische Ausgrenzung war bürokratisch gelöst worden.

2.5 Erinnerungen an die Brüder Claus (Claude) und Peter Frank

Die weiteren Forschungen zu ehemaligen jüdischen Melanchthonianern führten zu Peter Schmid, der mit den älteren Brüdern zweier weiterer Interviewpartner, nämlich Karl Heinz Klaever und Albrecht Schardt, die Schulbank geteilt hatte. Peter Schmid, der am 9. November 1923 in Nürnberg geboren wurde, ist über den Großvater, der eine Hopfenhandlung in Nürnberg gegründet hatte und Generalkonsul war, von seiner Herkunft her Schweizer und war von den „völkisch" zugeordneten Diensten und Organisationen wie Jungvolk oder Hitler-Jugend befreit. Beim Filminterview vom 13. Dezember 2011 erlebten Alba Koch, Helen Enßle und Nina Heinz einen Zeitzeugen mit einem weit neutraleren Blick auf die NS-Schulgeschichte, als ihn seine Klassen- oder Jahrgangsstufenkameraden als Soldaten im Zweiten Weltkrieg haben konnten.

Peter Schmid, bis heute Förderer der Nürnberger Kultur, ist es zu verdanken, dass der ehemalige jüdische Melanchthonianer, Claude Frank, ein ausgezeichneter Beethoven-Interpret, seine Geburtsstadt 1984 nochmals besuchte und durch Konzerte ehrte. Über diese Verbindung gelangte Franziska Reim während der Recherchearbeit zum W-Seminar „Jüdische Melanchthonianer" an einen sehr anrührenden Briefwechsel zwischen Claude, vormals Claus Frank, mit einem anderen ehemaligen Mitschüler, Karl Fischer, aus dem Jahr 1984.

Abb. 28: Filminterview mit Peter Schmid durch Nina Heinz, Alba Koch und Helen Enßle am 13. Dezember 2011

Dritte Klasse A.

Klaßleiter: Studienprofessor Hofmann.

Zu Anfang 27 Schüler, am Schluß 26.

1.	Abend, Georg	22. 10. 24	ev.	Fabrikant
2.	Behem, Siegfried	17. 9. 24	kath.	Bankoberinspektor
3.	Bergold, Orm	30. 4. 25	„	Rechtsanwalt
4.	Bingold, Claus Ruprecht	21. 10. 24	ev.	Univ.-Prof., Obermedizinalrat i. R.
5.	Böhner, Hermann	1. 6. 25	„	Forstmeister in Zwiesel
6.	Ehrmann, Karl Alfred	25. 8. 24	„	Bankbeamter
7.	Fleischauer, Friedrich	6. 9. 24	„	Möbelfabrikant
8.	Götz, Otto	5. 9. 23	kath.	Hauptlehrer
9.	Heubeck, Walter	1. 3. 25	ev.	Kaufmann
10.	Kläver, Karl Heinz	23. 1. 25	kath.	Arzt
11.	Körner, Helmut	5. 9. 24	ev.	Professor und Kirchenmusikdirektor
12.	Krimmenau, Raimund	30. 4. 25	kath.	Hauptlehrer
13.	Kübel, Dieter	2. 11. 24	ev.	Bankdirektor
14.	Lechner, Georg	6. 10. 24	kath.	Kaufmann
15.	Meier, Hermann	2. 3. 25	ev.	Regierungsdirektor
16.	Müller, Walter	11. 7. 25	„	Professor
17.	Rupprecht, Walter	5. 8. 22	kath.	Werkmeister
18.	Schardt, Albrecht	12. 3. 25	ev.	Gaukassenwart der NS.-Gem. K.d.F.
†19.	Schmid, Peter	9. 9. 23	Chr.-G.	Kaufmann
20.	Schneider, Wolfgang	18. 2. 25	ev.	Oberlehrer
21.	Schütz, Arnulf	31. 10. 24	kath.	Studienprofessor
22.	Seitz, Hans	31. 1. 24	ev.	Kaufmann
23.	Späthling, Joseph	4. 6. 25	kath.	Schuhmachermeister
24.	Sundermann, Lothar	17. 5. 24	„	Kaufmann
25.	Wagner, Helmut	15. 3. 25	ev.	Bezirksoberlehrer
26.	Wenke, Gerhard	27. 9. 24	„	Hauptkonservator
27.	Zeilinger, Konrad	30. 1. 24	„	Kraftfahrer

Ausgetreten: Fleischauer am 18. 1. 38.

Dritte Klasse B.

Klaßleiter: Studienassessor Dr. Stettner.

Zu Anfang 26 Schüler, am Schluß 24.

1.	Barthel, Wilhelm	16. 3. 25	ev.	Kaufmann
2.	Bauer, Hans	20. 9. 24	„	Reichsbahninspektor †
3.	Bergler, Georg	24. 2. 25	„	Oberlandesgerichtsrat
4.	Endres, Hans	20. 10. 24	„	Kaufmann †
5.	Fischer, Karl	17. 1. 24	„	Fachlehrer
6.	Frank, Claus	24. 12. 25	isr.	Rechtsanwalt
7.	Günther, Paul	29. 8. 23	kath.	Privatmusiklehrer
8.	Heinze, Gerhard	11. 1. 25	ev.	Architekt
9.	Kaiser, Gerhard	23. 11. 24	„	Musikinstrumentenfabrikant
10.	Kikkalt, Rudolf	3. 11. 24	„	Gewerbechemierat
11.	Körner, Michael	29. 1. 25	„	Professor
12.	Kohler, Ernst	13. 6. 25	„	Pfarrer
13.	Mackedanz, Wilhelm	11. 8. 24	kath.	Verlagsvertreter
14.	Merkl, Klaus	10. 6. 25	gottgl.	Direktor
15.	Pfeifer, Karl	10. 2. 25	ev.	Geschäftsinhaber
16.	Reiser, Hans Erich	15. 3. 25	kath.	Reichsbahnoberrat

Abb. 29: Klassenliste der 3a im Schuljahr 1937/38 mit Peter Schmid, Karl Heinz Klaever und Albrecht Schardt.
In der Parallelklasse waren der spätere Pianist Claus Frank und sein Briefpartner aus dem Jahr 1984, Karl Fischer.

Abb. 30: Geburtshaus von Peter Schmid mit Schweizer Flagge

Abb. 31: Klassenfoto mit Peter Schmid aus dem Jahr 1935 mit rückwärtiger Gefallenenliste

Abb. 32: Unterrichtsschnappschüsse aus dem Jahr 1942 mit Dr. Früchtel in der Klasse 7a

Briefwechsel nach 46 Jahren des Schweigens: Karl Fischer und Claude Frank

Karl Fischer beruft sich beim ersten Brief aus Rottweil am 19. März 1984 auf Peter Schmid, mit dem ihn verwandtschaftliche Bande verknüpfen. „Zu deiner Erinnerung zunächst ein paar Namen: Barthel – Bauer – Bergler – Endres – Fischer – Frank! – Peter hat mir erzählt, daß auch Du heute noch das Alphabet der Klasse 3b des Melanchthon-Gymnasiums in Nürnberg auswendig weißt. Und Fischer, Karl Fischer, das bin ich. Vielleicht erinnerst du Dich. […] Ich habe, so merkwürdig das für Dich vielleicht klingen mag, falls Du Dich an mich erinnerst, häufig an dich gedacht. [Du] hast mich sehr beeindruckt. Dir ist alles so leicht gefallen, während ich ja ziemliche Schwierigkeiten in der Schule hatte. Ich hatte auch damals schon angenommen, daß Du einmal Künstler werden würdest. Und dann spielte noch der Umstand eine Rolle, daß Du der jüdischen Religion angehört hast – das einzige jüdische Kind, das ich kannte. Für mich war alles Jüdische damals eine Art Faszinosum."

Karl Fischer erzählt dem ehemaligen Klassenkameraden die verquere politische Infiltration von Seiten seiner streng antisemitischen Großmutter mit goldenem Parteiabzeichen und von der Drogenwirkung des „Stürmers". „Das war ja reine Pornographie. Ich habe die Berichte über Rassenschande verschlungen, auch als ich an die Inhalte längst nicht mehr glaubte. […] Nun muß ich aber auch sagen, warum ich diese widerlichen Dinge anspreche: Vielleicht kannst Du Dich noch erinnern, daß ich Dich gelegentlich über meine ‚Erkenntnisse' informierte und Dich fragte, ob das denn stimmt? Du hast darauf jeweils so reagiert, daß Du sagtest, Du wüßtest das nicht, würdest aber Deinen Vater fragen. […] Im Nachhinein – allerdings erst sehr viel später – ist mir dann bewußt geworden, daß diese Art von Frotzelei Dir oder deinen Eltern gar nicht so harmlos erschienen sein mag. Ich habe ziemliche Schuldgefühle bekommen […] und machte mir Gedanken, ob Ihr Euch damals bereits sehr unsicher gefühlt habt und ob Du dein Umfeld in der Schule wohl als feindselig empfunden hast. […] Jedenfalls ist mir mein damaliges Verhalten auf einmal sehr taktlos und gemein vorgekommen, und ich bin froh, daß ich mich dafür noch entschuldigen kann. Ich hoffe, daß ich Dich damals nicht zu sehr gekränkt habe. […] Sei herzlich gegrüßt von Deinem Karl"

Auf dieses späte Schuldgeständnis seines damaligen Mitschülers reagierte Claude Frank sehr milde und versöhnlich. Wer war er? Er war als zweiter Sohn des Rechtsanwalts Dr. Ludwig Frank und seiner Frau Irma Frank, geb. Ehrlich, am 24. Dezember 1925 in Nürnberg geboren worden und wuchs mit seinem älteren Bruder Frank in der Sulzbacherstraße 48 auf. Das hochbegabte Kind lernte bereits im Alter von drei Jahren Klavier, später Flöte und Ziehharmonika. Er wurde am 7. April 1935 am Melanchthon-Gymnasium eingeschult und drei Jahre später, am 29. Juni 1938, aufgrund des Schulbesuchsverbots für alle jüdischen Kinder abgemeldet.

Im Antwortbrief an Karl Fischer vom 30. Juni 1984 drückt der dem Holocaust Entkommene zunächst seine übergroße Freude über dessen Brief aus, beschreibt aber vor allem die Abgründe der gemeinsamen Schulzeit. „Wenn ich dir sagen würde, dass mich Dein Brief gefreut hat, so waere das viel viel zu wenig. Er gehoert zu den schoensten, interessantesten und wichtigsten Briefen seit langer Zeit. Ich kann Dir gar nicht genug dafuer danken." Claude Frank schreibt auch sehr ehrlich über seine Erniedrigungen am Melanchthon-Gymnasium. „Es war gewiss ein riesen negativer Eindruck so aufzuwachsen: als einziger Jude in der Klasse, spaeter in der ganzen Schule." Kaum jemand habe damals seinen Namen „Frank" benutzt, denn „bei den meisten hiess ich nur ‚Jud'. Das war noch nicht einmal boese gemeint, es war eben einmal so und ich habe mich daran vollkommen gewoehnt. [...] Zu leiden hatte ich mehr unter den Professoren als unter den Kameraden. [...] Du erinnerst dich wahrscheinlich an folgende: Hufnagel, der war ganz gemein. Bauer, Naturkunde, auch ganz gefaehrlich. Stettner und Blab unangenehm. Fabelhaft waren Hofmann, Heissner und Schenk."[58]

Auch wenn Claude Frank im Abstand von über 46 Jahren schreibt, er habe sonst „wenig zu leiden" gehabt, so beweist jede weitere Zeile des Briefwechsels zwischen

Abb. 33: Pass mit Schülerbild von Claus Frank samt seiner Aberkennung der deutschen Staatsbürgerschaft

Abb. 34: Professor August Blab (Turnen und Kurzschrift) und Professor Leo Stettner (Deutsch, Geschichte, Englisch), der als Kettenraucher „Nikotin" genannt wurde, im Pausenhof des Melanchthon-Gymnasiums 1937

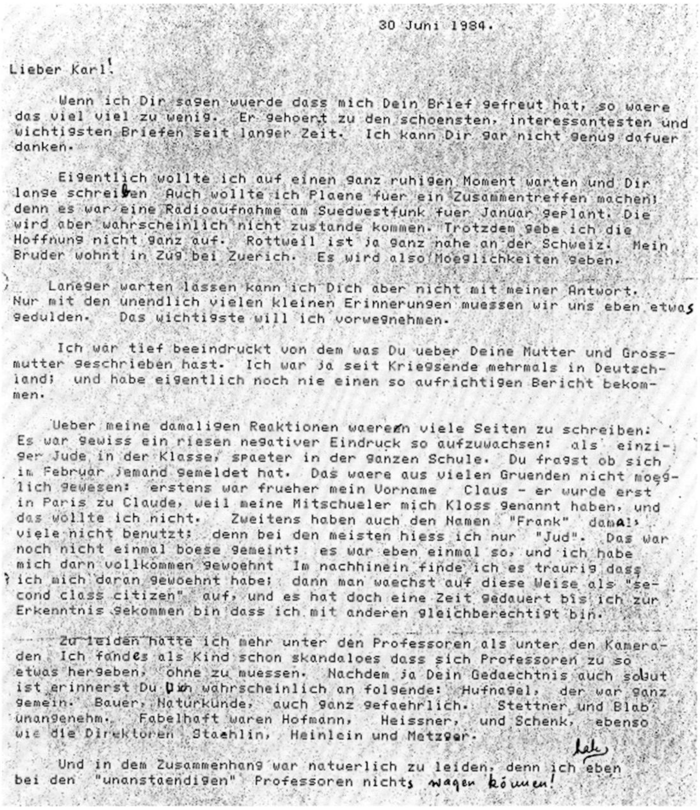

> 30 Juni 1984.
>
> Lieber Karl!
>
> Wenn ich Dir sagen wuerde dass mich Dein Brief gefreut hat, so waere das viel viel zu wenig. Er gehoert zu den schoensten, interessantesten und wichtigsten Briefen seit langer Zeit. Ich kann Dir gar nicht genug dafuer danken.
>
> Eigentlich wollte ich auf einen ganz ruhigen Moment warten und Dir lange schreiben. Auch wollte ich Plaene fuer ein Zusammentreffen machen; denn es war eine Radioaufnahme am Suedwestfunk fuer Januar geplant. Die wird aber wahrscheinlich nicht zustande kommen. Trotzdem gebe ich die Hoffnung nicht ganz auf. Rottweil ist ja ganz nahe an der Schweiz. Mein Bruder wohnt in Zug bei Zuerich. Es wird also Moeglichkeiten geben.
>
> Laenger warten lassen kann ich Dich aber nicht mit meiner Antwort. Nur mit den unendlich vielen kleinen Erinnerungen muessen wir uns eben etwas gedulden. Das wichtigste will ich vorwegnehmen.
>
> Ich war tief beeindruckt von dem was Du ueber Deine Mutter und Grossmutter geschrieben hast. Ich war ja seit Kriegsende mehrmals in Deutschland; und habe eigentlich noch nie einen so aufrichtigen Bericht bekommen.
>
> Ueber meine damaligen Reaktionen waeren viele Seiten zu schreiben. Es war gewiss ein riesen negativer Eindruck so aufzuwachsen: als einziger Jude in der Klasse, spaeter in der ganzen Schule. Du fragst ob sich im Februar jemand gemeldet hat. Das waere aus vielen Gruenden nicht moeglich gewesen: erstens war frueher mein Vorname Claus - er wurde erst in Paris zu Claude, weil meine Mitschueler mich Kloss genannt haben, und das wollte ich nicht. Zweitens haben auch den Namen "Frank" damals viele nicht benutzt; denn bei den meisten hiess ich nur "Jud". Das war noch nicht einmal boese gemeint; es war eben einmal so und ich habe mich darn vollkommen gewoehnt. Im nachhinein finde ich es traurig dass ich fand's gewoehnt habe; dann man waechst auf diese Weise als "second class citizen" auf, und es hat doch eine Zeit gedauert bis ich zur Erkenntnis gekommen bin dass ich mit anderen gleichberechtigt bin.
>
> Zu leiden hatte ich mehr unter den Professoren als unter den Kameraden. Ich fand es als Kind schon skandaloes dass sich Professoren zu so etwas hergeben, ohne zu muessen. Nachdem ja Dein Gedaechtnis auch gut ist, erinnerst Du Dich wahrscheinlich an folgende: Hufnagel, der war ganz gemein. Bauer, Naturkunde, auch ganz gefaehrlich. Stettner und Blab fabelhaft waren Hofmann, Heissner, und Schenk, ebenso wie die Direktoren Staehlin, Heinlein und Metzger.
>
> Und in dem Zusammenhang war natuerlich zu leiden, denn ich eben bei den "unanstaendigen" Professoren nichts wagen koennen!

Abb. 35: Antwortbrief Claude Franks aus New York auf die Schuldbekenntnisse seines ehemaligen Klassenkameraden Karl Fischer aus dem Jahr 1984

Claude Frank und seinem Klassenkameraden Karl Fischer die übergroße Isolation des hochbegabten Kindes, wenn er schreibt: „Unter den Mitschuelern habe ich relativ wenig zu leiden gehabt. Ein Zeitz war drei Klassen hoeher, ein hundsgemeiner Kerl, der mich immer verhaut hat wenn er mich gesehen hat, und ich hatte Angst vor ihm. Einmal hat er allerdings unseren Rupprecht statt meiner verhaut, weil der juedischer ausgesehen hat!!! In unserer Klasse war eigentlich nur Wolf sehr unangenehm, und Scharrer: sonst erinnere ich mich an keinen Feind. […] Du warst sogar einer der wenigen, die ich einmal ausserhalb der Schule getroffen habe: beim Schlittschuhlaufen. Das war fuer mich ein Ereignis. Denn zum sozialen Kontakt hatte ich sonst nicht den Mut."

Selbst die „intellektuell hervorragend[e]" Begabung des Klassenjüngsten und seine „außergewöhnliche musikalische Begabung" wurden in der Zeugnisbemerkung von Dr. Schenk 1935/36 verdreht und als Produkt seiner „rassisch bedingten Frühreife" ausgelegt. „Der Vater ist im Ausland", heißt es lapidar im Schülerbogen. Tatsächlich hatte der Rechtsanwalt Dr. Ludwig Frank (geb. 17.10.1898 in Pirmasens), der seit 3. Januar 1932 „aus Verschulden des Mannes" heraus von seiner Frau Irma, geborene Ehrlich (geb. 1. Oktober 1899 in Forth), geschieden war, bereits 1933 erste Fluchtversuche unternommen, denn die Einwohnermeldekarte[59] verzeichnet ihn 1932 in Brüssel und Paris. Er hatte trotz der Scheidung noch bis 1933 in der Sulzbacherstr. 48 bei Ehrlichs gewohnt und sich am 3. August 1933 mit den Söhnen nach Paris abgemeldet. Dr. Frank kam im Gegensatz zu den Söhnen nicht zurück, sondern wurde laut Pass am 27. Mai 1936 in Brüssel gemeldet.

> Unter den Mitschuelern habe ich relativ wenig zu leiden gehabt. Ein Zeitz war drei Klassen hoeher, ein hndsgemeiner Kerl, der mich immer verhaut hat wenn er mich gesehen hat, und ich hatte Angst vor ihm. Einmal hat er allerdings unseren Rupprecht statt meiner verhaut, weil der Juedkisch ausgesehen hat!!! In unserer Klasse war eigentlich nur Wolf sehr unangenehm, und Scharrer: sonst erinnere ich mich an keine Feinde. Traurig war ich ueber Wankel zu hoeren. Er war nett. Sass allerdings am Fenster, und ich kannte ihn nicht gut. Schieder, allerdings war ein Jahr mein Bank Nachbar. Ich habe ihn sehr gern gehabt, und er war auch sehr nett zu mir. Ich würde ihn auch sehr gerne wieder sehen.
>
> Dich kannte ich besser als viele, denn ein Jahr waren wir ja fast Nachbarn, und haben sehr viel zusammen gebloedelt (darueber mehr!); und Du warst sehr nett zu mir. Du warst sogar einer der wenigen, die ich einmal ausserhalb der Schule getroffen habe: beim Schlittschuhlaufen. Das war fuer mich ein Ereignis; denn zum sozialen Kontakt hatte ich sonst nicht den Mut. Einmal war Weichlein bei mir im Haus, halb durch Zfall; und inmal Kaiser ganz kurz; und Du af der Eisbahn!

Abb. 36: Claude Franks Schulerinnerungen der Ausgrenzung im Brief an seinen ehemaligen Klassenkameraden Karl Fischer 1984

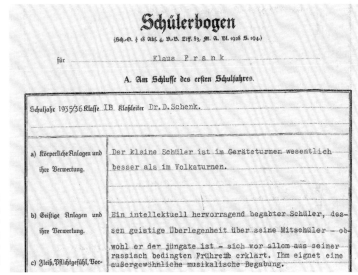

Abb. 37: Zeugnis mit antisemitischen Bemerkungen über Klaus (sic) Frank aus dem Schuljahr 1935/36

Abb. 38: Künstlerportraits von Claude Frank als Beethoveninterpret

Abb. 39: Aula des Melanchthon-Gymnasiums 1936 mit bekränztem Führerbild in der Mitte

Die Mutter und Claus flohen ab 27. September 1938 über Paris nach Spanien. Dort entschied man, dass „Claus" fortan „Claude" heißen solle, weil die Franzosen seinen Namen mit allzugroßer Nähe zum fränkischen Kloß aussprachen. In Spanien schließlich entzückte das Klavierspiel des jungen Claude Frank den US-Botschafter, der der Familie ein Visum für die USA beschaffte, wo Claude Unterricht bei Artur Schnabel nahm. Nach seinem Studium der Musik und Komposition in New York, unter anderem bei Paul Dessau, begann seine Karriere 1959 nach seinem Debüt mit Leonard Bernstein und dem New York Philharmonic Orchestra.

Als Pianist trat er vor allem als namhafter Beethoven-Interpret und Begleiter von international renommierten Kammermusik-Quartetten in Erscheinung. Er arbeitete an der Yale School of Music und hielt bis vor wenigen Jahren weltweit Meisterkurse ab. Aus Manhattan kam er auf Betreiben des ehemaligen Schulkameraden Peter Schmid 1984 und 2005 für Konzerte nach Nürnberg. Er starb am 27. Dezember 2014 in seiner Wahlheimat New York.

Karl Buck über Peter Frank

Karl Buck (1.2.1923–18.3.2014) trat Ostern 1933 von der Bismarckschule kommend in die Klasse 1a des Melanchthon-Gymnasiums ein. Das Klassenphoto von 1933/34 zeigt ihn als Zehnjährigen zwischen 37 Gymnasialanfängern in der zweiten Reihe von unten als Dritten von rechts. Das Foto wurde im Verbindungsgang zwischen Schulhaus und Turnhalle aufgenommen. Dieser Säulengang fiel den Bomben zum Opfer. Karl Buck hat das Schulleben als ein sehr „diszipliniertes" und „disziplinierendes" in Erinnerung und hat diese strenge Anstalt nach wenigen Schuljahren Richtung Fürth verlassen. „Weil es auch ein Gymnasium war, das elitär ausgerichtet war; d.h. es wur-

Abb. 40: Klassenfoto mit Karl Buck (2. Reihe, 3. v. r.), Ernst Kahn (2. Reihe, 4. v. l.) und Peter Frank (untere Reihe, 5. v. l.) aus dem Jahr 1933

Abb. 41: Pfarrer Karl Buck im Gespräch mit Lara Stöckle am 30. Januar 2012

den scharfe Auslesebedingungen gemacht, sie waren so scharf, dass die Hälfte von denen [auf dem Bild] gar nicht das Abitur dort abgelegt hat, sie sind in andere Lehranstalten, wo auch nicht ganz so Hervorragende mitkamen, es war eine disziplinäre Institution." (Transkription des Zeitzeugeninterviews vom 30.1.2012)

Dem Gespräch mit ihm, das Lara Stöckle führte, verdanken wir Erkenntnisse über die Umbenennung des Alten Gymnasiums in „Melanchthon-Gymnasium" 1933, Details bei der Veränderung des Schulalltags hinsichtlich der herrschenden Ideologie und letztlich Nachrichten über seinen ehemaligen jüdischen Mitschüler Peter Frank.

Schulalltag um 1933

Pfarrer Bucks Erzählungen zum Schulalltag nach 1933 waren sehr lebendig. Sein unermüdlicher Redefluss bedurfte kaum der Fragen, die Lara Stöckle vorbereitet hatte. Sie seien aber dennoch wiedergegeben, um den Verlauf des Interviews zu strukturieren. Außerdem sei darauf hingewiesen, dass Karl Buck auch Materialien für uns vorbereitet hatte, aus denen er z. B. das Horst-Wessel-Lied zitierte.

Frage: Welche Klassenrituale gab es in Ihrem ersten Schuljahr?
Karl Buck: Wir durften uns eine Art Klassenhymne wählen. Diese sollte einem Held aus den Befreiungskriegen gewidmet sein. Warum Befreiungskriege? Die Nationalsozialisten bezeichneten die Weimarer Republik als Judenrepublik oder als Systemzeit und prophezeiten die Befreiung vom marxistischen Joch. Das kann man hier im Horst Wessel-Lied in der dritten Zeile genau heraushören.
„Schon flattern Hitlerfahnen über allen Straßen.
Die Knechtschaft dauert
Nur noch kurze Zeit!"
Unser Befreiungskriegslied wurde dann auf Anraten des Musikprofessors Koch Theodor Körners „Leier und Schwert'" von 1812. Dieses Klassenlied wurde mit dem Musikprofessor bei Festtagen oder Schulfesten in der Aula gesungen.

Frage: Gab es 1933 schon nationalsozialistische Bräuche an der Schule?
Karl Buck: Das Gymnasium war sehr stark diszipliniert. Wenn es sich zum Beispiel ergeben hat, dass es draußen regnete und man nicht auf den Hof durfte, so musste man im Gang im Marschschritt unter der Aufsicht eines Lehrers gesittet auf und ab marschieren. Auch die Schülermützen hatten in Reih und Glied zu hängen. Dafür war extra ein Ordner zuständig. Er hatte darauf zu achten, dass alle Schülermützen über den Jacken ausgerichtet hingen. Disziplin war der Grundsatz der Schule. Es war alles

> **Vereine.** Die Schulgruppe des Volksbundes für das Deutschtum im Ausland (VDA) unter der bewährten Leitung von Studienrat Dr. R o l l zählte 327 Mitglieder (82% der Schüler). An Beiträgen und freiwilligen Spenden wurden 200 Mk. an den Landesverband Bayern abgeliefert. Eifrig verkauften die Schüler anläßlich der Wahlen im Memelgebiet die Sondernummer des „Volksdeutschen". An der Pfingsttagung des VDA in Ostpreußen nahmen 17 Schüler teil. Am Samstag, den 20. Juli 35, beteiligten sich alle Schüler und Lehrer im Stadion am Fest der deutschen Schule (Tag des deutschen Volkstums); um die Durchführung des zahlreiche Proben erfordernden Festes machten sich wieder besonders die Lehrer unserer Anstalt Dr. R o l l, K o c h, B l a b und D a u t verdient.
> Am 7. Juni 35 wurde in allen Klassen auf die Verdienste und Aufgaben des deutschen S p r a c h v e r e i n s anläßlich seines 50jährigen Bestehens hingewiesen und für die Zeitschrift des Vereins „Die Muttersprache" geworben.
> Auch die Jugendgruppe der N S - K u l t u r g e m e i n d e (Lehrerobmann Dr. H e i n l e i n, Schülerobmann K e m p t e r 7. Kl.) erfreute sich zahlreicher Beteiligung.
>
> **JB35/6** Der Hitlerjugend gehörten am 1. März über 90% aller Schüler an.

Abb. 42: Der Jahresbericht von 1935/36 bestätigt, dass am 1. März 1936 über 90% aller Schüler der Hitlerjugend angehören.

> Seit Mai war in allen Klassen im Geschichts- bezw. Deutschunterricht der „Aufbruch der Nation" durchgenommen worden. Dem Unterricht lagen die Hefte von Dr. Max S t o l l (Buchner, Bamberg 1933) zu Grunde. Zum wirkungsvollen Abschluß fuhr am 12. Juli die ganze Schüler- und Lehrerschaft in einem sehr verbilligten Sonderzug nach Kelheim zur Befreiungshalle. In ihrem herrlichen Kuppelsaal hielten bei einer vaterländischen Feier der Oberklässer Wilhelm S t a u d t und Studienprofessor Dr. H ö f l i n g e r Reden auf das Wiederauferstehen des deutschen Volkes und der Direktor feierte in einer Ansprache die Verleihung des Titels Melanchthon-Gymnasium an unsere Anstalt, die durch Herrn Kultusminister Hans S c h e m m in M.-E. vom 1. 6. 33 Nr. VIII 20552 ausgesprochen ist. Hans Wolfgang K i r s c h n e r (8. Kl.) trug ein Gedicht vor, das Oberstudienrat a. D. Hans D i p t m a r zu diesem festlichen Anlaß verfaßt hatte und das hier abgedruckt sei.
>
> **Verleihung des Titels "Melanchthon-Gymnasium" durch Schemm am 1.6.1933/ Jahresbericht 1933/34**

Abb. 43: Verleihung des Titels „Melanchthon-Gymnasium" durch NS-Kultusminister Hans Schemm am 1. Juni 1933

sehr stramm. Der Hitlergruß wurde dann ab Herbst 1933 eingeführt. Der Mathematiklehrer verlangte ihn zunächst. Aber die Gebete wurden nicht ausgesetzt, sondern fanden unter Vorlesung des Lektors immer regelmäßig statt. Wir waren eine rein protestantische Klasse. Die 1b war gemischt konfessionell und im Religionsunterricht kamen auch die Protestanten dieser Klasse zu uns.

Frage: Inwieweit haben die nationalsozialistischen Jugendorganisationen Einfluss auf Ihre Schulzeit genommen?
Karl Buck: In der ersten Klasse war niemand bei der HJ, sondern bei der konfessionellen Jugend, bei der katholischen oder evangelischen Gemeindejugend. Es waren auch viele bei den Pfadfindern, den Sterntor-Pfadfindern. Aber das gab es noch nicht, dass jemand bei einer politischen Gliederung war. Wir wurden erst 1934 zwangsmäßig zum Jungvolk überführt und ab 1936 war die HJ Pflicht. Da bekam man Post und ein Stammführer von der Hitlerjugend hatte unterschrieben, dass wir übernommen sind. Und da war das Abzeichen für Südfranken am Ärmel – umsonst als Dreingabe – und die Rune war auch mit drin! Und so haben die uns geködert. Und wir haben nicht mehr die grünen Hemden getragen oder die Pfadfinder ein graues, sondern ein braunes Hemd. Ab der 3. Klasse, also spätestens 1935, wurde auch den Schülern das Tragen der Schülermütze verboten, weil es dem Gleichheitsprinzip der Nationalsozialisten widersprach.

Frage: Erinnern Sie sich an einen Festakt anlässlich der Umbenennung der Schule in „Melanchthon-Gymnasium"?
Karl Buck: Nein, es galt als Besonderheit der Schule, dass sie eine höhere Lehranstalt war, keine Mittelschule. Das wurde immer wieder betont. Ich denke, dass die Bayerische Volkspartei als starke Vertretung der Katholiken in Bayern die Umbenennung zu verhindern wusste. Denn das Kultusministerium wurde katholisch geführt und man hatte Hemmungen, die Schule ausgerechnet „Melanchthon-Gymnasium'", also nach dem Weggefährten Martin Luthers zu nennen. Als dann der Pro-

testant Schemm[60] Kulturminister wurde, stand der Umbenennung in „Melanchthon-Gymnasium" nichts mehr im Wege. Wir haben uns schnell umgewöhnt, weil es doch besser war, als „Altes Gymnasium'" genannt zu werden.

Frage: Wenn Sie an den Lehrkörper zurückdenken, war hier die politische Couleur zu erkennen?

Karl Buck: Ja, schon. Bauer war SA-Oberscharführer und ein Zyniker. Er soll als einer der Ersten die Gebete durch Freiübungen ersetzt haben, aber da war ich nicht mehr an der Schule. Dann war da Zeichenlehrer Eschlwöch, der nach 1945 als Skulpteur eines Hitlerkopfes angefeindet wurde, aber schon das machte, was man heute unter Kunsterziehung versteht. Er rief jeden nach vorne, schaute sich das Gemälde an, verbesserte individuell und machte Vorschläge zur Verbesserung. Er hatte einen altbayerischen oder Oberpfälzer Dialekt. Unser Klassenlehrer Hofmann war immer etwas distanziert und eher neutral. Aber der Musikprofessor Koch war Verbindungsmann zum NS-Lehrerbund[61]. Zum Direktor kann ich nichts sagen, da bin ich nie gewesen.

Abb. 44: Im Modellzimmer des 2. Obergeschosses (heute Materialraum) entstand 1936 die reichsweit verbreitete Hitlerbüste des Kunstprofessors Eschlwöch vom Melanchthon-Gymnasium (rechts).

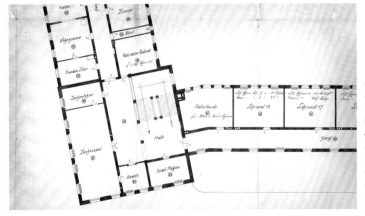

Abb. 45: Der Bauplan des zweiten Obergeschosses zeigt neben dem Zeichensaal samt Modellraum das Israelitische Religionszimmer (heute Fachschaftsraum Religion Nr. 218).

Frage: Hatten Sie jüdische Schüler in der Klasse?

Karl Buck: Ja, in unserer Klasse waren Ernst Kahn und Peter Frank. Man sieht sie auf dem Photo [vgl. Abb. 40: Ernst Kahn in der zweiten Reihe als Vierter von links und Peter Frank in der ersten Reihe mittig mit Brille]. Die beiden standen meist für sich. Man könnte fast meinen, sie haben sich distanziert. Mit Ernst Kahn traf ich mal hinter dem Laufer Schlagtor zusammen, als wir Bücher kaufen sollten. Er war umgänglich und rothaarig. Ich wurde dann von einem älteren Schüler zurechtgewiesen, dass ich mich von den Juden fernhalten sollte. Peter Frank war sportlicher, aber auch distanziert. Man war nie bei denen zuhause. Aber in der Schule waren sie keinem besonderen Spott ausgesetzt. Auch die Lehrer behandelten sie eigentlich gleich oder neutral. Ich weiß noch, wie der Klassenlehrer Hofmann 1933 ein Schreiben bekam, er solle alle Schüler mit mosaischem Glauben angeben, und sehe die beiden, die in einer Bank saßen, noch zusammenzucken. Aber der Lehrer beruhigte sie mit den Worten, dass alles nur statistischen Zwecken diene. Die jüdischen Schüler hatten einen eigenen kleinen Raum für sich und lernten dort Hebräisch.

Werdegang Peter Franks

Peter Frank wurde am 6. Juli 1923 in Nürnberg geboren und wuchs mit seinem kleineren Bruder Claus in der Sulzbacherstraße 48, also in unmittelbarer Nähe der Schule auf, die er ab 1933 besuchte. In der Schulakte heißt es, es sei „manchmal freilich [...], als ob ein seelischer Druck auf ihm liege, der ihn auch zerstreut machte. Dies mag daher rühren, dass seine Eltern geschieden sind." Peter wird als sportlich und künstlerisch begabt geschildert. Von den älteren Schülern geschlagen und schikaniert, schickten ihn seine Eltern mit einer Hilfsorganisation aus England in ein dortiges Internat.

Auf seinem Pass ist ein Schnellbrief an die Deutsche Botschaft vom 14. Juni 1938 vermerkt. Er überlebte die Luftangriffe auf die britische Hauptstadt, die so genannten „Blitzes", und wurde Lehrer auf dem Land, während seine Familie zu Fuß über die Pyrenäen flüchtete.

Erst mit 21 Jahren traf er seine Familie in New York wieder. Als Mitglied der US-Army kehrte er nach Deutschland zurück und half nach Kriegsende in Berchtesgaden entscheidend dabei, einen „Maler mit weißem Vollbart", den untergetauchten schlimmsten Antisemiten des Dritten Reichs, Julius Streicher, zu enttarnen. 2001 war Peter Frank als Ehrengast zur Eröffnung des Dokumentationszentrums Reichsparteitagsgelände geladen und besuchte am 6. November 2001 seine ehemalige Schule, das Melanchthon-Gymnasium. Er verstarb 2009 in Cortona in der Toskana.

Abb. 46: Julius Streicher bei der Festnahme in Berchtesgaden 1945

Abb. 47: Peter Franks Pass zeigt ein Schülerfoto und die Aberkennung der deutschen Staatsangehörigkeit vom 14.7.1933.

2001 6. November NN, S. 13

STADT NÜRNBERG

Peter Frank hat keinen Groll auf Heimatstadt

Wieder zu Hause

Von Nazis vertrieben — Lehr-Stunde in Berufsschule

VON SIEGFRIED ZELNHEFER

Woher nimmt diese Frau die Kraft? Zwar ist sie seit einem Oberschenkelhalsbruch vor einem Jahr gehandikapt. Doch das hindert sie nicht, in alle Welt zu reisen, Vorträge zu halten und in ihrem Beruf zu arbeiten. Die 91-jährige Ärztin und Psychoanalytikerin erzählt begeistert von einem Fortbildungsprojekt, das sie demnächst wieder nach Kiew führen wird.

Jetzt spricht Alice Ricciardi-von Platen im Raum 013 des Berufsbildungszentrums an der Äußeren Bayreuther Straße vor rund hundert Schüler(innen)n der Berufsoberschule für Sozialwesen. An ihrer Seite: Peter Frank. Der 78-Jährige, Sohn des jüdischen Rechtsanwalts Ludwig Frank, musste 1936 seine Heimatstadt Nürnberg verlassen. Der von den Nazis vertriebene, ehemalige Schüler des Melanchthon-Gymnasiums kehrte als US-Soldat 1944 nach Europa zurück. 1945 war er an der Festnahme des „Frankenführers" Julius Streicher beteiligt. Was tat er damals, als er dem berüchtigten Antisemiten gegenüberstand? Nichts, berichtet Peter Frank bedauernd. „Ich hätte ihm eine Ohrfeige geben sollen", sagt er vor den Schülern. Doch er sei anders erzogen gewesen.

Frank arbeitete als Dolmetscher, verhörte deutsche Kriegsgefangene. Alice Ricciardi-von Platen beobachtete im Auftrag der deutschen Ärzteschaft den Nürnberger Ärzte-Prozess (1945/47). Zufällig führte beider Lebensweg in Italien zusammen. Heute sind Frank und Ricciardi-von Platen befreundet und leben bei Cortona in der Toskana. Auf Vorschlag des Ärztlichen Kreisverbands wurden beide Zeitzeugen als Anlass der Eröffnung des Doku-Zentrums eingeladen (wir berichteten). Die Lehrerin Brita Wandt hat die Gäste für das eindrucksvolle Schüler-Gespräch gewonnen.

Mit Witz und Nachdenklichkeit beantworten die Zeugen des vergangenen Jahrhunderts die vielen Fragen. Bis zu seiner zwangsweisen Auswanderung hatte der damals 13-jährige Frank gerade ein Englischstunden an der Schule genossen. Mit diesen „Sprachkenntnissen" kam er zunächst nach Großbritannien. Schnell wurde aber zum begeisterten Engländer. Natürlich hatte er Hassgefühle für Nazi-Deutschland. Und heute? Seit 1945 war er nur ein paar Mal wieder in Nürnberg. Dennoch: „Heute fühle ich mich völlig anders. Ich fühle mich wieder sehr zuhause."

Alice Ricciardi-von Platen kann sich seit ihrer Beobachtung des Nürnberger Prozesses nicht vorstellen, dass im NS-Staat etwa ein praktischer Arzt keine Ahnung von der gezielten Tötung von Behinderten oder geistig Kranken gehabt haben soll. Es habe lange gedauert, die Eindrücke des Gerichtssaals zu verarbeiten. „Ich habe vieles verdrängt", räumt die Psychoanalytikerin ein.

Ein junger Mann will wissen: „Welche Tipps geben sie uns, dass wir die Fehler der Vergangenheit nicht wiederholen?" Peter Frank setzt ganz auf eine entsprechende Erziehung der Menschen: „Man kann nicht früh genug damit anfangen." Ja, sagt auch die Ärztin, „die Familie spielt eine große Rolle". Die erfahrene Gruppentherapeutin empfiehlt, „miteinander zu sprechen". Aber sie bleibt skeptisch. Es gebe auch „sehr destruktive Kräfte in uns". So wie sie sich dann bei den hasserfüllten Neonazis zusammenballten. Das neue Nürnberger Dokumentationszentrum sei „ungeheuer beeindruckend" und stelle eine „sensible und künstlerische Leistung" dar. Zwangsläufig stelle man sich vor, ob man auch in die NS-Begeisterungs- und Mitmach-Maschinerie hineingezogen worden wäre. „Ich kann es nicht von mir sagen", gesteht Alice Ricciardi-von Platen.

Alice Ricciardi-von Platen (mit Mikro) vor Schülern und Lehrern. Foto: Stefan Hippel

Abb. 48: Besuch Peter Franks in Nürnberg anlässlich der Eröffnung des Dokumentationszentrums 2001

Faszination und Gewalt

Zwei besondere Zeitzeugen sind Gast bei der Einweihung des NS-Dokumentationszentrums

„Herr Streicher, ich kenne Sie sehr wohl"

Alice Ricciardi-von Platen verfolgte den Ärzteprozess, Peter Frank verhörte Nürnberger Gauleiter

VON GEORG ESCHER

Zwei besondere Zeitzeugen werden zu Gast sein, wenn an diesem Sonntag das NS-Dokumentationszentrum auf dem Nürnberger Reichsparteitagsgelände eingeweiht wird: die 91-jährige Psychotherapeutin Alice Ricciardi-von Platen, das einzige noch lebende Mitglied der sechsköpfigen Beobachterkommission der Deutschen Ärzteschaft, die am Nürnberger Ärzteprozess (1946–1947) beteiligt war; sie wird begleitet von dem 78-jährigen, aus Nürnberg stammenden Peter Frank, der 1936 als Jude seine Heimatstadt verlassen musste, später als US-Soldat aber an der Verhaftung des Nürnberger Gauleiters Julius Streicher beteiligt war. Beide Zeitzeugen wurden auf Vorschlag des Ärztlichen Kreisverbandes Nürnberg von der Stadt eingeladen.

NÜRNBERG — Die 91-jährige Dame ist sichtlich gerührt, als sie nach so langen Jahren wieder in dem berühmten Schwurgerichtssaal 600 im Nürnberger Justizgebäude sitzt. „Es fällt mir schwer", sagt Alice Ricciardi-von Platen über ihre Eindrücke von dem Raum, in dem die Nazi-Größen vor dem Kriegstribunal standen und wo sie selbst am Ärzteprozess teilnahm. Der Saal sah anders aus, die Möblierung ist neu. „Aber eine gewisse Atmosphäre ist für mich doch da", gesteht sie.

Während der Nazi-Zeit war sie als Landärztin in Österreich, in der Nähe von Mauthausen, und bekam die grauenvollen Euthanasie-Experimente mit, bei denen Ärzte in dem dortigen Konzentrationslager zahllose Opfer fürs Leben entstellten oder umbrachten. Noch immer hat sie die teilnahmslosen Gesichter der Ärzte vor sich, die in dem Prozess keinerlei Reue zeigten und „so taten, als ob sie gar nicht betroffen wären".

Auch heute noch betreibt die 91-Jährige, die mit dem Ansbacher Dichter August Graf von Platen verwandt ist, in Cortona in der Toskana eine Praxis für Psychotherapie. In Nürnberg war sie zuletzt, als sie 1996 den — von den Ärzten für die Verhinderung eines nuklearen Krieges (IPPNW) veranstalteten — Kongress „Medizin und Gewissen" leitete. Ein Jahr später wurde sie mit dem Bundesverdienstkreuz ausgezeichnet.

In Cortona wohnt mittlerweile auch Peter Frank, der ihr ein enger Freund geworden ist. Der 78-Jährige, Sohn des angesehenen jüdischen Rechtsanwalts Ludwig Frank, musste 1936 erst nach England, dann in die USA emigrieren. 1944 landete er als US-Fallschirmjäger in der Normandie. Die Genugtuung darüber, dass er unmittelbar an der Verhaftung des Nürnberger Gauleiters Julius Streicher beteiligt war, ist bei Frank noch heute zu spüren.

Langer weißer Bart

Streicher hatte sich vor Kriegsende auf einem Bauernhof bei Berchtesgaden verschanzt. Doch wenige Tage vor

Gemischte Gefühle: Peter Frank und Alice Ricciardi-von Platen im Saal 600. Angeregt wurde ihre Einladung vom Ärztlichen Kreisverband Nürnberg, dessen Sprecher Horst Seithe (r.) ist. F.: Daut

Kriegsende, am 4. Mai 1945, rückten die Amerikaner auch in Berchtesgaden ein. Aus der Bevölkerung kam bald ein Hinweis, dass der angebliche Maler mit dem langen weißen Bart in Wahrheit Streicher sei. Wenige Tage später wurde er von zwei US-Soldaten verhaftet. Im Hauptquartier wurde er Frank vorgeführt, der deutschsprachige Experte für die Gefangenenverhöre zuständig war. „Ich habe ihn sofort erkannt, ich habe sein Bild tausend Mal gesehen", erzählt Frank. „Ich bin sofort auf ihn zugegangen und habe gesagt: ‚Herr Streicher, ich kenne Sie sehr wohl.'" Dann erklärte er Streicher, wer sein Vater war. „Da hat er nichts anderes zu tun gehabt, als auf den Boden zu spucken."

Franks Vater hatte schon am Tag nach Hitlers Machtübernahme, am 31. Januar 1933, Flagge gezeigt. Vom Gerichtsdiener verlangte er, das Hakenkreuz von der Wand abzuhängen, was dieser freilich nicht tat. Der Anwalt fuhr sofort nach Hause, und noch am selben Tag setzte er sich nach Prag ab. Sein Sohn Peter verließ Nürnberg erst drei Jahre später Richtung England, seine Frau und der zweite Sohn Klaus (der später als Pianist Claude Frank berühmt wurde) folgten 1938. Ein Konzert Claudes in Nürnberg vor rund 15 Jahren war auch der letzte Anlass für seinen Bruder, die Heimatstadt zu besuchen.

Von dem, wie sie Nürnberg heute erleben, sind beide Rückkehrer sehr beeindruckt. Dass das Reichsparteitagsgelände von jungen Leuten für Hockey oder Rollerskating benutzt wird, findet Ricciardi-von Platen „sehr beruhigend". Und Frank ergänzt, er habe in vielen Staaten gelebt, aber die Lage in Deutschland habe sich „durch die Erziehung der jungen Leute sehr viel mehr verbessert als in den anderen Ländern". Am kommenden Montag und Dienstag wird er unter anderem am Melanchthon-Gymnasium, wo er in die Schule ging, auch darüber mit jungen Leuten reden.

NÜRNBERGER Nachrichten
Herausgeber: Bruno Schnell

Abb. 49: Peter Franks Besuch im Saal 600 und im Melanchthon-Gymnasium 2001

2.6 Familie Josephthal

Abb. 50: Gustav Josephthal (1831-1914)

Die verwandtschaftlich verbundenen Familien Josephthal – Berlin belegen beispielhaft die hervorragende Einbindung des jüdischen Großbürgertums in die Nürnberger Gesellschaft des 19. und angehenden 20. Jahrhunderts. Die Söhne beider Familien gingen selbstverständlich alle auf das Alte Gymnasium.

Der Großvater, Dr. Samuel Berlin (1807–1896), der 1848 zum ersten jüdischen Advokaten in Bayern ernannt worden war, hatte in Ansbach eine Kanzlei eröffnet. Sein Schwiegersohn Gustav Josephthal (1831–1914) hatte die Kanzlei nach Nürnberg verlegt und war als Hofrat lange Jahre der 1. Vorstand der Nürnberger Anwaltskammer. Jahrzehntelang bekleidete er das Amt des Vorsitzenden der Israelitischen Kultusgemeinde. Er wurde 1889 zum Justizrat, 1900 zum Geheimen Hofrat ernannt. Neben dem ihm 1887 verliehenen Ritterkreuz I. Klasse war er auch Träger des Verdienstordens vom Hl. Michael. Sein ältester Sohn Emil Josephthal (1863–1923) war ebenfalls Geheimer Justizrat und ließ sich 1888 in Nürnberg als Rechtsanwalt nieder. Er war zweiter Vorsitzender der Anwaltskammer, von 1896 bis 1919 Mitglied des Kollegiums der Gemeindebevollmächtigten und der Nationalliberalen Partei. Ferner saß Emil Josephthal im Aufsichtsrat bedeutender Industrieunternehmen[62].

Fritz Josephthals Schläge gegen Julius Streicher

Genau dieses wirtschaftlich-gesellschaftliche Engagement wurde Emil Josephthal von der aufkeimenden antisemitischen Presse der 1920er Jahre zum Vorwurf gemacht. Überliefert ist eine handfeste Auseinandersetzung zwischen Emils Sohn, Fritz Josephthal, der das geschändete Andenken seines frisch verstorbenen Vaters durch den „Stürmer" mit einem Peitschenschlag gegen Julius Streicher rächte. Die Fehde zog sich vom Jahr 1923 bis zu den Kriegsverbrecherprozessen 1945 hin. Was war geschehen? Während der bürgerliche „Fränkische Kurier" vom 22. Mai 1923 den Geheimen Justizrat für die Mitbegründung der Aktiengesellschaft der Bing-Werke, für die 25jährige Aufsichtsratstätigkeit der Lederfabrik Schreier & Naser, sodann als stellvertretenden Vorsitzenden des Aufsichtsrats der E. Vollrath & Co. Aktien-Gesellschaft oder als Aufsichtsratsmitglied der Bierbrauereigesellschaft Lederer AG und der Steatit-Werke, aber auch als verdientes Mitglied des Nürnberger Anwaltsvereins ehrte und Nachrufe abdruckte, diffamierte die antisemitische Propaganda den Justizrat posthum und zeigte in ihrem verhöhnenden Sarkasmus mustergültig die reißerischen Mittel dieser Hetzpresse auf.

5.2 Fränkischer Kurier, No. 139, Nürnberg, 22. Mai 1923.

Quelle: Stadtarchiv Nürnberg.

Abb. 51: Sechs Todesanzeigen für Justizrat Emil Josephthal dienten der antisemitischen Hetze im „Stürmer" 1923.

reiche", "unersetzliche" Leben des "Herrn Geheimer Justizrat Emil Josephtal" also angezeigt:

Emil Josephthal war:

1. Aufsichtsrat und Vorstand der Bing-Werke A.-G.
2. Aufsichtsrat der Steatit-Magnesia Aktiengesellsch.
3. Aufsichtsrat der E. Vollrath & Co. Aktiengesellsch.
4. Aufsichtsrat der Bierbrauereigesellschaft vorm. Gebr. Lederer A.-G.
5. Aufsichtsrat der Nürnberger Lederfabrik Aktiengesellschaft vormals Schreier & Naser.

So sieht das arbeits- und entbehrungsreiche, unersetzliche Leben des "Herrn Geheimen Justizrat Emil Josephthal" aus. Gott gebe ihm die ewige Ruhe!

Emil Josephtal

Wenn eine deutsche Mutter stirbt, die ihrem Volke ein halbes Dutzend Söhne zur Welt gebracht und ein Leben lang sich ehrlich und redlich abgemüht hat, ihre Buben zu brauchbaren, der Arbeit dienenden Männern zu machen, da nimmt kein Zeitungschreiber die Feder zur Hand und singt der Gestorbenen ein Lob- und Danklied. Wenn ein im irdischen Leben übersatt gewordener Großjude in den Schoß Abrahams zurückkehrt, dann überbieten sich die Artikelschreiber an dreckiger Schmeichelei und läuten alle Glocken um den unersetzlichen Verlustes.

In diesen Tagen starb Emil Josephtal. Justizrat Emil Josephtal, Geheimer Justizrat Emil Josephtal. Herr Geheimer Justizrat Emil Josephtal starb dieser Tage. Die Zeitungsschreiber jammern in ihren ellenlangen Abschiedsgesängen, als stünden sie als Beschnittene an der Klagemauer von Jerusalem. Ein ungeheuer wertvoller Mann sei mit "Herrn Geheimer Justizrat Emil Josephtal" in die ewige Heimat abgewandert. Ein arbeitsreiches Leben habe seinen Abschluß gefunden. Die Stadt und was noch darüber hinausgeht, habe einen unersetzlichen Verlust erlitten. Das nun ausgelöschte "arbeitsreiche" Leben, der "unersetzliche" Verlust spiegelt aus No. 139 des "Fränkischer Kurier" vom 22. Mai, Seite 7. In 5 schwar-

Abb. 52: Diffamierung des verstorbenen Emil Josephthal im „Stürmer" Juni 1923 und sein Sohn Fritz Josephthal, der Streicher dafür mit der Reitpeitsche schlug

Dr. Walter Berlin war Rechtsanwalt in Nuernberg. Er war Mitglied des Berliner Hauptvorstandes und Vorsitzer der Nuernberger Ortsgruppe des Centralvereins Deutscher Staatsbuerger Juedischen Glaubens. Ferner war er Vorsitzender der Vertreterversammlung der Nuernberger juedischen Gemeinde.

Er hatte mehrfach Streicher und dessen Mitarbeiter im Stuermer wegen Religionsvergehens und Aufreizung zum Klassenhass angezeigt. In einem dieser Prozesse, in dem Dr. Berlin Hauptzeuge war, wurde Streicher etwa 1929 zu 2 Monaten Gefaengnis verurteilt. In seiner Berufsausuebung, wie ehrenamtlich wurde Dr. Berlin mehr und mehr der Ratgeber bedraengter Juden. Er vertrat, insbesondere nach 1933, haeufig die Interessen der juedischen Allgemeinheit vor der Polizei und der Gestapo und dies selbst noch nach November 1938.

Dr. Berlins Sozius, Fritz Josephthal, hatte im Jahre 1923 Streicher mit der Reitpeitsche geschlagen, weil dieser im Stuermer seinen verstorbenen Vater schwer beleidigt hatte.

Unter diesen Umstaenden war es verwunderlich, dass die beiden Juristen nicht gleich zu Beginn der Regierung Hitlers verhaftet worden waren, wie man allgemein erwartete. Dem Vernehmen nach wurden sie dadurch gerettet, dass Streicher nahe gelegt wurde es wuerde in weiten Buergerkreisen, angesichts der militaerischen Vergangenheit Dr. Berlins und Josephthals unliebsam vermerkt werden, wenn sie festgenommen wuerden, es wuerde als ein persoenlicher Racheakt Streichers aufgefasst werden. (Dr. B. und Josephthal waren Offiziere gewesen und mit dem I.K.1 ausgezeichnet). Es erfolgte aber in der Wohnung der Berlins im Maerz 1939 eine Haussuchung, die aber natuerlich nichts ergab. Spaeter wurden Berlin von unbekannter Seite angerufen

Abb. 53: Bericht Rose Berlins über das Verhältnis ihres Mannes und seines Sozius' Fritz Josephthal zu Julius Streicher für die Nürnberger Kriegsverbrecherprozesse 1945

„Wenn eine deutsche Mutter stirbt, die ihrem Volke ein halbes Dutzend Söhne zur Welt gebracht und ein Leben lang sich ehrlich und redlich abgemüht hat, ihre Buben zu brauchbaren, der Arbeit dienenden Männern zu machen, da nimmt kein Zeitungsschreiber die Feder zur Hand und singt der Gestorbenen ein Lob- und Danklied. Wenn ein im irdischen Leben übersatt gewordener Großjude in den Schoß Abrahams zurückkehrt, dann überbieten sich die Artikelschreiber an dreckiger Schmeichelei und läuten alle Glocken um den unersetzlichen Verlust. In diesen Tagen starb Emil Josephtal. Justizrat Emil Josephtal. Geheimer Justizrat Emil Josephtal. Herr Geheimer Justizrat Emil Josephtal starb dieser Tage. Die Zeitungsschreiber jammern in ihren ellenlangen Abschiedsgesängen, als ständen sie als Beschnittene an der Klagemauer von Jerusalem. Ein ungeheuer wertvoller Mann sei mit ‚Herrn Geheimer Justizrat Emil Josephtal' in die ewige Heimat abgewandert. Ein arbeitsreiches Leben habe seinen Abschluss gefunden. Die Stadt und was noch darüber hinausgeht habe einen unersetzlichen Verlust erlitten. Das nun ausgelöschte ‚arbeitsreiche' Leben, der ‚unersetzliche Verlust' spiegelt sich aus Nr. 139 des ‚Fränkischen Kurier' vom 22. Mai [1923], Seite 7. In 5 schwarzumrandeten übergroßen Todesanzeigen, welche nahezu das ganze Geviert des ‚Kuriers' einnehmen, wird das ‚arbeitsreiche', ‚unersetzliche' Leben des ‚Herrn Geheimen Justizrats Emil Josephtal' also angezeigt."[63]

Dieser Hohnartikel aus der Stürmerpresse teilt, wie Gerhard Jochem klar einschätzt[64], nicht nur gegen die bürgerliche Presse der damaligen Zeit aus, der „dreckige Schmeichelei" in einer Art Judenanbiederung unterstellt wurde. Der hasserfüllte Ton trifft auch den Neid des den „Stürmer" lesenden und von der Angst vor dem sozialen Abstieg durch die Inflation alarmierten Kleinbürgertums auf „Aktionäre", welche hier gleichbedeutend mit arbeitsscheuen Kapitalisten gesetzt werden. Hier mischt sich der antikapitalistische Tonfall der frühen NSDAP mit den Klischees, gegen die jüdischen „Geldsäckel" straffrei vorgehen zu müssen. Bei detaillierten Zeugenaussagen, die Dr. Walter Berlin nach der gelungenen Flucht nach London an die internationalen Ankläger der Nürnberger Prozesse 1945 schickte, wird die Reaktion der Familie auf diese Diffamierung bekannt. Fritz Josephthal, Walter Berlins Sozius in der Anwaltskanzlei, hatte „Streicher mit der Reitpeitsche geschlagen, weil dieser im Stuermer seinen verstorbenen Vater schwer beleidigt hatte." Rose Berlins Aussage ist ebenfalls vorhanden. „Dr. Walter Berlin war Rechtsanwalt in Nürnberg. Er war Mitglied des Berliner Hauptvorstands und Vorsitzender der Ortsgruppe des Centralvereins Deutscher Staatsbuerger Jüdischen Glaubens. Ferner war er Vorsitzender der Vertreterversammlung der Nuernberger juedischen Gemeinde. Er hatte mehrfach Streicher und dessen Mitarbeiter im Stuermer wegen Religionsvergehens und Aufreizung zum Klassenhass angezeigt. In einem dieser Prozesses, in dem Dr. Berlin Hauptzeuge war, wurde Streicher etwa 1929 zu 2 Monaten Gefängnis verurteilt."[65]

Paul Josephthal als Kriegsheld und Generaldirektor

Der jüngere Sohn Gustavs, Paul Josephthal (1869–1943), war als Schüler des Melanchthon-Gymnasiums bei den Feierlichkeiten anlässlich des 400. Geburtstags[66] von Philipp Melanchthon 1897 und in der Verbindung „Kastalia"[67] sehr aktiv. Der spätere Kommerzienrat, Handelsrichter und Industrielle, der sich 1914 freiwillig zum Kriegsdienst meldete und ein über sechzigseitiges Kriegstagebuch[68] aus Rumänien hinterließ, wurde nach schwerer Verwundung mit dem Eisernen Kreuz I. Klasse ausgezeichnet. Der in einem Anschreiben des Militärgouverneurs von Bukarest vom 4. Mai 1918 durch General Tülff von Tschepe als ehrgeizig, energisch, zielstrebig und temperamentvoll beschriebene Offizier[69] gehörte bis 1918 in führender Stellung der deutschen Militärverwaltung in Rumänien an. Die Unterlagen im Stadtarchiv Nürnberg unter E50, Nr. 1 und Nr. 2 erlauben es, die Offizierslaufbahn nachzuvollziehen. Nach der Beförderung vom Vizefeldwebel zum Second-Lieutenant am 30. November 1891 folgte das Offizierspatent anlässlich der Beförderung zum Oberleutnant am 8. März 1900 und die Landwehr-Dienstauszeichnung I. Klasse vom 23. September 1907 sowie das Eiserne Kreuz II. Klasse vom 16. Oktober 1907. Die Laufbahn wurde mit der Beförderung zum Hauptmann am 5. November 1910 abgeschlossen. Im Ersten Weltkrieg bekam Paul Josephthal den königlichen Militärverdienstorden IV. Klasse mit Schwertern am 10. April 1916 und das preußische Eiserne Kreuz I. Klasse am 31. Dezember 1921 ausgestellt. Nach Kriegsende wurde er Generaldirektor der Metallwarenfabrik vorm. Max Dannhorn A.G. in Nürnberg und Vorstandsmitglied des Bayerischen Industriellenverbands und des Reichsverbands der Deutschen Industrie[70]. Paul Josephthal erhielt 1935 im „Namen des Führers und Reichskanzlers" tatsächlich als Jude(!) das von Hindenburg gestiftete Ehrenkreuz für Frontkämpfer.

Abb. 54: Paul Josephthals Urkunde für das Ehrenkreuz der Frontkämpfer von 1935

Der Ehe Paul Josephthals mit Emma, geborene Schnebel (geb. 1875 in Nürnberg, gest. 1943 in Tel Aviv) erwuchsen vier Söhne. Adolf, der bereits im Kindesalter starb, Hans, Rolf und Georg. Alle drei Söhne waren Schüler des Alten Gymnasiums. Ihre Werdegänge in den Wirren des 20. Jahrhunderts seien hier auf der Basis der Einwohnermeldekarten mit einem Schwerpunkt auf der Vita des jüngsten Sohnes, Georg, kurz beschrieben.

Hans, der Älteste, galt als politisch gefährlich und hat 1937 die tschechoslowakische Staatsbürgerschaft erworben[71]. Der mittlere Bruder, Rolf Josephthal, wanderte 1934 nach New York aus. Die weiteren Ausführungen zu Georg, später Giora Josephthal, folgen der Seminararbeit „Erfolgreiche Emigration der Familie Josephthal" von Sonja Reinhold, der ich für die Zurverfügungstellung danke. Sie stützte sich auf Senta Josephthals Memoiren zu ihrem Mann Giora[72], Akten des Stadtarchivs Nürnberg (StadtAN E50, Nr. 2 und Nr. 3) und Peter Zinkes[73] Interview mit der Witwe von 2003.

Abb. 55: Vorder- und Rückseite des Passes von Hans Josephthal, der als politisch gefährlich eingestuft wurde

Abb. 56: Pass von Rolf Josephthal mit Schüler- und Adoleszenzbild

Abb. 57: Pass von Georg, später Giora Josephthal

Sonja Reinhold: Georg Josephthal - Melanchthonianer, Zionist und israelischer Arbeitsminister

Georg Josephthal engagierte sich schon zu Schulzeiten im Alten Gymnasium im „Jüdischen Jugendbund" und der „Habonim", einer sozialistisch-zionistischen Jugendbewegung. Vertiefung und Vernetzung fand diese zionistische Haltung im Jura- und Wirtschaftsstudium an den Universitäten in Heidelberg, Berlin und München, sodass der frischgebackene Dr. jur. nach der Machtergreifung von der jüdischen Gemeinde in München gebeten wurde, sich dort für die Jugend einzusetzen. Da die Situation in den ländlichen Gebieten Bayerns allerdings noch problematischer war, entschied man, Jugendliche in Zentren zu versammeln und sie dort auf eine eventuelle Emigration nach Israel vorzubereiten. Da zionistische Vereinigungen offiziell verboten waren, musste dies unter dem Titel „nonpolitical social work"[74], einer Umschreibung für eine Art Pfadfindergruppe, geschehen.

In Zusammenarbeit mit „Hehalutz", einer Gemeinschaft junger Zionisten, eröffneten Giora und Senta Josephthal, seine spätere Frau, die er in seinem Dienst als Gruppenleiter der Jugendbewegung kennengelernt hatte, Ende 1933 „Beit Hehalutz". Dies wurde eine Unterkunft für etwa zwanzig Jugendliche, die durch die Politik der NSDAP keine Zukunftsmöglichkeiten mehr sahen. Im Frühjahr 1934 reiste Giora im Rahmen seines Amtsantritts als Vorsitzender der Jüdischen Jugendhilfe nach Berlin, um jüdischen Kindern durch die Übersiedlung nach Palästina und den dortigen theoretischen und praktischen Unterricht in der Schule und in der Landwirtschaft innerhalb der Kibbuzim zu helfen. Giora wählte die ersten jungen Emigranten aus, stand ihnen bei der Vorbereitung und Auswanderung in den Kibbuz „Ein Harod" zur Seite und sicherte ihre Zukunft dort finanziell ab.

Da die Zahl an jüdischen Jugendlichen, die der Schulen verwiesen wurden, stetig wuchs, errichtete er für wartende Jugendliche eine Schule in Berlin, an der sie in verschiedenen Fächern und v.a. im Hebräischen unterrichtet wurden, bis auch sie auswandern konnten. Ende dieses Jahres bereiste Giora Josephthal Palästina, um sich über die Probleme deutscher Auswanderer zu informieren und Kontakte zu weiteren Kibbuzim zu knüpfen. Als er nach Deutschland zurückgekehrt war, ließ er sich auf einem Bauernhof im Süden Deutschlands ausbilden. Als Anfang 1936 sämtliche Führungskräfte der „Hehalutz" in Berlin vom deutschen Regime des Landes verwiesen wurden, musste Giora für sie einspringen.[75] Die Möglichkeiten für zionistische Vereinigungen, Juden in Trainingslagern auf die Übersiedlung vorzubereiten, wurden immer geringer, was ihn dazu veranlasste, Einrichtungen außerhalb Deutschlands, zum Beispiel in Tschechien oder Holland zu errichten. Im selben Jahr heiratete er seine Frau Senta und erlebte einige Verhaftungen, die die illegale Auswanderung des frischvermählten Ehepaares vorantrieben. Im September 1938 erreichten sie nach einem kurzen Aufenthalt in Polen endlich Haifa.[76] In dem Kibbuz Givat Haim ergab sich die Möglichkeit, ihre Gruppe solange unter einfachsten Verhältnissen unterzubringen, bis sie groß und eigenständig genug war, ihren Traum – einen eigenen Kibbuz – zu verwirklichen. Nach der „Reichskristallnacht" am 9. November 1938 handelte Giora schnell und entschlossen, um die zahlreichen Mitglieder der „Hehalutz", die in Konzentrationslager verschleppt worden waren, zu retten. Für manche erreichte er eine Übersiedlung nach England, für alle anderen kaufte er illegal ein Schiff. Die „Dora" sollte vor allem lernende Farmarbeiter in Holland von Rotterdam nach Palästina mitnehmen. Dramatische Zwischenfälle bei der Übergabe falscher Pässe in Frankreich und der dräuende Kriegsbeginn machten die „Dora" zum Himmelfahrtskommando. Nach vollendeter Überfahrt konnte Giora 21 Überlebende im Kibbuz Givat Haim unterbringen, wiewohl er mitsamt den geretteten Eltern stets an der Idee eines eigenständigen „all-German kibbutz"[77] festhielt. Im Dezember 1939 durften sie ein Lager in der Nähe von Ra'anana errichten, das sie Garin Ra'anana nannten und das weiteren Emigranten aus Nazideutschland zur Heimat wurde.

Das letzte Transsportschiff, das deutschen Juden zur Flucht verhalf, war die „Patria". Bei ihrer Ankunft fühlte Giora sich dafür verantwortlich, den Passagieren bei ihrer Eingewöhnung zu helfen und wurde im Mai 1941 von der „Jewish Agency" als Vorsitzender benannt. Als England einwilligte, Juden aus Palästina zum Kriegsdienst heranzuziehen, wurde Giora Josephthal an verschiedenen Kriegsschauplätzen eingesetzt, um deutsche Gefangene zu verhören oder demokratische Strukturen zu legen. Seine Zwittersituation als deutscher Jude unter britischem Kommando beschrieb er seiner Frau Senta. „The British rely on me and on my Jewish brain, [b]ut is it fair to give me this job?"[78] 1945 begann er in Gal-Ed, dem Ort, an dem seine Gruppe aus Garin Ra'anana seit März lebte, den Boden von Steinen zu befreien, um den massiven Problemen weiterer im Jahr 1946 ankommender 23000 Immigranten zu begegnen und alle kommenden „Alijot" (hebr.: „Aufstieg" bzw. „Flüchtlingswellen") zu begegnen. In den ersten eineinhalb Jahren nach der Gründung des Staates Israel 1948 fand eine halbe Million Juden ihren Weg nach Israel. Das Hauptproblem bestand darin, dass die Kibbuzim wirtschaftlich gesehen nicht existenzfähig waren, also versuchte man, die Landwirtschaft in ganz Israel anzutreiben. Giora wurde Leiter der Finanzabteilung in der Jewish Agency und nach und nach kamen auch die Urbanisierungspläne voran, die Immigranten verstärkt in Städten unterbringen sollten. Ab 1950 bereiste Josephthal mehrmals die USA, um mit dortigen jüdischen Bürgern zu kommunizieren und um Geldmittel für den neuen Staat Israel zu beschaffen. Doch als er eine Reise nach Deutschland unternehmen sollte, um über Entschädigungszahlungen zu verhandeln, befand er sich vor einer schwierigen Entscheidung. Einerseits wollte er, der unter den Nationalsozialisten gelitten hatte, nicht zurückkehren, andererseits wusste er, dass Geld gebraucht wurde, um Israel aufzubauen. Diesen Gewissenkonflikt beschreibt seine Frau Senta. „But as a person interested in absorption, and responsible for a quarter of a million people, he knew it was his duty to try to combat his instinctive rejection."[79] Nach sieben Monaten hatten er und seine Mitstreiter Dr. Shinnar und Gershon Avner es erreicht, dass Deutschland ihnen 3,45 Millionen Mark als Entschädigung überließ.

Zurück in Israel wurde ihm der Posten als Finanzminister angeboten. Er zog aber das Amt des Leiters der Finanzabteilung in der Jewish Agency und den Vorsitz in der Einwanderungsbehörde vor und wurde 1956 zum Generalsekretär der Mapai, einer zionistischen Partei, gewählt. Erst Ende 1959 wurde er Abgeordneter der Knesset und kurzzeitig Arbeitsminister unter Ben Gurion, bevor er 1962 in Luzern starb.

Abb. 58: Senta und Giora Josephthal in Israel

Abb. 59: Dr. Martina Switalski deutet auf der Ehrentafel der Kabinettsmitglieder der Knesset auf Giora Josephthal am 10. Juli 2013 (Foto: Thomas May)

2.7 Familie Berlin

Verwandtschaftlich eng verbunden mit den Josephthals war die Familie Berlin, die in dieser Untersuchung zu den jüdischen Melanchthonianern v.a. durch den Besuch Ludwig Berlins in seiner alten Schule 2012 und 2014 lebendig wurde. Ganz wesentlichen Anteil bei der Erforschung des Schicksals dieser ehemaligen Nürnberger Familie haben Ioanna Kopasaki und Regina Kreuz, deren Rechercheergebnisse hier wiedergegeben werden. Sie beginnen mit Ludwig Berlins Vater, Dr. Walter Berlin, der ebenfalls am Alten Gymnasium sein Abitur abgelegt hatte.

Walter Berlin als Frontsoldat und Vorsitzender des Centralvereins

Abb. 60: Dr. Walter Berlin als Offizier im Ersten Weltkrieg

Dr. Walter Berlin, der 1905 sein Abitur am Alten Gymnasium abgelegt hatte, kämpfte im Ersten Weltkrieg als Offizier im 8. Königlich-Bayerischen Feldartillerie Regiment. Ihm wurde bereits 1914 das Eiserne Kreuz II. Klasse und im Verlauf des Krieges auch noch der Bayerische Militär-Verdienst-Orden mit Krone und Schwertern, sowie das Eiserne Kreuz I. Klasse samt Verwundeten-Abzeichen verliehen. Er führte in Nachfolge des Großvaters Dr. Samuel und dessen Schwiegersohns Gustav Josephthal mit seinem Cousin Fritz Josephthal die auf Wirtschaftsrecht spezialisierte Rechtsanwaltskanzlei in der Karolinenstraße. Dr. Walter Berlin war nicht nur als Soldat und Rechtsanwalt erfolgreich, sondern auch der Vorsitzende in der Ortsgruppe des „Centralvereins Deutscher Staatsbürger Jüdischen Glaubens" und Vorsitzender der Vertreter der Nürnberger Israelitischen Gemeinde. 1938 musste Dr. Walter Berlin, wie alle jüdischen Rechtsanwälte, seinen Beruf aufgeben. Die Entrechtung des Rechtsstands vollzog sich im antisemitischen Umfeld der 30er Jahre durch die „Verordnung zum Schutz von Volk und Staat" vom 28. Februar 1933, die unter dem Namen „Reichstagsbrand-Verordnung" bekannt geworden ist und wesentliche Grundrechte aussetzen sowie Verhaftungen von ungeliebten politischen Gegnern legitimieren konnte. Nach dem „Ermächtigungsgesetz" vom 24. März 1933 trat für die Rechtspflege am 7. April 1933 das „Gesetz über die Zulassung zur Rechtsanwaltschaft" in Kraft, welches in Anlehnung an den „Arierparagraphen" des „Berufsbeamtengesetzes" besagte, dass die Zulassung von nicht-arischen Rechtsanwälten zurückgenommen werden kann, sodass bis zum 30. September 1933 ein Großteil der Zulassungen entzogen worden waren. Ausgenommen waren nur die „Altanwälte", die schon seit dem 1. August 1914 ihre Zulassung hatten, und die „Frontkämpfer", denn Reichspräsident von Hindenburg schrieb an Hitler, dass seiner Meinung nach alle Frontkämpfer und deren Angehörige ihren Beruf behalten sollten. Wer es wert war, für Deutschland zu kämpfen und zu bluten, sollte dem Vaterlande auch im Beruf weiter dienen dürfen. Aufgrund dieser Ausnahmeregelungen durften zunächst 312 von 440 jüdischen Anwälten in Bayern weiterhin ihren Beruf ausüben. Für jene, die weder den „Nürnberger Gesetzen" noch dem gleichzeitig erlassenen „Reichsbürgergesetz" vom 15.9.1935 zum Opfer gefallen waren, erfolgte am 27.9.1938 mit der „5. Verordnung zum Reichsbürgergesetz" das generelle Berufsverbot für jüdische Anwälte, das bis zum 30.11.1938 vollzogen war. Damit waren alle jüdischen Rechtsanwälte und somit auch Ludwig Berlins Vater ohne Existenzgrundlage. Auch die Strafverteidigung seiner jüdischen Mitbürger, die sich nicht nur tagsüber, sondern oft auch nachts an den Rechtsanwalt gewandt hatten, weil „sie nicht wussten, wie sie sich verhalten sollten, wo Hilfe zu finden waere"[80], konnte nicht mehr stattfinden. Die Geschichte der Flucht und Wiederansiedlung der Familie Berlin ist zwei Interviews zu entnehmen. Bereits am 17. Juli 2011 hatten die Abiturientinnen Regina Kreuz und Ioanna Kopasaki Herrn Ludwig Berlin in London interviewt. Aus dieser herzlichen Begegnung ergab sich Ludwig Berlins Entschluss, einer Einladung nach Nürnberg zu folgen und am 16. März 2012 in seine alte Schule zu kommen.

Abb. 61: Ludwig Berlin im Interview mit Ioanna Kopasaki (li.) und Regina Kreuz (re.)

Abb. 62: Ludwig und Dr. Anita Berlin mit Dr. Martina Switalski vor der Installation „Bank"im Eingangsbereich des Melanchthon-Gymnasiums 2012; im Hintergrund Regina Kreuz, Sophie Anuth und Fiona Ruppert

Abb. 63: Würdigung der Taten Dr. Walter Berlins

Ioanna Kopasaki und Regina Kreuz: Zeitzeugen-Interview mit Ludwig Berlin

Ludwig Carl Berlin wurde am 29. Juni 1921 in Nürnberg in der (Unteren) Pirckheimer Straße 6 als erstes Kind von Dr. Walter und Rosa Berlin geboren. Seine Schwester Anneliese folgte am 3. Februar 1923. Beide wuchsen in einem stattlichen Anwesen auf und Ludwig Berlin trat 1931 ins Alte Gymnasium ein.

Von Ioanna Kopasaki und Regina Kreuz am 16. März 2012 nach seiner Schulzeit befragt, antwortet Ludwig Berlin: „Als ich 1931 eintrat, betrachtete ich das Alte Gymnasium als die beste Schule Deutschlands und war sehr stolz. 1933 änderte sich das. Die Schule machte keinen oder kaum einen Widerstand. Das hat den Nazis geholfen, dass fast alle Schulen und Ämter nicht den Mut hatten, sich den Nazis zu widersetzen."

In der Zeugnisbemerkung des ersten Schuljahres bescheinigte der Klassenleiter Hofmann, dass Ludwig Berlin „gut begabt und strebsam" sei und besonderes Interesse für Geschichte und Erdkunde zeige. Auch im Schuljahr 1933/34 lobte man Ludwig Berlins Fleiß und Assessor Hurler attestiert ihm 1934/35 eine „Begabung […] für die sprachlichen Fächer, für Geschichte und Erdkunde". Mit dem Schuljahr 1935/36 ließen diese positiven Anmerkungen deutlich nach. Klassenleiter Dr. Helmreich kennzeichnet Ludwig Berlin als „rauflustig" und bemerkt, dass er „merkwürdig wenig charakteristische Züge seiner Rasse [trage]. So findet er in der Klasse einen gewissen Anschluss und fühlt sich demgemäß als der gegebene Sprecher seiner Rassegenossen. Ehrgeizig und zielstrebig erzielte er ordentliche Leistungen. Er wird sich im Existenzkampf des Lebens durchsetzen."[81] Dieser Existenzkampf sollte für Ludwig Berlin schon 1937 beginnen, denn in diesem Jahr wurde er der Schule verwiesen.

Frage: Wie erlebten Sie die Machtergreifung 1933?

Ludwig Berlin: Wir wohnten in der Pirckheimer-Straße. Hinter unserem Haus war ein Garten mit einer Wiese. Die Wiese wurde oft gegen den Willen meiner Eltern als Spielwiese gebraucht. Es kamen alle Nachbarskinder und spielten Fußball, bis die Wiese völlig zertrampelt war. Als dann im Januar 1933, ich war elf Jahre alt, Hitler an die Macht kam, da kam keines der Nachbarkinder mehr zu uns. Ich traf sie auf der Straße und sie ignorierten mich. Das Gute daran war, dass unsere Wiese wie-

Abb. 64: Kinderbild und Geburtshaus Ludwig Berlins um 1922

Abb. 65: Ludwig Berlin mit Mutter und Schwester Anneliese

Abb. 66: Ludwig Berlin als Gymnasiast

der schön wurde! Wie die Nazis im Januar 1933 kamen, da wurden mein jüdischer Freund Hans Öttinger und ich nach ein paar Tagen angewiesen, auf der letzten Bank zu sitzen. Niemand beleidigte uns, niemand griff uns an und niemand sprach ein einziges Wort mit uns. Totale Isolation. In der Pause gingen wir im Hof auf und ab, Hans Öttinger und ich, und um uns herum war ein leerer Kreis.

Frage: Hatten Sie sich daran gewöhnt oder war es für Sie schlimm, das zu erleben?
Ludwig Berlin: Ich habe es begrüßt, ich wollte mit den Lümmeln nichts zu tun haben. Das Schwierige war, das richtige Gesicht aufzusetzen. Denn natürlich, ich konnte nicht angreifen, aber ich wollte mich auch nicht klein machen. So im Alter von 11, 12 Jahren zu wissen, wie man sich würdig benehmen kann, das war nicht leicht. Manchmal frage ich, was mit meinen Schulkameraden passiert ist. Ich nehme an, dass ein großer Teil – wahrscheinlich die Mehrzahl von ihnen – im Krieg unterging. Und ich hatte noch das große Glück, nach England zu kommen.

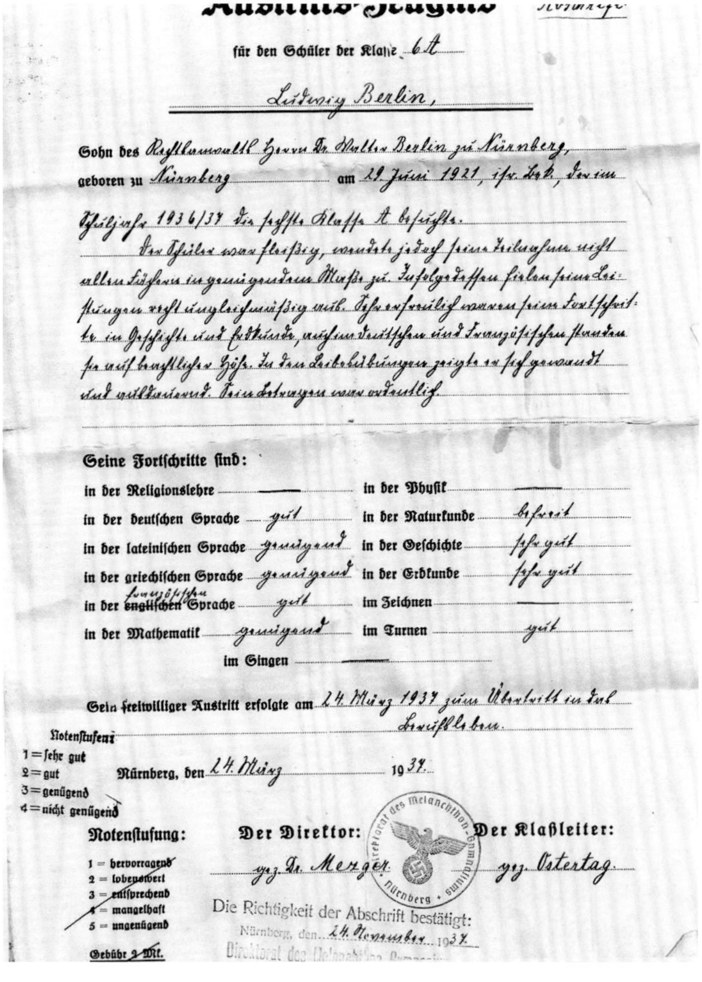

Abb. 67:
„Austrittszeugnis"
Ludwig Berlins vom
24. März 1937

Abb. 68: Ludwig Berlin um 1945

Frage: An welche Schwierigkeiten im Schulalltag können Sie sich erinnern?

Ludwig Berlin: Eines Tages sollten wir einen Aufsatz über das gerade neu entstehende Reichsparteitagsgelände schreiben. Wir sind mit der Straßenbahn hingefahren und die meisten nutzten die Gelegenheit, die ihnen bekannten Propagandasprüche hineinzuschreiben. Ich inspizierte das trostlose Gebäude, die Steinplatten, Steintreppen, Steinbrüstungen und die dichten Fahnenmasten. Alles maß ich mit Schritten ab und schätzte die Winkel. So entstand eine physikalische Beschreibung dessen, was ich gesehen hatte. Aber die Wörter „Nationalsozialismus", „Partei" oder „Führer" fehlten. Der Lehrer kürte meinen Aufsatz mit dem zweiten Platz, aber Direktor Dr. Stählin las die Abhandlung und tauschte die Plätze aus, sodass ich meinen Aufsatz vorlesen durfte. Ohne Nazibombast.

Frage: Und trotzdem bekamen Sie nie einen Abschluss!

Ludwig Berlin: Ich durfte das Abitur nicht machen und meine Eltern sollten mich aus der Schule herausnehmen. Sie nahmen mich aus der Schule. Und in meinem letzten Zeugnis steht: „Er verlässt das Gymnasium aus freiem Willen. Unterzeichnet: Mezger."

Frage: Sie waren noch nicht ganz 16 Jahre alt, als Sie das Melanchthon-Gymnasium verlassen mussten. Was konnten Sie ohne Abschluss tun?

Ludwig Berlin: Als ich aus der Schule heraus geworfen wurde, gründeten meine Eltern zunächst mit anderen jüdischen Eltern den erfolgsgekrönten jüdischen Turn- und Sportverein, kurz ITUS, mieteten ein Gelände und engagierten einen Sportlehrer. Dort war ich fünf, sechs, manchmal sogar sieben Tage. Später nahm mich der Onkel [Löwenthal] in sein Geschäft auf, aber ich war völlig nutzlos. Niemand konnte mehr irgendetwas finden, wenn ich es vorher geordnet hatte. Und dann kam Ostern 1937 und da sagten die Nazis, dass sein Bilderbuchverlag nicht in jüdischen Händen sein dürfe. Meine beiden Onkel wurden gezwungen, ihr Geschäft zu verkaufen. Und verkaufen hieß damals, dass man fast kein Geld bekam. Und meine Onkel verloren ihr Geschäft fast pfenniglos.

Nach der Arisierung des heutigen Pestalozzi-Verlags, der einst den Brüdern Löwenthal gehörte, wurde Ludwig Berlin auf eine nichtjüdische Sprachenschule in Hamburg geschickt und sah erstaunt, dass in der Hansestadt keineswegs überall die Schilder „Juden unerwünscht" prangten. Dort überlebte er auch die Pogromnacht, in der er mit drei Freunden das neu auf dem Markt gekommene Spiel Monopoly spielte. Am nächsten Morgen rief ihn seine Mutter „aus Nürnberg an und sagte in ganz ruhiger Stimme, dass [s]ein Vater nicht daheim sei. [Ludwig] solle zu

[s]einer Tante Lotte nach Berlin fahren, wo [er] [s]eine jüngere Schwester Anneliese auffinden würde, und mit ihr nach Nürnberg kommen."[82] Als er verborgen über Nebenlinien mit seiner fünfzehnjährigen Schwester in Nürnberg angekommen war, erfuhr er die grausame Wahrheit jener Nacht. Die SA hatte am 9. November 1938 nur die Mutter in der Wohnung angetroffen, da der Vater beruflich in Stuttgart weilte. Die Wohnung wurde total zerstört. „Betten, Polstermöbel, Gardinen waren zerschnitten, Schränke ausgeleert und umgeworfen, Schmuck war gestohlen, Tintenfässer an die Wände geworfen, Glas und Porzellan ein Trümmerhaufen."[83] Gegen Mitternacht des 10. Novembers wurde der aus Stuttgart zurückgekehrte Walter Berlin abgeholt und seine Frau blieb alleine zurück. Auf der Fahrt zum Gefängnis hat man seinem Vater ein Auge blind geschlagen. Seine Frau durfte ihn nicht besuchen und ihm nichts bringen. Letztlich war es der berüchtigte Dr. Benno Martin, der Walter Berlin, den ehemaligen Kameraden aus dem Ersten Weltkrieg, vor dem Transport nach Dachau rettete. Der Nürnberger Polizeipräsident, der bis 1945 für alle Deportationszüge in den Osten zuständig war, rettete der Familie Berlin das Leben. Weil sein Vater so zugerichtet war, dass „er im Ausland eine schlechte Reklame für das Nazideutschland gewesen wäre, […] musste [er] erst gesunden, bevor er die Erlaubnis bekam, Deutschland zu verlassen."[84] Ludwig musste sich in Hamburg Unbedenklichkeitsbescheinigungen vielfältiger Art besorgen, bis er zu seiner Mutter und Schwester nach Paris fahren durfte.

>Frage: Und wie kamen Sie nach London?
>Ludwig Berlin: Ich ging zunächst zu einem weiteren Onkel, zu Robert nach Paris. […] Tatsächlich arrangierte eine Quäker-Organisation, dass ich nach England kam. Und ich kam nach England – drei Tage vor Ausbruch des Krieges! Mein Onkel Robert wurde getötet. Nur seine beiden kleinen Kinder hatten Zuflucht bei einer Familie gefunden und überlebten.

>Frage: Was ist mit dem Besitz Ihrer Familie passiert?
>Ludwig Berlin [antwortet auf Englisch]: Our house was sold, we had to sell it. And it was sold to the protestant church. My father always said: „Die Kirche hat sich anständig benommen!" But of course because so many thousands of jewish houses were on the market, the prices were very low and after the war a law came out in Germany, that my father could reclaim the property and my father said to me: „Die Kirche hat sich unter den Umständen anständig benommen, ich will nichts mit der Kirche anfangen." So we did nothing.

Tatsächlich folgte Ludwig Berlin zusammen mit seiner Frau Carmen, seiner Tochter Anita und seinem Enkelsohn Adam am 15. März 2012 einer Einladung der Evangelischen Kirche, die das Geburtshaus der Berlins übernommen hatte. Er sollte als überlebendes Mitglied der Familie Berlin der Anbringung einer Gedenkplatte in der Pirckheimerstraße 6 beiwohnen: „In diesem Haus befand sich von 1939 bis 1945 unter Leitung von Pfarrer Hans-Werner Jordan (1908–1978) eine der beiden Hilfsstellen der Evangelisch-Lutherischen Kirche in Bayern für Christen jüdischer Herkunft. [...] Im Wissen um ihre eigene Mitschuld gedenkt sie [die Evangelisch-Lutherische Kirche, MS] der Opfer des Rassenhasses. Dem war auch die Familie von Rechtsanwalt Dr. Walter Berlin ausgesetzt, in deren Besitz sich dieses Haus bis Juni 1938 befand."

Nach der – in England wiederum möglichen – Ausübung seines Glaubens befragt, erzählt Ludwig Berlin am 16. März 2012: „Mein Vater gründete in London eine deutsch-jüdische Synagoge, die jetzt eine blühende Organisation ist. Nach den kleinsten Anfängen ist es nun eine blühende Organisation. The Synagoge was actually inside a church. Rabbiner und Pfarrer waren gute Freunde und manchmal war samstags ein jüdischer Gottesdienst und manchmal christlicher Gottesdienst am Sonntag. Das war nicht so schwer!" Am Ende des Interviews beeindruckte der stattliche, alte Mann, der seine Ausgrenzung, seinen Schulausschluss, seine Flucht und seinen Neuanfang in London eindringlich geschildert hatte, mit einer erstaunlichen Gedächtnisleistung. „Der 1. FCN war für uns der Hauptpunkt des Lebens. Ich erinnere mich an fast die ganze Mannschaft des Clubs 1930. Torwart war Hauptmann Köhln, Munkert, Öhm, Sepp Schmidt, Kunt. Das war der 1. FCN um 1930. Und ich drängte meine Mutter, mir ein weinrotes Hemd zu kaufen. Sie wissen warum? Weinrot war so wichtig!"

Abb. 69: Ludwig Berlin mit seiner Tochter Anita vor dem Haus der Eltern in der Pirckheimer Straße – siehe Seite 159 im Farbbildteil

Abb. 70: Geschichtsklasse 9ac mit Ludwig Berlin und seiner Nichte Navina Clemerson (links) anlässlich seines 94. Geburtstags in seinem Alten Gymnasium

Preis des Bayerischen Clubs für Ioanna Kopasaki November 2012

Ioanna Kopasaki erhielt am 21. November 2012 für ihre W-Seminararbeit über die „Entrechtung des Rechtsstandes am Beispiel der Nürnberger Familie Berlin" als eine der sieben besten Arbeiten auf Landesebene vom Bayerischen Club zur Förderung der bayerischen Kultur im Maximileaneum eine Auszeichnung. Der Laudator Prof. Albert Scharf hob Ioannas präzise Quellenarbeit im Stadtarchiv Nürnberg und die Intensität der Begegnung mit der Familie Berlin in London hervor. Die Aufbereitung und Bewertung der nationalsozialistischen Ausgrenzung, Vertreibung, Entrechtung und Vernichtung jüdischer Mitbürgerinnen und Mitbürger sei sehr überzeugend dargestellt. Die Hausherrin des Landtags, Landtagspräsidentin Barbara Stamm, freute sich besonders, dass die zu Lobenden aller Regierungsbezirke Bayerns sieben junge Frauen umfassten. Ministerialbeauftragter Joachim Leisgang begleitet die Auszeichnungsveranstaltung in München.

Abb. 71: Ioanna Kopasaki bei der Auszeichnung des Bayerischen Clubs im Maximilianeum am 21. November 2012 mit Herrn Ministerialbeauftragten Joachim Leisgang, Direktor Otto Beyerlein und Dr. Martina Switalski siehe Seite 160 im Farbbildteil

Ludwig Berlins Wunsch zum 94. Geburtstag: Ein Besuch am MGN

Der Kontakt mit der Familie Berlin blieb bestehen und so war es für die Tochter Anita nicht ganz verwunderlich, dass ihr Vater sich zum 94. Geburtstag eine Reise in seine Geburtsstadt wünschte. Mit einem laut geschmetterten „Viel Glück und viel Segen" begrüßte die Geschichtsklasse 9ac am 30. Juni 2015 Ludwig Berlin, der nach 78 Jahren an seine Schule, an das „Alte Gymnasium" zurückkam. Gerührt durchschritt er mit seiner Tochter Anita, seinem Sohn Peter und seiner Nichte Navina jene Pforte, die ihm 1931 als das Tor „zur schönsten Schule der Welt" erschien – „bis die Nazis kamen." Sein Resümee über diese Zeit steht fest: „Ich muss leider sagen – die Schule machte mit. Die Schüler, die mit Homer und Horaz aufgezogen wurden, machten mit den braunhemdigen Straßenkrakeelern mit. Das war eine große Enttäuschung." Er und sein jüdischer Freund Hans Oettinger mussten in der letzten Reihe links an der Wandseite sitzen. Ihre nichtjüdischen Freunde haben sie direkt nach der Machtergreifung sozial geschnitten. Die Mitschüler sprachen „kein Wort" mit ihnen. Sichtlich in den Tiefen seiner Erinnerung suchend, beschrieb Ludwig Berlin die subtile Diskriminierung und Vereinsamung seiner Kindheit.

Als seine Klasse einen Aufsatz über das entstehende Reichsparteitagsgelände zu schreiben hatte, verlegte er sich im Gegensatz zu den politisch verklärenden Pamphleten seiner arischen Mitschüler auf die rein architektonische Beschreibung. Er rechnet es dem damaligen Schulleiter Dr. Stählin noch heute hoch an, dass dieser die antisemitische Tendenz des Klassenlehrers durchbrach und seinen geschliffenen Aufsatz tatsächlich als besten in der Klasse anerkennen ließ. Der Deutschlehrer hatte dies unterbunden, weil „ein Jude doch nicht Klassenbester" sein kann. Dem Zeitgeist entsprechend hatte der Nachfolger Dr. Stählins, Dr. Mezger, Ludwigs Familie, deren Söhne schon seit Generationen das Alte Gymnasium absolviert hatten, um die Rechtsanwaltstradition der Familie Berlin fortzusetzen, nahegelegt, ihren Sohn doch bitte aus dem Alten Gymnasium zu entfernen. Dies geschah Ostern 1937, also weit vor dem offiziellen NS-Erlass 1938. Aus dem Gedächtnis zitiert der alte Herr Berlin die Formel, die man ihm auf das Entlassungszeugnis gedruckt hatte. „Aus freien Stücken" verlasse er die Schule, um den „Übertritt in das Berufsleben" zu suchen. Das war nur eine feine Umschreibung für Rauswurf und Schulverweis und es bedeutete für den damals noch 15jährigen Ludwig das faktische Ende seiner Schullaufbahn. Er versuchte, eine kaufmännische Lehre beim Verlag Löwensohn zu machen, was durch die Arisierung des Betriebs unterbunden wurde. Beinahe ein Jahrhundert überblickend, erzählte der alte Herr von den vielen Momenten der Rettung, die ihm beschieden waren. Er überstand die Pogromnacht, indem er mit Freunden auf einem Dachboden Monopoly spielte. Ihm gelang mit viel Hilfe seiner seit Jahrhunderten in Mittelfranken angesiedelten und sehr gut situierten Familie die Flucht nach England, wo er als „feindlicher Ausländer" zunächst auch wiederum nur Diskriminierungen zu erleiden hatte. Er erzählt auch von seiner Zeit als britischer Soldat und wie er von 1945 bis 1948 in Hamburg als deutschstämmiger Brite stationiert wurde – und „sich langweilte". Wer ihn im Kreise seiner Familie sitzen sieht, fühlt, dass die Familie Berlin trotz der Ausstoßung, der Entrechtung und der Verfolgung ihren Frieden mit der Vergangenheit gemacht hat.

Abb. 72:
Ludwig Berlin bei der Betrachtung des Kunstwerks „Bank" und der Inschrift für die Gefallenen des Zweiten Weltkriegs im Foyer des Melanchthon-Gymnasiums

2.8 Lebens- und Sterbeweg von Dr. Siegfried Schloß

Bevor hier der Lebens- und Sterbeweg von Siegfried Schloß nach der Seminararbeit von Sophie Anuth dargestellt wird, möchte ich noch einige Bemerkungen zum zwar noch nicht rassistischen und damit todbringenden, aber immerhin schon sehr virulenten soziologischen Antisemitismus des 19. Jahrhunderts voranschicken.

Das „glücklichste" Jahrhundert für die jüdische Minderheit im Deutschen Reich erwirkte mit der Liberalisierung und bürgerlichen Gleichstellung nach 1812 nicht nur ein symbiotisches, sondern sogar selbstverständliches Zusammenleben von Deutschen, die sich alleine durch unterschiedliche Religionsausübung und nichts anderes voneinander unterschieden. Trotz der Emanzipation und Liberalisierung der jüdischen Weltbürger in der Nachfolge Lessings und Mendelssohns wuchs im 19. Jahrhundert aber auch die Furcht vor den Juden als Finanzmacht und geistiger Elite, da die jüdischen Neubürger das Ansässigkeitsrecht und Bürgerrecht, in Bayern seit dem Judenedikt von 1813, verstärkt zum Besuch der höheren Bildungsanstalten und der Universitäten genutzt hatten und somit Schlüsselstellungen in den freien Berufen, im Rechts-, Presse- und Kulturwesen errangen. Götz Aly hat diesen soziologischen Antisemitismus des späten 19. Jahrhunderts in seinem exzellenten Essay „Warum die Deutschen? Warum die Juden? Gleichheit, Neid und Rassenhass"[85] eingehend analysiert und kommt zu dem ernüchternden Ergebnis, dass der niederste Trieb aller sieben Todsünden, der Neid, die Menschen verleitete, ihr Selbstwertgefühl durch die Erniedrigung anderer, also durch üble Nachrede und Rufmord an den erfolgreicheren Juden der Kaiserzeit, zu erhöhen. Man neidete den Juden die durch die Liberalisierung erlangte höhere Bildung. Man neidete ihnen unternehmerisches Glück in Zeiten der Gewerbefreiheit und industriellen Revolution. Man neidete ihnen den gesellschaftlichen Aufstieg durch den enormen Bildungshunger, durch die Argumentationsfinessen der Mehrsprachigkeit, die geistige Gymnastik des dialektischen Denkens und Debattierens. Die christliche Majorität des 19. Jahrhunderts zeichnete sich laut Aly durch Kadavergehorsam aus, den man „Treue" nannte, oder durch selbstgenügsamen Provinzialismus in einer „kuhwarmen" nationalen Gemeinschaft, den man als deutsche Bescheidenheit vor sich her trug, und die jüdischen Freigeister sollten für alles verantwortlich sein, was an aufkeimenden revolutionären Ideen, seien es Kommunismus, Marxismus oder Bolschewismus, entstand. Die nationalsozialistische Propaganda konnte auf diesem diffamierenden Nährboden eine völlig neue Dimension des Judenhasses etablieren, die Rassentheorie.

Die weiteren Ausführungen dieses Kapitels folgen der Seminararbeit von Sophie Anuth unter dem Titel „Vita et mors des Antifaschisten Dr. Siegfried Schloß. Rekonstruktion des Lebenswegs des ehemaligen MGN-Schülers anhand der Edition des Erinnerungsberichts seiner Tochter Hildegard Schloß/Meira Jerusalem". Sophie Anuth möchte ich für die Zurverfügungstellung herzlich danken.

Sophie Anuth: Siegfried Schloß als Rechtsanwalt, Pazifist und „Selbstmörder"?

Siegfried Schloß wurde am 3. März 1880 als erster von drei Söhnen eines jüdischen Kaufmanns in Nürnberg geboren. Sein Vater besaß eine Papiergroßhandlung. Er ließ seinen Ältesten 1889/90 in das Alte Gymnasium am Egidienberg eintreten, an dem dieser 1898 sein Absolutorium, also sein Abitur, ablegte.

Unter den 402 Schülern des Schuljahres 1897/98 machte Siegfried Schloß zusammen mit vier Mitschülern jüdischen Glaubens sein Abitur, um im folgenden Jahr, vom 1. November 1898 bis zum 30. September 1899, seinen Militärdienst in der Reichswehr abzulegen, bevor er das Studium an der Juristischen Fakultät in Erlangen aufnahm, das er mit seiner Promotion am 24. Dezember 1904 abschloss. Es folgten die Heirat mit Helene, der Tochter des Oberbaurats Meir Wallersteiner, und schließlich ab 8. August 1914 der Reservedienst im 7. Landwehr-Infanterie-Regiment bei der Belagerung Verduns. Bei dieser größten Materialschlacht im Stellungskrieg des Ersten Weltkriegs wurde er am 2. Oktober 1914 verwundet und als „felddiensttauglich" entlassen.

Im zivilen Leben gaben die humanistischen Grundlagen die Richtung vor. Die Erziehung seiner drei Töchter folgte humanistischen Grundsätzen. Seine jüngste Tochter Helene, die sich nach der gelungenen Flucht nach Israel Meira Jerusalem nannte, schrieb in ihrem Erinnerungsbericht 1966 über die Lebensmaxime ihres Vaters: „Sei ein nützlicher Mensch in deinem Kreise, in dem alle gleich sind, [gib] so viel du kannst. Das bringt dir Befriedigung, ist den andern eine Hilfe und fördert das glückliche Zusammensein."[86]

Altruismus und soziales Engagement zeichnen auch die Arbeitsgebiete des 1928 zum Justizrat ernannten Rechtsanwalts Dr. Schloß aus. Er arbeitete als Syndikus für den Mieterverein in Nürnberg und hat vielfältige Ehrenämter angenommen. Neben seiner Mitgliedschaft in der SPD und im Bund Akademischer Sozialisten war er in der Freimaurerloge „Zur Wahrheit". Das Mitglied des Reichsbanners Schwarz-Rot-

Abb. 73:
Hildegard Schloß, später Meira Jerusalem, und ihr Vater Siegfried Schloß

Gold wurde durch die Erfahrungen des Ersten Weltkriegs zum aktiven Pazifisten. Schloß gründete den „Volksbund zur Befreiung der Kriegsgefangenen" und wurde sodann zum Vorsitzenden der Kriegsgefangenen-Heimkehrerstelle Nürnbergs, zum Ehrenmitglied der Reichsvereinigung ehemaliger Kriegsgefangener und zum Vorsitzenden der Ortsgruppe Nürnberg der Kriegsgräberfürsorge gewählt. Ihr Vater, so Hildegard Schloß 1966, „war überzeugt, dass man einen künftigen Krieg verhindern müsse,"[87] und hat sich auch nach der Machtergreifung als Anwalt aller Verfolgten, als „Deutscher, als jüdischer Deutscher"[88] definiert, der „den Kopf hoch[be]halten, durchhalten und sich nicht unterkriegen lassen"[89] wollte. Im Glauben an das Gute im Menschen, den er nicht als schlecht, sondern lediglich als „verblendet" ansah, bis „das Gute in ihm […] wieder"[90] komme, kämpfte er einen – freilich aussichtslosen Kampf – gegen die Entehrung, Verhetzung und Enteignung der jüdischen Mitbürger im nationalsozialistischen Nürnberg, bis ihn die so genannte NS-Rechtsprechung vollends entrechtete und mundtot machte. Seine Tochter schreibt im Zusammenhang mit der Pogromnacht 1938, dass sie nicht „wussten […], dass man im Menschen alles Menschliche ersticken kann, man musste ihn nur nach einem bestimmten System umschulen, wie man so vornehm gesagt hat."[91] Diese Nacht der Schande, die als Kriegserklärung des Dritten Reiches gegen die Juden gelten muss und die mit 26 Todesfällen in Folge dieser Nacht samt aller Selbstmorde in Nürnberg reichsweit am blutigsten ausfiel, erlebte die Familie Schloß nach dem Verkauf ihres Hauses zusammen mit einer Großmutter und einem jungen jüdischen Ehepaar als Untermieter in der Tuchergartenstraße 35. Hildegard Schloß schreibt, dass zwölf SA-Männer die Wohnung ihrer Eltern stürmten und diese komplett demolierten, indem die eichenen Stühle zerstört, das Kristall und Porzellanservice zerbrochen und die Silberlöffel mutwillig verbogen wurden. Schranktüren wurden ebenso zersplittert wie Bilder an den Wänden aufgeschlitzt und Klaviersaiten durchtrennt. Den Inhalt der Federbetten verteilte man gleichmäßig und das Eingemachte wurde entleert, sodass der zurückkehrenden Hildegard als unauslöschlicher Eindruck dieser Nacht ein grausames Bild blieb: „Das Blut von Vater war vermischt mit Spritzern von Blaubeermarmelade. Diesen Anblick werde ich nie vergessen."[92]

Ihr damals 58jähriger Vater wurde von den SA-Männern grausam verprügelt, um das Geständnis seiner vermeintlichen Auslandsverbindungen zu erzwingen. Nach einer Falschaussage gelang Siegfried Schloß mit seiner Frau Helene tatsächlich die Flucht nach Berlin zu den beiden jüngeren Töchtern. „Nach dem Anblick von Vater, der ganz verschwollen, blau, rot und gelb war, machte die Wohnung schon keinen Eindruck mehr auf mich."[93] Die Tochter Hildegard musste zur Instandsetzung der Wohnung nach Nürnberg zurückkommen und den letztlich tatsächlich erfolgreichen rechtlichen Kampf ihres Vaters gegen die Arisierung ihres Besitzes erleben. Da das Haus der Schloß' bereits rechtmäßig verkauft war, versuchte die Gauleitung, den Erlös vom Verkauf des Hauses abzupressen, was jedoch an der Hartnäckigkeit, mit der Schloß nach der rechtlichen Grundlage des Delikts fragte, tatsächlich scheiterte. Einzig von Justizrat Dr. Siegfried Schloß ist bekannt, dass er den Arisierungsbestrebungen der Gauleitung auf diese Weise konsequent und erfolgreich Widerstand geleistet hat.[94] Seinen Beruf konnte Schloß, der seit 1933 als Syndikus des Mietervereins nur noch auf jüdische Klienten beschränkt war, mit dem Zulassungsentzug ab 30. November 1938 gar nicht mehr ausüben.[95] Ohne Angabe von Gründen wurde Schloß als wortgewaltiger politischer Gegner und Demokrat zunächst vom 9. November bis zum 9. Dezember 1939 im Gerichtsgefängnis in Fürth inhaftiert.[96] Die Briefe dieser Haft belegen seine hoffnungsfrohe Hinwendung zur Auswanderung. „Jetzt war auch Vater schon überzeugt, dass er in Deutschland nichts mehr zu tun hat."[97] Eine letzte Chance böte sich bei der Teilnahme an einer „Sonderhachschara Berlin", also einer illegalen Auswanderungsgruppe nach Palästina, schreibt er am 28. Januar 1940 aus Fürth und bittet seine Frau in Berlin, mit Kontaktpersonen zu sprechen, um sein Gesuch an die Gestapo zu unterstützen.[98] Tatsächlich gelang nur noch seiner Frau und seinen Töchtern die Flucht aus Nazideutschland.[99] Schloß selbst schrieb Helene von seiner bevorstehenden Deportation: „Eben wird mir mitgeteilt, dass ich morgen nach Sachsenhausen komme. [...] Ich bin gefasst und ruhig und werde auch diese Zeit dort wie so viele andere ertragen und durchhalten."[100] Nach einer sechstägigen Zwischeninternierung (1.2.1940–6.2.1940) im Landgerichtsgefängnis Hof[101] wurde Justizrat Dr. Schloß nach Sachsenhausen gebracht, nicht wie seine Tochter Hildegard in ihrem Erinnerungsbericht annimmt, in das KZ Buchenwald.

Das KZ Sachsenhausen nimmt bei den Vernichtungsplänen der europäischen Juden einen Sonderplatz ein. 1936 – also zeitgleich zur etwa 20 km weiter stattfindenden Berliner Olympiade – von Häftlingen des aufgelösten Lagers Oranienburg erbaut, galt es als „moderner" und „effizienter" als die willkürlicher geführten KZs in Dachau und Buchenwald. Exakte Planung, Vernetzung und Organisation der „Massenabfertigung" standen unter der Leitung der IKL (Inspektion der Konzentrationslager), die später in das SS-WVHA (SS-Wirtschafts-Verwaltungs-Hauptamt) eingegliedert wurde, das sich um Wirtschaft und Finanzen kümmerte, und dem SS-FHA (SS-Führungshauptamt).[102] Sachsenhausen war ein Arbeitslager, das Vernichtung durch Arbeit anstrebte, wobei besonders die Arbeit im Klinkerwerk, einem Ziegelwerk unweit des Lagers, in dem die Häftlinge Ziegelsteine für den Ausbau Berlins herstellen mussten, todbringend war. Inhaftiert waren vor allem politische Gegner der Nationalsozialisten, Homosexuelle, Kriminelle, „Bibelforscher" (Zeugen Jehovas), „Zigeuner" und ab 1938 in großer Zahl auch Juden.[103] Von den über 33.000 Häftlingen überlebten nur knapp 3400 die Massenerschießungen und Todesmärsche vor der Befreiung durch die Rote Armee am 22. und 23. April 1945. In diese Mordfabrik kam Dr. Siegfried Schloß am 19.2.1940 als „Schutzhäftling" und „Jude"[104] mit der Nummer 20178 und wurde in dem besonders harten Winter des Jahres 1940 in Block 11 inhaftiert, einem Isolationsblock mit besonders brutalen Blockführern und signifikanter Todesrate für Neuzugänge und Widerspenstige.[105] Zu den harten winterlichen Bedingungen, die durch die Willkür der SS verschärft wurden, wenn die Häftlinge durch tagelanges Appellstehen oder Schneeräumen mit bloßen Händen tot niederfielen, kam die Kürzung der Essensrationen aufgrund der immer weiter steigenden Häftlingszahlen. „Am 10. März 1940 wurde Mutter auf die Polizei bestellt. Ein Polizist gab ihr die Asche ihres Mannes."[106] So endet Hildegard Schloß' Erinnerungsbericht an ihren Vater. Eine solch humane Geste ist selten überliefert aus der nationalsozialistischen Tötungsmaschinerie. Fraglich erscheint bei allem die Art des Todes. Am 8. März 1940, knapp einen Monat nach seiner Einlieferung in das Konzentrationslager, war Dr. Siegfried Schloß ums Leben gekommen. Auf der Sterbeurkunde ist als Todesursache „Freitod durch Erhängen"[107] vermerkt, was angesichts seiner der Bestialität trotzenden, zuversichtlichen Briefe, angezweifelt, aber niemals geklärt werden kann. „Mein heißer Wunsch ist nur, dass auch Du [für] immer Stärke und Tapferkeit wie bisher bewahrst, damit ich, wenn ich herauskomme, wieder meinen bewährten tapferen Lebenskameraden und nicht ein altes zusammengebrochenes Weib habe." So zuversichtlich lautet der letzte erhaltene Brief von Siegfried Schloß.

Abb. 75: Die Preisträgerin Sophie Anuth mit dem Laudator Kurt Wörl und Leonhard Schwab (Meister vom Stuhl) bei der Verleihung der Wertheimer- Schloß-Medaille am 9. November 2014 siehe Seite 160 im Farbbildteil

Abb. 76: Todesschein von Siegfried Schloß aus dem KZ Sachsenhausen

Abb. 74: Zugangsliste des KZ Sachsenhausen mit Siegfried Schloß als Schutzjude auf Platz 67

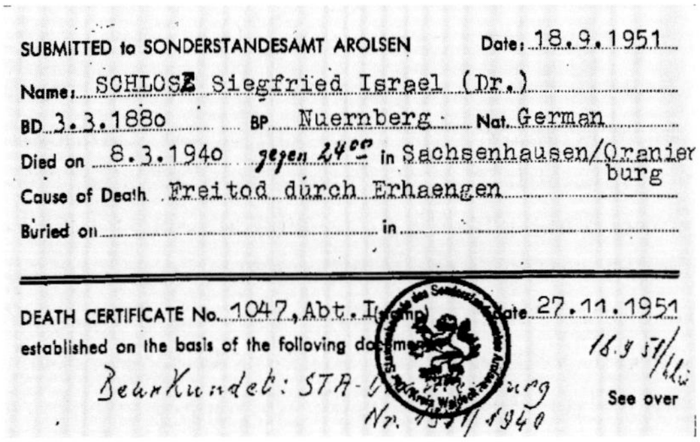

Wertheimer-Schloß-Medaille der Loge „Zur Wahrheit" für Sophie Anuth

Sophie Anuth wurde für ihre Arbeit am 9. November 2014 mit der Wertheimer-Schloß-Medaille ausgezeichnet, die erst zum zweiten Mal von der Loge „Zur Wahrheit" in Nürnberg verliehen wurde. Die beiden jüdischen Rechtsanwälte Moritz Wertheimer und Siegfried Schloß waren Mitglieder der Freimaurerloge „Zur Wahrheit" in Nürnberg und Namensgeber der Auszeichnung.

Der derzeitige Vorsitzende (Meister vom Stuhl) Leonhard Schwab stellt in seiner Laudatio die Koinzidenz von Schreiben und Handeln im Sinne eines humanistischen Denkens bei Sophie Anuth heraus. „Dass junge Menschen einen Teil ihres Lebens der Selbstlosigkeit widmen, ist heutzutage nicht die Regel, sondern eher die Ausnahme. Denn die Tugend der Demut ist selten geworden in unserem Zusammenleben, in unserem Miteinander. Diese Ehrung heute soll im besonderen Maße den Lebensweg aufzeigen, die Richtungswahl eines Menschen herausstellen, der bereit ist, sich auf Grundsätzliches zu besinnen, nämlich auf Werte wie Verantwortung und Selbstlosigkeit und Tugenden wie Hilfsbereitschaft und Fürsorglichkeit, die eine Gemeinschaft wie die unsere nicht nur ausmachen, sondern auch festigen."

Kurt O. Wörl, Altstuhlmeister und Redner der Loge, würdigte Sophie Anuths Arbeit als „eine Seminararbeit, die man ohne Wenn und Aber als wichtiges Dokument gegen das Vergessen derer, die unter dem Naziterror leiden und sterben mussten, betrachten kann. Sie hat das Leben, Wirken, Leiden und auch das grausame Ende eines ganz besonderen Menschen wieder in Erinnerung gerufen. Ein Mensch, der durch sein Wirken im Leben ein Vorbild für alle Menschen, die nach Freiheit, Humanität, Recht und Gerechtigkeit streben, war. […] Doch damit nicht genug: Offenbar haben die Recherchen zum Schicksal Dr. Schloß Frau Anuth über ihre Seminararbeit hinaus motiviert. [So] wandte sie sich an die Organisation „Aktion Sühnezeichen- Friedensdienste", um ein Jahr im Freiwilligendienst in Israel zu wirken. Vom Oktober 2012 bis Oktober 2013 leistete sie also ein Soziales Jahr an einer [Jerusalemer] Schule mit behinderten Kindern. Das war nicht ungefährlich: Genau in dieser Zeit brachen sich zwischen Israel und dem Gaza wieder Gewalttätigkeiten Bahn, von welchen auch die junge Frau nicht unbeeindruckt blieb. In einer E-Mail schrieb sie: „Gleich vorweg, es geht mir gut! Israel befindet sich – wie es so vornehm ausgedrückt wird – in einem kriegsähnlichen Zustand …" Frau Anuth kam wieder gesund und unbeschadet von ihrem Dienst in Israel zurück. Uns Brüdern der Loge „Zur Wahrheit" hat Frau Anuth mächtigen Respekt abgerungen und wir finden ihr Tun vorbildhaft für alle Menschen, besonders für Menschen, die noch am Anfang ihres Lebens stehen. – Wir sind sicher: Wir gaben, mit Frau Anuth, die Wertheimer-Schloß-Medaille 2014 in sehr würdige Hände."[108]

2.9 Familie Freudenthal am Alten Gymnasium

Die Familie Freudenthal war nicht nur durch die beiden Söhne Walter und Heinz an der Schule vertreten, sondern auch durch Rabbiner Dr. Max Freudenthal im Hebräischunterricht. Beide Söhne haben wesentliche Epochen ihres Lebens protokolliert. In der Seminararbeit von Theo Tharandt werden die traumatisierenden Passagen im Westfront-Erleben präzise und im kühlen Duktus von Walter Freudenthal wiedergegeben. Der jüngere Bruder Heinz Freudenthal, 1905 in Dresden geboren, schrieb zwischen 1975 und 1978 seine Memoiren in München nieder.[109] Aus ihnen seien hier Lebenslauf und Familienimpressionen entnommen, die über das väterliche Erbe und die Erinnerungen an die Schulzeit am Alten Gymnasium hinaus auch die gelungene Flucht und seine musikalische Karriere beinhalten.

Oberrabbiner und Lehrer am Alten Gymnasium: Dr. Max Freudenthal

Abb. 77: Dr. Max Freudenthal, Rabbiner und Lehrer am Alten Gymnasium um 1907 und 1932

Max Freudenthal wurde am 12. Juni 1868 in Bad Neuhaus bei Neustadt an der Saale geboren und sollte als Erstgeborener der sechs Kinder die Tradition des geistlichen Berufs übernehmen. Hierzu absolvierte er das Gymnasium in Worms und studiert dann an der Universität samt Rabbinerseminar in Breslau. Ohne Zuschuss aus dem kärglichen Lehrergehalt seines Vaters war der angehende Rabbiner auf Nebenverdienste aus Lehrtätigkeiten oder als Kantor angewiesen und lernte so in Ohlau auch seine spätere Frau Else kennen. Nach der Promotion in Greifswald über „Die Erkenntnislehre des Philo von Alexandria" erhielt er 1893 die Berufung als großherzoglicher Landesrabbiner nach Dessau, wo Walter zur Welt kam. Heinz, der 1902 in der nächsten Dienststelle des Vaters, in Danzig, geboren wurde, beschrieb seinen Vater weniger als Seelsorger, denn als Wissenschaftler, der als Kanzelredner und Vortragsredner gesucht war, aber davon eben weder die Familie noch seine ausgezehrte Verwandtschaft ernähren konnte. Seine exakt zwanzigminütigen Predigten memorierte er am Freitag im Beisein seines jüngsten Sohnes auf einem einstündigen Spaziergang durch Nürnberg, bei denen sich Heinz absolut still verhalten musste. Max Freudenthal gab auch mit Ismar Elbogen, einem der führenden Historiker des deutschen Judentums, die „Zeitschrift für die Geschichte des Judentums" heraus, ein wesentlicher Impuls für seine lebenslange jüdische Familienforschung. Für Nürnberg bedeutsam bleiben aus der Feder Max Freudenthals das „Kriegsgedenkbuch", das dem Rabbiner die warme Anerkennung von Generalfeldmarschall von Mackensen einbrachte, weil es dem Einsatz der jüdischen Soldaten im Gegensatz zu Hindenburgs offiziell anberaumter und diffamierender Judenzählung hinsichtlich des patriotischen Dienstes Deutscher jüdischen Glaubens gerecht wurde.

Wesentliche Quelle für jegliche Forschung zur Israelitischen Kultusgemeinde Nürnbergs ist Freudenthals Werk über dieselbe im Zeitraum von 1874 bis 1924. Die Titelseite aus dem Bestand des Gymnasiums Norimbergense ist hier ebenfalls abgebildet.[110] Auch die gedruckten Predigten, Vorträge und Aufsätze Freudenthals haben das Dritte Reich in der Jerusalemer Universitätsbibliothek überstanden.[111]

Nicht nur die Söhne, Walter und Heinz Freudenthal, empfanden den Vater als respekt- und angsteinflößend. Auch die Schüler des Melanchthon-Gymnasiums haben Oberrabbiner Dr. Freudenthal, dessen Züge dem eines „deutschen Officier[s]" glichen, als „geistige und seelische Größe" erleben dürfen. Der liberale Oberrabbiner blieb bis 1933 „scharf antizionistisch und in politischer Hinsicht deutschnational. Den Zusammenbruch seines Lebenswerkes hat er in den letzten Konsequenzen, der Zerstörung der Nürnberger Synagoge und der Deportierung des Großteils der mehr als 12000 Seelen umfassenden Nürnberger Judenschaft nicht mehr erlebt"[112], da er 1937 in München verstarb.

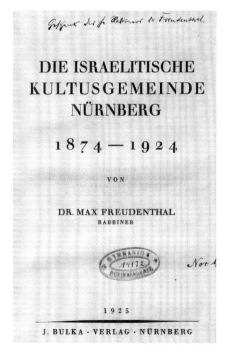

Abb. 78: Geschichte der „Israelitischen Kultusgemeinde Nürnberg 1874 – 1924" aus der Bibliothek des Melanchthon-Gymnasiums

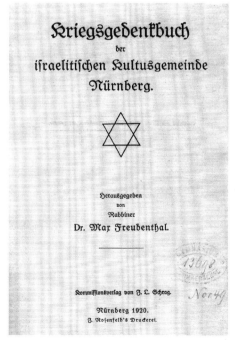

Abb. 79: Max Freudenthals „Kriegsgedenkbuch"

Theodor Tharandt: Walter Freudenthals Kriegstagebuch von 1915

Der Nürnberger Kriegsfreiwillige Walter Freudenthal wurde am 10. Juli 1896 in Dessau geboren. Nach dem Umzug der Familie 1907 nach Nürnberg besuchten Walter und sein sechs Jahre jüngerer Bruder Heinz das Königlich Alte Gymnasium, an welchem ihr Vater als Hebräischlehrer unterrichtete. Dessen deutschnationaler Patriotismus[113] beeinflusste Walters Entscheidung, sich am 8. August 1914 als Kriegsfreiwilliger zu melden. Sein Vater war zeitlebens sehr stolz auf die heldenhaften Einsätze seines Ältesten und zeigte dies nicht nur unterschwellig im „Nürnberger Israelitischen Gemeindeblatt"[114], sondern nach der Verleihung der Goldenen Tapferkeitsmedaille an Walter am 27. Mai 1916 auch im „Kriegsgedenkbuch der israelitischen Kultusgemeinde Nürnberg" 1920.[115] Walter wurde in der „Herbstschlacht in der Champagne" eingesetzt und schrieb in der Zeit vom 6. Oktober bis 6. Dezember 1915 ein kühles, sehr von taktischen Beweggründen geprägtes Feldtagebuch. Sein Kalkül und seine Geistesgegenwart angesichts der Versorgungskatastrophen im Krieg ließen ihn zum Offizier-Stellvertreter avancieren. Am 18. November 1915 bekam er für seine Erfolge das Eiserne Kreuz überreicht, am 27. Mai 1916 für seinen tapferen Einsatz am 18. Oktober 1915, bei welchem er 28 Mann seines Zuges das Leben rettete, die Goldene Tapferkeitsmedaille. Als hochdekorierter Soldaten im Offiziersstand wurde er am 1. Februar 1916 durch eine Leuchtpatrone an der Hand schwer verletzt.

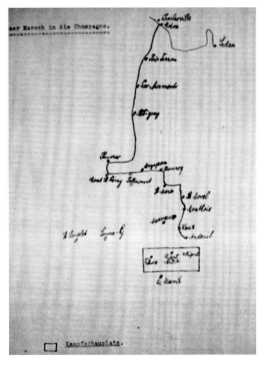

Abb. 80: Wege in den Krieg. Skizze der Anreise zur Westfront von Walter Freudenthal 1915

Mitten in der „zone rouge", dem Landstrich um Verdun, der bis heute intaktes Kriegsmaterials birgt, berichtet Walter Freudenthal vom „interessante[n] Schauspiel eines Fliegerkampfes"[116] und der miserablen Unterkunft der Kompanie, die „von Ungeziefer wimmelte"[117]. Der Kriegsalltag wird unkommentiert dargestellt. Die Leiche des 12. Kompanie-Führers Oberleutnant Ebert, die Laufgräben des Stellungskrieges im Westen, der Informationsmangel, die Desorganisation des Heeres, die Enge der „unterirdische[n] Verliese"[118] der Stollen werden vor dem Aktionismus der feindlichen Franzosen reflektiert. Als sein 3. Zug in einem Stollen verschüttet wurde, legt der Offizier unter Beschuss und damit Einsatz seines Lebens den Stollen frei und rettete 28 Mann. „21 [..] Verwundete, darunter Leute, die blind, taub, halb ohnmächtig und halb wahnsinnig waren. […] Diejenigen, die nicht mehr sehen konnten, schleiften wir [in den Kompanieführerunterstand]. […] Die Leute kamen alle glücklich hinüber, bis auf die letzten 3 […]. Wir hörten deutlich die 4 Schüsse […], die sie durch Kopfschuß niederstreckten."[119] Ein Soldat mit mehrfach gebrochenem Oberschenkel und einem eingetretenen Brustkorb schien „im Gedränge von seinen Kameraden zertreten worden"[120] zu sein. Er erlag den Verletzungen. Walter bekam die „Goldene Tapferkeitsmedaille".[121]

Kriegserleben zwischen Gasgranaten, Hunger und Desorganisation im Oktober 1915

Walter Freudenthals dritter Feldeinsatz war von geographischer Unkenntnis und fehlenden Führungspersonen bestimmt. Der Tunnel, in welchem der 3. Zug lag war 1,2 m breit, 1,5 m hoch und 150 m lang. Die Luft war „entsetzlich"[122], da die Stromleitungen, die den Ventilator betreiben sollten, zerschossen waren. Gegen 11 Uhr begann am 21. Oktober 1915 das Feuer auf den Tunnel. Die Decke wurde mit schweren, der Eingang mit Gas-Granaten beschossen, gegen welche „[d]as Rauchen einer Zigarette […] [auf freiem Feld] den besten Schutz [gewährte] […]. Im geschlossenen Raum freilich wie hier im Tunnel war die Wirkung schlimm."[123] Im Tunnel wurden die Leute „halb wahnsinnig, wie […] tage [sic!] zuvor 2 Mann der 10 Komp. verrückt geworden waren und gebunden werden mußten."[124] Die Männer mussten jedoch bis nachts liegend ausharren. Am dritten Tag des Angriffs sahen sie während der Schanzarbeit „weißen und gelblichen Dampf aufsteigen, wie [sie] ihn noch nie bemerkt hatten, und ihn […] nicht erklären konnten, bis jemand auf den Gedanken kam, daß er von Gasgranaten herrühren müsse."[125] Die Kompanie eilte unter „furchtbarem Feuer"[126] den Laufgraben hinab, in welchem ein „furchtbares Gedränge [herrschte,] denn alle Regimenter der Division waren alarmiert und jeder wollte zuerst […] von der gefährlichen Ecke wegkommen."[127] Zum scheinbaren Schutz gegen die Gasgranate erhielt jeder Soldat eine Zigarette. Die Kompanie war durch starkes französisches Artillerie- und Infanteriefeuer gezwungen, in einem Unterstand auszuharren, in dem bereits fünf tote deutsche Soldaten lagen. Notgedrungen legte sich Walter zu ihnen und wartete das Feuer ab. Von Walters

Zug waren am Ende noch knapp die Hälfte, nämlich 17 Mann, übrig. Sie bezogen alle Quartier und bekamen ein letztes Mal für die nächsten Tage Essen. Das heftig einsetzende französische Feuer brachte die Männer so sehr „außer Rand und Band, [dass] auch Walter Freudenthal beim Schanzen [...] zum 1. Mal die Fassung [verlor und] [...] sie mit Ohrfeigen [traktierte]."[128] „Seinen grausigen Höhepunkt erhielt das Durcheinander des Kampfes nunmehr durch unsere eigene Artillerie, [...] die jetzt einsetzte, aber alles zu kurz in unsere eigenen Gräben [schoss]. Wie wahnsinnig ließen wir grüne Leuchtkugeln aufsteigen, ohne dass sie beachtet wurden."[129] So fand sich die Kompanie von drei Seiten beschossen wieder und erlitt riesige Verluste. „Die Leute waren ganz wild, warfen Handgranaten, ohne mehr zu zielen, und verwundeten ihren eigenen Kameraden. Einer unserer 21 cm-Mörser jagte einen Volltreffer in unseren Graben und tötete 19 Mann."[130] Am nächsten Tag sah der Graben „fürchterlich aus, alles voll von Toten und Verwundeten, um die sich keiner bekümmern konnte."[131] Walter übernahm als Ältester – obwohl er gerade erst 18 war – die Führung und führte die Kompanie zurück zur Ripontmühle. Dort kamen sie „ganz erschöpft, blutbespritzt, voller Schmutz und hungrig"[132] an. Bei Ankunft im Lager wollte der Major, welcher gerade bei Tee und Hörnchen war, höchst erzürnt die Soldaten wieder in die Stellung schicken. Nachdem sich zwei weitere Offiziere einschalteten, hieß es nur noch, dass Walters Kompanie schanzen solle. Die Kompanie, welche nun nur noch 36 Mann umfasste, verweigerte dies aber, da sie seit 56 Stunden nichts gegessen hatte, musste aber, da an diesem Tag, dem 30. Oktober 1915, die Gegenoffensive startete, schließlich doch ohne Essen zurück ins Feld. Der Sturm misslang größtenteils. Am 31. Oktober 1915 war der Hunger so groß, dass Oberleutnant Lipmann einen Zettel schrieb, auf welchem er Essen forderte und drohte, ansonsten abzurücken. So gab es nach 64 Stunden endlich Essen. Am 1. November 1915 wurde die Kompagnie abgelöst und durfte nach Lager I. Dort fasste Walter die Verluste zusammen: alle Offiziere bis auf Schmelzing, Oswald und ihn selbst und 227 von 250 Mann. Die „Herbstschlacht in der Champagne" endete vier Tage darauf am 6. November 1915 und hatte in ungefähr eineinhalb Monaten ca. 400000 Tote und Verletzte gefordert.[133]

Walter ging verletzt und traumatisiert aus dem Krieg und schloss sich dem revanchistischen Freikorps von Ritter von Epp an. Laut seinem Bruder Heinz hatten „die Kriegserlebnisse [...] seinen Lebensmut gebrochen. Ich höre noch seine nächtlichen Schreie, wenn er im Schlaf vom Krieg träumte. Tagsüber sass er wie gelähmt herum und konnte sich zu nichts entschließen."[134] Seelisch zerrüttet, konnte der Kriegsheimkehrer und Freikorpskämpfer nie mehr richtig Fuß fassen. Seine Erlanger Dissertation in Nationalökonomie im Jahre 1921 „Die Steigerung der industriellen Selbstkosten im Jahre 1919 unt. d. Einfluß seiner bez. soz. u. pol. Verhältnisse", die Heirat mit zwei darauf folgenden Kindern, das amerikanische Exil ab 1932, die Aufgabe des geliebten Klavierspiels aufgrund der Handverletzung – nichts konnte das Scheitern übertünchen. Er beging 1951 Suizid.

Heinz Freudenthals Kindheit in Nürnberg und seine Emigration

Die Freudenthals wohnten in der Nürnberger Zeit in der Sulzbacherstraße Nr. 23 in einer geräumigen Mietswohnung. Heinz spielte v.a. mit den benachbarten Kindern der Industriellenfamilie Bing und teilte seine musikalischen Interessen mit den Söhnen des Arztes Dr. Reizenstein, mit denen er auch das Alte Gymnasium besuchte.

Musikalischer Freund der Freudenthals: Franz Reizenstein

Abb. 81: Franz Reizenstein als Professor am Royal College of Music in Manchester

Der begabte Franz Reizenstein, der bereits als Fünfjähriger das Komponieren begann und mit 17 neben einem Streichkonzert auch andere Werke vorwies, übernahm mit Ludwig Bergmann den Klavierpart in den „wöchentlichen Kammermusikorgien". Neben Heinz Freudenthal und Franz Reizenstein spielten der Cellist Heinz Rosenwald und Ludwig Bergmann in diesem „Schüler-Quartett" mit. Da Rosenwald zum Christentum übergetreten war, fanden die Musikabende bei Reizensteins statt, um Vater Freudenthal nicht zu provozieren. Aber auf „sinnlose Weise wurde [der] Freundeskreis durch eine sinnlose Politik auseinandergerissen. Damals jedoch waren wir alle jung und genossen unsere Jugend ohne einen Gedanken an drohende politische Probleme. Wenn wir die Nacht durchmusiziert hatten, wanderten wir Arm in Arm im Morgengrauen auf die Burg, um dort die aufgehende Sonne zu begrüßen!"[135]

Ab 1930 studierte Reizenstein mit großem Erfolg an der Berliner Hochschule für Musik bei Paul Hindemith Komposition und bei Leonid Kreutzer Klavier, wie man an der Kritik im Israelitischen Gemeindeblatt Nürnberg-Fürth (vgl. Abb. 83) über den Klavierabend in der Katharinenkapelle Nürnberg des Jahres 1932 erkennt. Sein Onkel ermöglichte Franz Reizenstein 1934 die Emigration nach England, um seine Studien am Royal College of Music in London fortzusetzen. Seine endgültige Abmeldung nach London aus der Tuchergartenstraße 10 am 13. August 1937 verzeichnet die Einwohnermeldekarte.[136] Als britischer Staatsbürger arbeitete er im Zweiten Weltkrieg als Bahnangestellter, später wieder in seinem Beruf als Pianist und Komponist. 1958 erhielt der begehrte Interpret zeitgenössischer Werke eine Klavierprofessur am Royal College of Music, später am Royal Manchester, dem heutigen Royal Northern College of Music. Seine Heimatstadt Nürnberg verlieh dem Komponisten, der neben Kammermusik, Klaviersonaten und -konzerten auch die Filmmusik für den Horrorfilm „The Mummy" – „Die Rache der Pharaonen" von 1959 komponierte, 1964 den „Preis der Stadt Nürnberg", bevor er 1968 im Alter von 57 Jahren überraschend in London verstarb.

Abb. 82: Pass von Franz Reizenstein, der belegt, dass er nicht nur vom Gymnasiasten zum Musikstudenten avancierte, sondern auch noch acht Zentimeter wuchs

(**Klavierabend Franz Reizenstein.**) Zu einem ganz ungewöhnlichen Erfolg gestaltete sich der Klavierabend, den der einheimische junge Künstler am 22. ds. Mts. im Katharinenbau gab. Die glänzende Technik, die erstaunliche Reife, die hohe Musikalität, mit der Franz Reizenstein das aus besonders schwierigen Werken von Mozart, Hindemith, Schumann und Reger bestehende Programm widergab, riß das zahlreich erschienene Publikum zu lauten und anhaltenden Beifallsstürmen hin. Nach diesem glänzenden Debut kann man von der Zukunft dieses Hindemith=Kreutzer=Schülers Großes erwarten.

Abb. 83: Franz Reizensteins Klavierabend in der Katharinenkapelle 1932

Schulzeit Heinz Freudenthals am Alten Gymnasium

Nach der Aufnahme in das Alte Gymnasium 1913 war die räumliche Nähe der Schule zum Elternhaus aufgrund der nächtlichen Kammermusiken dem jungen Heinz sehr zuträglich. „Da man die Schulglocke deutlich bis in unsere Wohnung hören konnte, pflegte ich beim ersten Glockenzeichen natürlich ungefrühstückt aus dem Haus über die Straße zu rasen." Insgesamt schreibt Heinz Freudenthal, er habe an die „neun Jahre [s]einer Gymnasialzeit nur ungute Erinnerungen"[137], da alles vom Krieg und der Revolution überlagert war und nur ausgediente, pensionierte Pädagogen den Schuldienst bestritten. Letztlich trat er aber 1913 in das vollkommen neu erbaute Schulhaus an der Sulzbacher Straße ein, das erst zwei Jahre zuvor feierlich eröffnet worden war.

Freudenthal erinnert sich an den bejahrten und beleibten Professor Geratewohl, der weder sah noch hörte, und an den oft alkoholisierten Mathematikprofessor Held, der seine „Indignation" gegenüber dem damals zum Musiker avancierenden Heinz mit Pathos zum Ausdruck brachte: „Und nun kommt unser mathematischer Gott! Heinz Freudenthal! Riesengross, bodenlos, hoffnungslos!"[138] Noch sarkastischer scheint in diesem Zusammenhang der väterliche Kommentar, nachdem sich dieser Mathematikprofessor Held erschossen und sich sein Nachfolger vergiftet hatte. Der Rabbiner meinte, Heinzens mangelnde Mathematikkenntnisse hätten beide zu dieser Tat getrieben. Die immer gleichen Witze des Biologielehrers, die dieser von Schülergeneration zu Schülergeneration weitertrug, kannte Heinz schon vom älteren Bruder und im Französischen wurde er gerade aufgrund dieses Bruders verachtet. Die

„Sinnlosigkeit des Deutschunterrichts am Nürnberger humanistischen Gymnasium" bewies der Schreiber mit der Erinnerung an Schillers „Die Glocke". Zeitgemäß wurde die Ballade auswendig gelernt. Dazu wurden alle Strophen mit Nummern versehen, um am „nächsten Tage während des Verhörs" in völlig willkürlicher Weise aufgerufen zu werden. „Der Irrsinn der Prozedur bestand darin, dass die Strophen nicht der Reihe nach in Uebereinstimmung mit der Strophenfolge des Gedichtes aufgerufen wurden. [...] Ich selbst habe auf diese Weise nur die mir zugeteilte erste Strophe von Schillers „Die Glocke" im Gedächtnis behalten."[139] Bei einem anderen Lehrer galt es, nach Goethes „Hermann und Dorothea" einen Aufsatz darüber zu verfassen, welche Wörter sich in diesem Werk aus der lateinischen und griechischen Sprache ableiten ließen. Heinz gewöhnte sich in dieser „chaotischen" Unterrichtssituation an zu lesen, was einen „besonders hilflosen Lehrer" dazu brachte auszurufen: „Seht euch den Freudenthal an! Der stört nicht, der liest!"[140] Die Ausführungen des Abiturienten Heinz Freudenthal über Anton Bruckner verkannte Direktor Stählin als „unbekanntes Beispiel", da Bruckner damals noch nicht zum Allgemeingut eines Humanisten zu gehören schien! Nämlicher Stählin gab der Abiturklasse als Vorbereitung auf den Deutschaufsatz auch das reichlich naive Thema „Das Radfahren" als Übungsaufsatz auf. Religionsunterricht für die jüdischen Schüler erteilte ein „gütiger alter onkelhafter Herr namens Moses Rülf", den zwar die Gebrüder Reizenstein durch allerlei weiße Mäuse, Maikäfer und Blindschleichen zu reizen versuchten, der aber mit Gleichmut entwaffnete. Er wurde „im biblischen Alter [...] zusammen mit anderen Mitgliedern der jüdischen Gemeinde Nürnberg verhaftet und gezwungen eine Wiese mit dem Munde zu mähen, d.h. das Gras mit den Zähnen auszureißen." Über diesen Willkürakt der Nazis verlor der alte Herr den Verstand.[141] In den höheren Klassen oblag der jüdische Religionsunterricht Rabbiner Freudenthal auf der Basis des von ihm verfassten Unterrichtswerkes. Über diesen Unterricht erzählte Heinz Freudenthal nichts. So unglücklich ihm die Konstellation seiner Lehrer, der Umstände und seiner persönlichen Interessen erschien, so unglücklich wurde auch der Abschluss am Alten Gymnasium. Im Frühjahr 1924 legte er einen, dem väterlichen Ehrgeiz völlig unzureichenden Abschluss ab, aber immerhin so gut, dass er von mündlichen „Verhören" verschont wurde. „Als ich nach dem Abitur das Gebäude des Gymnasiums verließ, fühlte ich mich wunschlos glücklich"[142], schreibt Freudenthal die Schulzeit resümierend. Bedenklicher noch scheint seine politische Einschätzung des Lehrerkollegiums bzw. des nationalistischen Geistes, der die junge Weimarer Republik zu erdrücken schien. In seinen Augen hatten die Professoren als Staatsbeamte zwar eine gesicherte Existenz durch die Republik, diese demokratische Staatsform hatte aber keineswegs deren Unterstützung. „Infolge der unverändert nationalistisch-reaktionären Einstellung unserer so gut wie gesamten Lehrerschaft ließ diese keine Gelegenheit vorübergehen ohne die junge Republik und deren Vertreter zu schmähen oder lächerlich zu machen. Nach dem missglückten Hitlerputsch in München im Jahre 1923 machte sich eine immer deutlicher werdende antisemitische Strömung breit. Die meisten Mitschüler wurden von diesem Ungeist angesteckt und bekannten sich mehr und mehr zur nationalsozialistischen Bewegung. Trotz behördlichen Verbotes erschienen sie geschmückt mit dem Hakenkreuz und in brauner Uniform zum Unterricht. Auf alle mögliche Weise versuchten sie ihren jüdischen Kameraden das Leben schwer zu machen. Die Lehrer verhielten sich indifferent oder sympathisierten sogar mit dem Unfug. In meiner Klasse waren wir nur zwei jüdische Schüler, der andere namens Fleißig ist später in einem KZ umgekommen. Wir wurden von unseren Mitschülern boykottiert und waren z.B. von gemeinsamen Unternehmungen wie Ausflügen, Festen und der Tanzstunde ausgeschlossen."[143] Freudenthal macht diesen nationalistisch-antisemitischen Geist auch an einer kleinen Episode bei der mit Schülerwünschen bestückten Bibliothek fest. Er weigerte sich, dem Majoritätswunsch nach der Anschaffung von Ludendorffs Kriegserinnerungen nachzugeben, und protestierte. Der Professor verurteilte ihn daraufhin „unter dem Hohngeschrei der Klasse zu mehrstündigem Arrest." Im Verweis an den Vater hieß es, dass er „infolge Beleidigung eines deutschen Heerführers […] das vaterländische Empfinden seiner Mitschüler"[144] verletzt habe. Dem fünfzigjährigen Klassentreffen im Jahr 1974 blieb Freudenthal geflissentlich fern.

Es mag noch erwähnt sein, dass der strenge Oberrabbiner nach der Anzeige der Verlobung Heinzens mit der Katholikin Elsbeth Hippeli rigoros reagierte. Dem jungen Musikerpaar wurde Dr. Steckelmacher, ein mit dem Vater befreundeter Nervenarzt aus Nürnberg geschickt, um Heinz für geisteskrank zu erklären und die Heirat zu verhindern. Als dies nichts fruchtete und die beiden trotzdem heirateten, „legte [der Vater] aus Protest unmittelbar darauf sein Amt als Oberrabbiner nieder. Professor Dr. Leo Baeck, das Oberhaupt der jüdischen Geistlichkeit in Deutschland, reiste aus Berlin nach Nürnberg und setzte [d]en Vater wieder in sein Amt ein mit der Begründung, dass Eltern für die Vergehen ihrer Kinder nicht verantwortlich seien![145] Eine Festschrift der Israelitischen Kultusgemeinde ehrte den zurückgetretenen Oberrabbiner mit einer Sonderausgabe zur Würdigung seiner Dienste. Heinzens Karriere führte über Meiningen nach Göteburg. Ein Konzert des Bratschisten mit seiner Frau ist 1932 in Nürnberg in der Villa von Frau Ella Lehmann erwähnt, deren Sohn Paul in Flandern gefallen war, wie Max Freudenthals Kriegstagebuch vermerkt.

Abb. 84: Aufnahme des Alten Gymnasiums nach 1911

(**Konzert Heinz und Elsbet Freudenthal.**) Im vergangenen Monat veranstaltete Herr Kapellmeister Heinz Freudenthal, der sich als schaffender und schöpferischer Musiker, als Meister der Viola und Viola d'amore, als Dirigent und Komponist in seiner Göteborger Wirkungsstätte und darüber hinaus einen weiten Kreis von Verehrern und Bewunderern erworben hat, einen Konzertabend in den Räumen der Villa von Frau Ella Lehmann. Der Künstler erfreute die dichtgedrängte Schar des geladenen Publikums durch eine erlesene Wahl klassischer Violamusik aus dem 17. und 19. Jahrhundert. Die Wiedergabe der Werke zeugte von einer tiefen geistigen Erfassung und überzeugenden Einfühlung in die Ideenwelt der Kompositionen und wurde unterstützt durch glänzende Technik, durch reifen, seelenvollen Ausdruck des Spiels. Den wirkungsvollen Abschluß bildete die Darbietung eines vom Solisten selbst musikalisch geschickt und sinntreu bearbeiteten Charakterstücks. Die Klavierbegleitung lag in den Händen von Frau Elsbet Freudenthal. Auch sie löste ihre Aufgabe mit echtem Künstlertum, das mit vornehmer Zurückhaltung, innigem Verständnis aufgeht in dem Gehalt des Kunstwerkes, und auch die subtilsten Regungen des musikalischen Partners miterlebt und mitgestaltet. — Die Zuhörerschaft lohnte den gebotenen Genuß durch reichsten Beifall.

Abb. 85: Nürnberger Konzertrezension für Heinz und Elsbeth Freudenthal 1932

Abb. 86: Titelblatt des Nürnberg-Fürther Israelitischen Gemeindeblatts zu Ehren von Dr. Max Freudenthal 1932

Abb. 87: Synagogen-Melodien von Louis Lewandowski

> *Wir haben unseren Wohnsitz nach München, Georgenstraße 36, verlegt. Nach der Jahrzehnte langen Verbundenheit mit der Gemeinde sind wir nicht imstande Abschied zu nehmen, hoffen vielmehr auch weiterhin mit ihr in enger Fühlung zu bleiben und alle Freunde und Bekannten recht oft bei uns begrüßen zu dürfen.*
>
> *Nürnberg, den 1. April 1935.*
>
> ## Rabbiner Dr. Freudenthal und Frau.

Abb. 88: Abschiedsgruß beim Umzug nach München

Abb. 89: Walter Freudenthals Doktorarbeit über die „Steigerung der industriellen Selbstkosten im Jahr 1919 unter dem Einfluß seiner besonderen sozialen und politischen Verhältnisse" von 1921

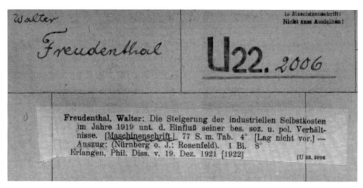

*) Walter Freudenthal, Sohn des Herausgebers, trat am 10. August 1914 als Kriegsfreiwilliger beim 14. bayer. Infanterieregiment ein und kam am Versöhnungstage (30. September) 1914 an die Westfront. In den schweren Kämpfen in der Champagne zeichnete er sich bei Tahure in besonderer Weise aus. Die amtliche bayerische Ehrentafel berichtet darüber:

Unter dem schweren französischen Geschütz- und Minenfeuer, das vom 16. mit 19. Oktober 1915 anhaltend über die „Schulterstellung" bei T. lag, wurden sämtliche Gräben eingeebnet und Bewegungen innerhalb des beschossenen Raumes fast zur Unmöglichkeit gemacht. Am 18. richtete sich die kaum zu steigernde Wucht des von Fliegern geleiteten Feuerangriffs zumal gegen die Schützbauten und ihre Zugangsgräben, wobei es am Nachmittag dem Feind gelang, einen von Teilen der 12. Kompagnie 14. Infanterie-Regiments belegten Unterstand zum Einsturz zu bringen und dessen an sich schon schmalen Eingang völlig zuzuschütten. Als der Unfall eintrat, war Vizefeldwebel der Reserve und Offizierstellvertreter Walter Freudenthal aus Dessau, Studierender der Heilkunde von Nürnberg, eben abberufen worden, eilte jedoch schleunigst wieder hinzu und machte, ungeachtet des sich fortgesetzt steigernden und auf die Unglücksstätte zusammenwirkenden Minenfeuers, mit Hilfe eines Mannes den Eingang frei. Indem er die aufgeregte und teilweise schwer verwundete Mannschaft beruhigte, brachte er mit Unterstützung einiger Leute die Verletzten in einen anderen Hohlraum und trug auf seinen eigenen Schultern in aufrechter Haltung zwei des Augenlichts beraubte Kameraden vorthin in Sicherheit. Da noch ein Schwerverwundeter zurückblieb, holte er einen Arzt, leistete ihm die erforderliche Hilfe und harrte bei dem Sterbenden aus, bis er für immer die Augen schloß. Sodann förderte er die Waffen und Ausrüstungsstücke nebst einigen gefüllten Feldflaschen wieder zutage, sodaß sich der Zug auch im Besitz seiner Kampfmittel und des nötigen Mundvorrats befand. Während dieser Arbeit wurde der Unterstand noch mehrmals von Minen getroffen. Durch sein aufopferndes, unerschrockenes und umsichtiges Verhalten leistete Freudenthal seiner Kompagnie ganz hervorragende Dienste, weshalb die Auszeichnung mit der Goldenen Medaille vollauf verdient erscheint; das Eiserne Kreuz hatte er sich schon früher errungen.

Die Auszeichnung wurde ihm im Juni 1916, als er infolge einer Verwundung im Heimatlazarett sich aufhielt, vom Kommandierenden des Armeekorps, General von Gebsattel, persönlich überreicht. König Ludwig III. von Bayern beglückwünschte, während eines Besuches auf der Burg zu Nürnberg im September 1916, bei welcher Gelegenheit W. F. die Schloßwache führte, Vater und Sohn und teilte letzterem persönlich die Beförderung zum Offizier mit.

Abb. 90: Eintrag zu Walter Freudenthal im „Kriegsgedenkbuch" von Dr. Max Freudenthal

Emigration ins schwedische Göteborg und Norrköping

Ein Engagement in Schweden, dem von 1936 bis 1953 die Stelle des Chefdirigenten des Symphonie- und Rundfunkorchesters in Norrköping folgte, gab ihm und seiner Frau die Möglichkeit, „vor den Gefahren des drohenden Dritten Reiches" bewahrt zu werden und später „in dessen dunkelsten Jahren manchen Menschen Hilfe und Stütze zu sein."[146] Sein Vater starb 1937 in München, seine Mutter nahm sich unter dem deprimierenden Eindruck der deutschen Naziinvasion am 9. April 1940 im schwedischen Exil das Leben[147]. Dieser harte Schlag schmälerte das seit ihrem Exil fortwährende Engagement für den immer größer werdenden Flüchtlingsstrom nicht. So beherbergten Heinz und Elsbeth das junge Ehepaar Marcuse ebenso wie den Musiker Kurt Lewin, die mit Güterwagen aus Nazideutschland heraus geflohen waren. Freudenthals waren eine wesentliche Stütze der vom Grafen Folke Bernadotte veranlassten Einreise ehemaliger KZ-Häftlingen nach Schweden. Ein „Strom unglücklicher Menschen", die „um ein Haar auch Opfer der Gaskammern geworden wären, wurde in nächster Nähe Norrköpings in ein über 2000 Menschen fassendes Übergangslager einquartiert. Es wurde der Fürsorge unserer Hilfsorganisation unterstellt. [...] Man konnte kaum von Menschen sprechen. Es waren vielmehr menschliche Skelette, in tiefster Seele verwundet und misstrauisch jedem Annäherungsversuch gegenüber. Um den Halbverhungerten neue Leiden zu ersparen, musste in den ersten Wochen das Essen rationiert werden. Wie die Tiere fielen sie über die Abfalltonnen her und stopften Essbares und nicht Essbares in sich hinein. Wüste Schlägereien um diese Abfälle spielten sich ab und die Hilfe der Polizei musste erbeten werden. Viele dieser Unglücklichen erkrankten und starben. Der jüdische Friedhof in Norrköping gibt davon ein trauriges Zeugnis. Ich selbst kehrte stets zutiefst erschüttert von diesen Besuchen in mein normales Leben zurück. Unvergesslich ist mir ein weißhaariges, gealtertes Frauenskelett. Die Ärmste, in Wirklichkeit eine junge Frau von kaum 30 Jahren, war gezwungen worden, Jahre hindurch die Hebel der Gaskammern zu bedienen, in welcher die ihrigen getötet wurden."[148] Als eine „Anzahl früherer Nazifreunde die Verwaltung und Leitung" der Hilfsorganisation übernahm, um sich nach 1945 ein Alibi zu sichern, legte Freudenthal seine Ämter nieder. Für ihn begann ein neues Kapitel als Leiter des Israel Philharmonic Orchestra in Tel Aviv, nach 1961 wurde er Leiter der städtischen Musikschule im schwedischen Karlstad und ab 1969 trug man ihm die Stelle des Musikdirektors in Kristiansand an. Bemerkenswert bleibt die Aufnahme, die Heinz Freudenthal 1982 in Nürnberg leitete. Er spielte Louis Lewandowskis „Musik der Synagoge. Ein Sabbat-Gottesdienst in der ehemaligen Hauptsynagoge der israelitischen Gemeinde zu Nürnberg" mit dem Kantor Baruch Grabowski, dem Sprecher Werner Galas, Rolf Gröschel an der Orgel und dem Hans-Sachs-Chor Nürnberg unter der musikalischen Leitung von Wolfgang Riedelbauch für Colosseum Records ein. Diese außergewöhnliche Zusammenarbeit liberaler jüdischer Sakralmusik mit christlichen Ausführenden darf vielleicht als eine Art Vermächtnis des Oberrabbinersohns von Nürnberg angesehen werden.

3 Schule im Kriegszustand: Melanchthon-Gymnasium 1939–1945

Nach dem Verweis der jüdischen Schüler vom Melanchthon-Gymnasium im Jahr 1938 übernahm der Krieg endgültig das Zepter im Schulbetrieb. Der Jahresbericht über das Melanchthon-Gymnasium für das Schuljahr 1954/55 fasst die Ereignisse von 1939 bis 1951 kurz zusammen und lässt die Belastung des Unterrichtsbetriebs ebenso deutlich werden wie die immense Indienstnahme der Schüler für die martialischen Zwecke der „Blut und Boden"-Ideologie und die Bauschäden durch Bomben.

3.1 NS-Ideologie im Unterricht

Welche Änderungen brachte die Diktatur im Humanistischen Gymnasium? Tatsächlich war die vormilitärische Erziehung schon vor 1939 im Schulalltag eingezogen und brach sich durch Morgenappelle, markante NS-Sprüche und die immense Wertschätzung der Leibeserziehung Bahn. Die HJ drängte reichsweit in die Schule und hatte 1936 schon eine 90%ige Mitgliedschaft als Staatsjugend erreicht.

Alle außerschulischen Märsche, Arbeitseinsätze und Wanderungen der Schüler hatten bereits die Komponente des Tornisterpackens und Konditionslaufens – wie es später im soldatischen Alltag gang und gäbe sein sollte. Kadavergehorsam und körperliche Beweglichkeit galten als erstrebenswerte Erziehungsziele. Insofern wurde wenig Widerspruchsgeist zugelassen und Sport stark gefördert. Man übte in Otto Hornsteins Klassenstufe den „vormilitärischen Dienst im November 1942 i[m] Kleine[n] Walsertal. Da waren wir aber durch die HJ-Zeit sowieso schon vormilitärisch vorgeprägt und dort haben wir Winterkrieg geübt. Das machte uns nichts aus. Wichtig war für uns, dass wir nicht politisch indoktriniert wurden."[149] In jedem Sportunterricht „wurde marschiert", wie Volkmar Schardt hinzufügte[150], oder gar Gasangriff geübt. Der gleichaltrige Ferdinand Klaever erzählt vom Turnlehrer der ersten Klasse, Professor Daut, „ein[em] Nazi, wie er im Buch stand, der nach dem Exerzieren ,Gasalarm' schrie und alle mussten die Stangen hochklettern! Daut war aber schon in Hauptmannsuniform und wurde als der Krieg begann, sofort wieder eingezogen."[151]

Die Schule war, wie im Jahresbericht 1933/34 nachzulesen ist, Quartier für die Parteitage der NSDAP. Der Schulausfall wurde billigend in Kauf genommen. Ein Blick in dieselbe Quelle verweist auf die Feierlichkeit anlässlich der Befreiung Wiens von den Türken, die Filmvorführung des SA-Mannes Ammon, die Ehrung des Reichspräsidenten von Hindenburg mit vaterländischen Gesängen und das Sportfest der SA-Brigaden. Auch bei der Luftschutzübung im Oktober war die gesamte Schule beteiligt, die zudem noch vor der Reichstagswahl am 30. Oktober „in allen Klassen über die politischen Fragen der Gegenwart und die Begriffe Ehre, Freiheit, Gleichberechtigung und Friede" aufgeklärt wurde. Bei dieser Häufung von parteiaffinen

Veranstaltungen blieb auch die Altphilologie nicht unberührt, sondern hat vielmehr in Schulaufgaben zu Ehren des „dux noster" die Indoktrination bei Beibehaltung des klassisch zu erwerbenden martialischen Wortschatzes fortgesetzt.

> Das Schuljahr 1937/38 begann am 12. April mit der feierlichen Flaggenhissung im Schulhof, am 13. April folgten die Anfangsgottesdienste. Da Studienassessor G e h r nach kurzer Zeit zu einer Wehrmachtsübung einzurücken hatte, so konnte die Klasse VI C zunächst noch nicht gebildet werden; infolge seiner Abberufung trat sie nur während der Zeit vom 9. 7. bis zum Schluß des 1. Schuljahrdrittels und nur in den Fächern des Klaßleiters in Erscheinung.
> Während der Sommerferien beherbergte die Anstalt eine Abteilung des Reichsarbeitsdienstes aus Württemberg, die zu Herrichtungsarbeiten im Reichsparteitagsgelände eingesetzt war. Wegen der Erneuerungsarbeiten nach deren Abzug konnte der Unterricht statt am 24. erst am 27. September aufgenommen werden.
> Die wichtigste bauliche Veränderung war der schon längst erbetene Einbau einer Fensterreihe in die Südwand der Turnhalle, die dadurch an Raumeindruck und an Brauchbarkeit bedeutend gewonnen hat. Den maßgebenden Stellen, vor allem dem Landbauamt Nürnberg, sei für die Erfüllung dieses alten Wunsches geziemender Dank zum Ausdruck gebracht!

Abb. 91: *Schulalltag des Melanchthon-Gymnasiums 1937/38 – erwähnt werden das feierliche Flaggenhissen, der Aufenthalt des Reichsarbeitsdienstes im Schulhaus, der Stundenausfall durch Wehrmachtsübungen bei Lehrkräften und der Umbau der Turnhalle.*

> Am Beginn des 2. Trimesters war das Gymnasium durch Einquartierung belegt wegen des Parteitages der NSDAP, dessen Veranstaltungen auf Lehrer und Schüler tiefen Eindruck machten. Erst am 8. September begann der Unterricht. Am 11. September von 12—13 Uhr fand in der Turnhalle eine Feier zum Andenken an die Befreiung Wiens von der Türkenbelagerung statt. Die Gedenkrede hielt der Direktor. Am 23. September führte ein SA.-Mann (A m m o n) den Film „Aus dem Leben unseres Reichsheeres" in der Turnhalle für alle Klassen vor. Am 27. September hielt Dr. R o l l, der Obmann unserer Schulgruppe des VDA, eine vorbereitende Belehrung über das „Fest der deutschen Schule"; am 28. September fand die Hauptprobe und am 1. Oktober die Aufführung im dichtbesetzten Stadion statt. In besonders lebhafter Erinnerung wird allen Teilnehmern das Spiel „Volk will zu Volk" bleiben. Am 2. Okt. wurde der 86. Geburtstag des Reichspräsidenten Paul v. Hindenburg in der Turnhalle von 12—13 Uhr mit vaterländischen Gesängen und einer Ansprache des Direktors gefeiert. Am 8. Okt. besuchte ein großer Teil der Schüler das Sportfest der SA.-Brigade Mittelfranken im Stadion. Nachdem der Direktor am 8. Oktober an einer Führerbesprechung über den Luftschutztrupp Ekkehard teilgenommen hatte, wurde am 28. Oktober in der Turnhalle und im Schulhof der Luftschutz und das Löschen der Brandbomben zuerst theoretisch, dann praktisch vorgeführt und im Anschluß daran später ein Brand- und Löschkommando für den Fall des Fliegeralarms gebildet. Am 2. November wurden auf Grund der M.-E. vom 16. 10. 33 Nr. VII 48708 (Betreff: Turnunterricht) in der Turnhalle nach einer Ansprache des Direktors die Klassen 4—9 in Züge und Gruppen mit ihren Führern eingeteilt. Diese Einteilung hat sich von da an bei allen Versammlungen und Aufzügen der Schüler bestens bewährt. Im Zeichen der kommenden Reichstagswahl und des Volksentscheides wurde am 30. Oktober in allen Klassen über die politischen Fragen der Gegenwart und die Begriffe Ehre, Freiheit, Gleichberechtigung, Friede gesprochen. Am 6. November nahmen der Direktor und das Kollegium an der großen Erzieherkundgebung im Kulturverein teil. Am 8. November

NS-Aktivitäten am Melanchthon-Gymnasium Jahresbericht 1933/34

Abb. 92: *NS-Aktivitäten im Schuljahr 1933/34 – erwähnt werden die Einquartierung zugunsten des Reichsparteitags und der diesbezügliche Unterrichtsausfall sowie die Feier zum Andenken an die Befreiung Wiens von den Türken. Filme stimmten auf die heldenhafte SA ein und Brandübungen bestimmten den Schulalltag.*

3.2 Altphilologie unter dem Hakenkreuz

Schulen mit altsprachlichem Unterricht hatten bereits in den 20er Jahren mit den Angriffen der politischen Linken und Rechten im Kreise vieler pädagogischer Reformer zu kämpfen gehabt, aber der totalitäre Gestaltungswille hinsichtlich der Erziehung eines „neuen Volkes" schien ihnen unter der Ägide Hitlers vollends den Garaus machen zu wollen.[152] Denn dem humanistischen Bildungsideal konnten gar zu leicht individualistische oder liberal-menschliche Haltungen unterstellt werden. Insofern mag es den Leser der folgenden Schulaufgaben nicht wundern, dass Vertreter der Klassischen Philologie zur Feder griffen, um regimetreue Aufsatzthemen zu formulieren oder der Antike ein völkisch-nationales Erziehungsideal überzustülpen.[153]

Die systemtreue Anbiederung der Apologeten des Führers führte zu einem vollends verengten Autorenkanon.[154] Man las römische Historiker, Caesar, Tacitus und Livius im Lektüreunterricht und versuchte, in den unteren Klassen den martialischen Grundwortschatz situativ für die Ideologie und Tagespolitik des NS-Regimes nutzbar zu machen. Es schien nicht mehr geboten „rasseblind an die Altzeit heranzutreten", man wollte vielmehr in den augusteischen Schriftstellern „allnordische Höchstleistung, großarische Klassik [...] suchen."[155] Die Altertumswissenschaft sah sich vor die Aufgabe gestellt, eine „vergleichende Artlehre nordischer Gesittung [...], eine vergleichende Ariologie"[156] zu etablieren und setzte im Lektürekanon auf die augusteischen Autoren, um im „Weltrom und Mischrom aller Rassen"[157] die Degenerationserscheinungen einer dekadenten Gesellschaft als Gegenbild zur Bewahrung eigener

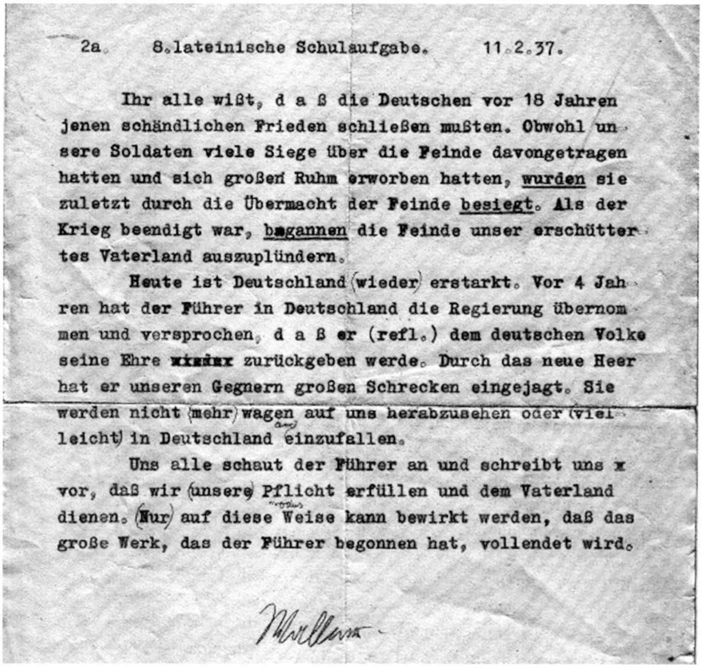

2a. 8. lateinische Schulaufgabe. 11.2.37.

Ihr alle wißt, d a ß die Deutschen vor 18 Jahren jenen schändlichen Frieden schließen mußten. Obwohl unsere Soldaten viele Siege über die Feinde davongetragen hatten und sich großen Ruhm erworben hatten, wurden sie zuletzt durch die Übermacht der Feinde besiegt. Als der Krieg beendigt war, begannen die Feinde unser erschüttertes Vaterland auszuplündern.

Heute ist Deutschland (wieder) erstarkt. Vor 4 Jahren hat der Führer in Deutschland die Regierung übernommen und versprochen, d a ß er (refl.) dem deutschen Volke seine Ehre zurückgeben werde. Durch das neue Heer hat er unseren Gegnern großen Schrecken eingejagt. Sie werden nicht (mehr) wagen auf uns herabzusehen oder (vielleicht) in Deutschland einzufallen.

Uns alle schaut der Führer an und schreibt uns vor, daß wir (unsere) Pflicht erfüllen und dem Vaterland dienen. (Nur) auf diese Weise kann bewirkt werden, daß das große Werk, das der Führer begonnen hat, vollendet wird.

Abb. 93: Lateinische Schulaufgabe über den „Schandvertrag" von Versailles aus dem Jahr 1937 rassischer Substanz zu lesen. Grundsätzlich stellten die Rahmenlehrpläne von 1925 die deutsche Kultur in das Zentrum des Unterrichts und betrieben somit die Entkernung bisheriger humanistischer Bildungsziele. Der pädagogische Wert eines Autors hing nunmehr von seiner Eignung als politisches Erziehungsmoment im Sinne der Wehrerziehung ab. Der sprachlich-ästhetisch-philosophische Hintergrund der Antike wurde vollends gestrichen. Die Zeitschrift „Humanistisches Gymnasium" empfahl das Kampflied der paramilitärischen Sturmabteilung, das Horst-Wessel-Lied, zu übersetzen. „Kameraden, die Rotfront und Reaktion erschossen, marschier'n im Geist in unsern Reihen mit" wurde zu „Et quos rubra acies adversaque turba cecidit, horum animae comites agmina nostra tenent". Man wartete im altsprachlichen Unterricht mit unerwarteten Neologismen wie „rubra acies" („rote Schlachtreihe" = Rotfront) und „adversa turba" („widrige Menge" = Reaktion) auf[158] und unterstützte die Rechtfertigung brutaler politischer Morde der SA.

Diese Erziehung zu „Mannhaftigkeit, Entschlusskraft, Selbstzucht"[159] und Unterordnung im Führerstaat ist auch in verschiedenen Schulaufgaben des Jahres 1937 aus dem Melanchthon-Gymnasium zu erkennen, deren NS-typisches Vokabular und deren Zielsetzung ein äußerst verzerrtes Bild auf die römische Geschichte ohne kritische Anteilnahme wirft.

Die erhaltenen Schulaufgaben des ehemaligen Melanchthonianers Erwin Wallner von 1937 veranschaulichen diese Indienstnahme der Altphilologie im „Zeitkolorit". In

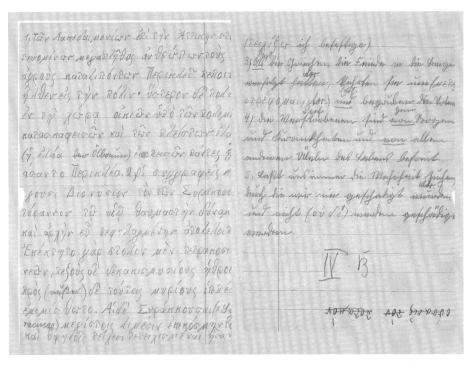

Abb. 94: Griechische Aufzeichnungen Wallners zum Opferwillen der Lakedaimonier aus dem Jahr 1937

einer Schulaufgabe von 1937 wird der Versailler „Schandvertrag" angeprangert, der „vor 18 Jahren" geschlossen werden musste und der nun, da „Deutschland wieder erstarkt" ist, revidiert werden soll. „Vor 4 Jahren hat der Führer in Deutschland die Regierung übernommen und versprochen, daß er (refl.) dem deutschen Volke seine Ehre zurückgeben werde. Durch das neue Heer hat er unseren Gegnern großen Schrecken eingejagt." Die Schulaufgabe für die – nach heutiger Zählung – Sechstklässler tritt also deutlich für den Verstoß gegen den Versailler Vertrag ein. Am 1. März 1935 wurden die Luftwaffe gegründet und am 16. März die allgemeine Wehrpflicht wiedereingeführt. Die Reichswehr titulierte man seither als Wehrmacht. Die Soldaten wurden seit dem Tod von Reichspräsident von Hindenburg auf die Person Adolf Hitlers vereidigt. Auch dem Führereid und Führerkult huldigt diese Schulaufgabe vom 11. Februar 1937: „Uns alle schaut der Führer an und schreibt uns vor, daß wir unsere Pflicht erfüllen und dem Vaterland dienen. Nur auf diese Weise kann bewirkt werden, daß das große Werk, das der Führer begonnen hat, vollendet wird."

Erziehung zum kriegsbedingten Rationieren von Lebensmitteln und Produktionsmitteln beabsichtigt eine Schulaufgabe für die 3b vom 1. Dezember 1937. Die damals Dreizehnjährigen sollten gemäß des Vierjahresplans des Führers zu spartanischer Sparsamkeit und zum Kauf reichsdeutscher Produkte angehalten werden, denn „unsere Feinde boykottieren (= achten gering) aus Neid und Zorn unsere Waren. Deshalb können wir das, was uns nötig ist, nicht einführen. Der Kolonien aber sind wir beraubt." Auch hier ist durch das Personalpronomen, das den Lehrer und alle Schüler mit ins volksdeutsche „Boot" setzte, und durch die Wortwahl dem Revanchismus im Sinne der Botschaft „Volk ohne Raum" Platz gegeben.

Eine weitere Schulaufgabe, die ebenfalls vom Schüler Wallner aus dem Jahr 1937 stammt, geht vollends auf den Verlust der deutschen Kolonien durch das „schwere[s] Unrecht" der „sogenannten Siegermächte vor 20 Jahren" ein und desavouiert die demokratisch gewählte Regierung der Weimarer Republik als „feige" im Sinne der deutschnational angeprangerten „Erfüllungspolitik". „Je grösser die Gefahr war, um so grösser hätte in damaliger Zeit die Standhaftigkeit der Staatsmänner sein müssen. Aber statt keine Gelegenheit zu versäumen, unsere Kolonie dem Volke zu erhalten, gaben sie, feige wie sie waren, ohne Bedenken den Forderungen der Feinde nach."

Die scheinbare sozialistische Komponente im Akronym der NSDAP feiernd, übersetzte die 1. Klasse in Latein „KdF-Fahrten nach Italien", in denen die „fleißigen Arbeiter" für ihren Dienst durch Freizeitprogramm entschädigt wurden. „Schiffe voll heiterer Greise und munterer Jünglinge und fröhlicher Frauen" genossen „schmackhaftes Fleisch und süße Milch und feurigen Wein", um „mit neuen Kräften [...] die Arbeit [zu] lieben." Auch diese Schulaufgabe beginnt mit einem Lob auf den arbeitsschaffenden „Führer" und seine „ausgezeichneten Werke".

Nun gilt es abschließend zu sagen, dass der offizielle Lehrplan eine ausdrückliche Warnung vor einer „billig[en] Parallelisierung"[160] antiker und zeitgenössischer Politik ausgab und damit nicht alle Lehrer der ideologischen Vereinnahmung ih-

Abb. 95: Lateinische Schulaufgabe über den Verlust der deutschen Kolonien aus dem Jahr 1937

Abb. 96: Lateinische Schulaufgabe über rationierte Kriegswirtschaft vom 1. Dezember 1937

Abb. 97: Lateinische Schulaufgabe über „Kraft-durch-Freude"-Fahrten vom 3. Dezember 1937

res Unterrichts stattgaben. Dennoch sind diese Schulaufgaben aus dem Jahr 1937 Zeugnisse einer beispiellosen Indoktrinierung und Verunglimpfung der humanistisch-antiken Ideenwelt.

3.3 (Para)militärische Indienstnahme der Schülerschaft

Der Indoktrination in den Einzelfächern fügte sich nach Kriegsbeginn die handfeste militärische Indienstnahme der Schülerschaft und des Schulgebäudes an. 1939 wurden in den Sommerferien Abteilungen des Reichsarbeitsdienstes in der Schule einquartiert, um für die „Spatenparade" beim Reichsparteitag vorbereitet zu werden, und am Samstag, den 26. August 1939, erhielt das Direktorat von einem Mobilmachungsbeauftragten der Stadt Nürnberg die Weisung, mit den Vorbereitungen für den Ernstfall zu beginnen, was bedeutete, dass Räume für die Polizeistelle und den Luftschutz sowie ein öffentlicher Luftschutzraum im Keller zur Verfügung zu stellen waren. Ab Mitte Oktober 1939 wurde der Ausnahmezustand im Melanchthon-Gymnasium verhängt. Fortan gab es verkürzte Stundenzahl, kriegsbedingte Aushilfslehrer und lawinenartige Beanspruchung der Oberstufe für Sammlungen der Winterhilfe, Zählungen bei den Lebensmittelkartenverteilstellen, Lehrgänge der Wehrmacht, Beteiligung am Luftschutzdienst oder Hilfsdienste in der Landwirtschaft. Ab dem 1. Dezember 1939 wurde die Oberstufe zum RAD (Reichsarbeitsdienst) als Erntehelfer oder zur Wehrmacht eingezogen, die meisten erhielten einen Reifevermerk und bekamen das sogenannte Notabitur, das lateinisch auch als notabítur gelesen werden kann: Er wird gezeichnet werden! Zwei Einzelschicksale aus diesen Vor-Kriegserfahrungen im Schüleralter sollen hier exemplarisch vorgestellt werden.

Abb. 98: Klassenfoto von Karl Heinz Klaever von 1939 zeigt das Mobiliar des MGN mit Führerbild links oben

3.3.1 Otto Hornstein: Von der Schulbank zur Flak

Otto Hornstein, der Sohn des katholischen Bezirksoberamtmanns, wurde am 20. April 1936 mit zehn Jahren im Melanchthon-Gymnasium eingeschult. Der nachfolgende Interviewausschnitt vom 5. Juli 2011 erzählt vom Tag seiner Rettung, denn am 8. März 1943 starben vier seiner Klassenkameraden durch Bombenbeschuss als Flakhelfer.

Otto Hornstein: „Ich war einer von den Flakhelfern, der fast 12 Monate bei der Flak war. Also unglaublich lang. Wir sind am 15. Februar 1943 abgeholt worden. Die Nachricht kam kurz nach dem Fall von Stalingrad. Es wäre selbstmörderisch gewesen für meine Eltern, wenn sie protestiert hätten. Für meinen Vater, der als Jurist geflogen war und als politisch unzuverlässig galt, wäre es sehr gefährlich gewesen. Es war klar: Ich geh zur Flak. Wir wurden dann auf den berüchtigten Schusserplatz verlegt."

Zweite Klasse.
Klaßleiter: Studienassessor H u r l e r.
Zu Anfang 34 Schüler, am Schluß 33.

#	Name	Geburtsdatum	Konf.	Beruf des Vaters
1.	Appel, Paul Herbert	27. 11. 25	ev.	Arzt †
2.	Bayer, Paul	22. 1. 26	„	Generaldirektor der st. Werke und Stadtrat
3.	Bergold, Gunther	22. 6. 25	G-E (L)	Bankbeamter
4.	Braun, Hermann	2. 6. 26	ev.	Studienrat
5.	Brügel, Wolfgang	25. 4. 26	„	Direktor
6.	Dietel, Fritz	21. 7. 25	„	Kriminalsekretär
7.	Diffloe, Hans	22. 12. 25	„	Staatsbankkassier
8.	Dillmann, Heinrich	21. 1. 26	„	st. Verwa'tungsoberinspektor
9.	Erdmannsdorffer, Rolf	18. 10. 25	„	st. Oberbaurat
10.	Heinlein, Siegfried	1. 9. 25	„	Stabsmusikmeister
11.	Höflinger, Gerhard	30. 4. 25	„	Studienprofessor
12.	Hörmann, Markus	16. 2. 26	kath.	Ingenieur
13.	Hornstein, Otto	22. 1. 26	„	Bezirksoberamtmann
14.	Krämer, Peter	29. 10. 25	„	Chemiker
15.	Langfritz, Werner	3. 7. 25	ev.	Elektromonteur
16.	Linß, Wilhelm	21. 3. 26	„	Stadtoberassistent
17.	Lucius, Walter	26. 7. 24	„	Zahnarzt
18.	Martin, Michael	4. 10. 24	chr.-gl.	Buchhändler
19.	Mezger, Hans	27. 6. 26	ev.	Oberstudiendirektor
20.	Mohr, Werner	3. 5. 26	„	Geschäftsführer
21.	Nägelsbach, Hans Martin	13. 11. 25	„	Dekan in Altdorf
22.	Rauch, Bernhard	1. 3. 26	kath.	Studienprofessor
23.	Richter-Hernandez, Hans-sepp	4. 2. 25	ev.	Chef im nationalspanischen Kriegsministerium
24.	Schardt, Volkmar	6. 4. 26	„	Schriftleiter
25.	Schlögel, Franz	28. 5. 26	kath.	Oberzollinspektor
26.	Schnittmann, Hans	8. 9. 25	ev.	Arzt
27.	Schön, Veit	7. 12. 23	„	Hauptlehrer
28.	Schultes, Helmut	26. 7. 25	kath.	Kaufmann
29.	Treuting, Georg	25. 2. 26	„	Studienprofessor
30.	Vogel, Theodor	29. 4. 25	ev.	Bankbeamter
31.	Weiß, Klaus	25. 10. 25	„	Studienrat
32.	Wieseler, Theodor	19. 1. 25	„	Kaufmann
33.	Willberg, Bernd	29. 6. 25	„	Arzt
34.	Wimmer, Theodor	29. 4. 26	kath.	Studienrat

Ausgetreten: S c h ö n am 10. 7. 37.

Abb. 99: Klassenliste von Otto Hornstein aus dem Jahresbericht 1938/39 und der Dreizehnjährige im Jahr 1939 (oben)

Otto Hornstein beschrieb das viereckige Karree des so genannten Schusserplatzes mitten im Reichswald mit vier modernen Kanonen. Diese hatten nicht den üblichen 8,8 Durchmesser, sondern 10,5 und damit sollten die jungen Burschen „die Briten herunterholen!" Als der schicksalsträchtige 8. März 1943 kam, war „die Batterie ja gar nicht fertig! Unsere Kanonen standen ungeschützt auf dem Feld, der Schutzwall fehlte und der RAD sollte einen Wall anböschen. Die Flugbahnen wurden auf der Kommandobrücke bestimmt. Auch der Kommandant war noch ungeschützt. Unser Gerät stand in einem Zelt und die Flugbahnen wurden aufgezeichnet. Und das war unsere Tätigkeit." Die Schüler waren zu jener Zeit in Baracken untergebracht und wurden unregelmäßig in „Deutsch, Geschichte und wenig Anderem unterrichtet. Keine Spur von Mathematik und es fiel auch oft aus." In tiefer Erinnerung verhaftet blieb Otto Hornstein der Voralarm am 7. März. „Da sagte mein Klassenkamerad Paul Bayer, der am selben Tag geboren ist wie ich, am 22. Januar 1926 nämlich: ‚Heute werde ich sterben!'

Dann kam der Feueralarm! Ich war immer ein wenig langsam und war fast traurig, weil Fritz Bosch schon vor mir da war. Weil ich zu langsam war, habe ich mich im Zelt hinter einen Steinhaufen gesetzt. Der Steinhaufen war 2 Meter hoch und ich kauerte dahinter. ‚Jetzt kommen sie', hieß es und da tat's einen fürchterlichen Schlag. Ich wurde umgerissen vom Luftdruck. Es brannte und ich hörte Schreie. Wir haben gelöscht und am nächsten Tag sah es aus wie ein Amphitheater. Wir sahen eine riesige Ein-

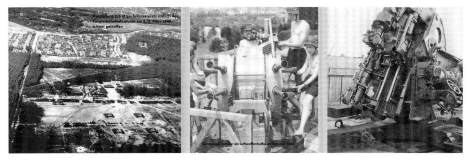

Abb. 100: Schusserplatz, Flakhelfer und Flak zeigen den paramilitärischen Einsatz der Schüler.

Abb. 101: Paul Bayer in HJ-Uniform, auf dem Klassenbild im Melanchthon-Gymnasium und aufgebahrt

schlagstelle und alle Bäume waren dekapitiert. Und es kam ein General Heiligbronner und verlieh uns Luftwaffenhelfern – und ich war ja mit meinen wenigen Narben kaum verletzt – das Kriegsverdienstkreuz und das Verwundetenabzeichen in schwarz. Das letztere habe ich behalten. Und dann waren vier tot. Wir waren die Ersten im großdeutschen Reich, die für Führer, Volk und Vaterland gefallen waren! Dieses Ereignis war so einschneidend für mich, dass ich endlich wusste, was Krieg ist. Dass ich dem Tod entronnen bin, weil ich zu spät kam."¹⁶²

In der Trauerrede von Direktor Mezger anlässlich der Beisetzung des jungen Kriegsopfers Franz Merkl klingt viel rhetorischer Ornans, wenig eingeschränktes vaterländisches Pathos, aber auch eine Art Solidarität mit dem „Kameraden" Merkl durch. Direktor Mezger sprach von seinem bisherigen, erst fünfzehnjährigen, Schüler. „Vor wenigen Wochen fand eine Versammlung der Eltern unserer Luftwaffenhelfer statt. Dabei war die Rede von den Opfern, die Schule, Elternhaus und Schüler zu bringen hätten. [...] Opfer der Schüler! An diese wollte man am wenigsten glauben, wenn uns die frische, unverbrauchte Jugendkraft [...] entgegenleuchtete. Und doch: ein unerbittliches Schicksal hat es anders gefügt. Der Marsch hinüber in den Reichswald ist für acht unserer jüngeren Kameraden zum Opfergang geworden, für vier von ihnen ein Gang zum allerschwersten Opfer, das einem Kämpfer auferlegt war. [...] 62 Opfer – die des Ringens um Stalingrad noch nicht eingerechnet – sind nun auf der Tafel unserer gefallenen ehemaligen Schüler verzeichnet, unter ihnen 4 Schüler im engsten Sinne des Wortes, die beim Ausbruch des gegenwärtigen Krieges noch auf der Schulbank saßen. Nun [...] muß unsere Tafel vier junge Kameraden verzeichnen, die in dem Augenblick, da sie [...] starben, noch zur Gemeinschaft der Schüler unseres Gymnasiums zählten. Wen erschüttert nicht die Tragik, die sich hier auftut mit der ganzen Furchtbarkeit dieses opfervollen Ringens [?] Wir stehen in tiefster Ergriffenheit vor solches Opfers

Abb. 102: Todesanzeigen für die vier gefallenen Schüler des Melanchthon-Gymnasiums 1943

Schwere, Größe und Heiligkeit. Unser Kamerad Merkl stieß zu uns im Frühjahr 1934, als er in die 1. Klasse eintrat, ein fleißiges, gutmütiges und gutgeartetes Büblein, aus dem sich dann ein sehr strebsamer, gewissenhafter und tüchtiger Junge entwickelte, dessen Sinn – um eine beliebte Wendung unserer Zeugnissprache zu gebrauchen – grundsätzlich auf das Gute gerichtet war. Überall, auch bei aller körperlichen Betätigung brach seine gewissenhafte Pflichttreue durch; auch als das unerbittliche Gebote des Krieges in den Ferien den Einsatz seiner Arbeitskraft in einem Betriebe und im Landdienst forderte, war er wacker auf seinem Posten und tat willig seine Pflicht wie jeder andere deutsche Junge. Verständiger Ernst und besondere Reife lagen in der Schule manchmal über seinem Wesen. Ahnte er in diesem seinem Unterbewußtsein etwas von […] der ganzen Härte [des] Krieges? Diese ernste Männlichkeit vertrug sich aber sehr gut mit einer zur rechten Zeit heiteren, lichten und schlichten Jungenart, die ihm alle Herzen gewann. Lieber Kamerad Merkl! Das alles sank nun mit dir in dein frühes Grab, doch nein, es lebt noch, es wirkt weiter. Du hast dir bei aller Schlichtheit deines Wesens ein Denkmal gesetzt in unserem Herzen, ein Mal der Erinnerung an einen der Liebenswertesten und Trefflichsten, die in den letzten Jahren in unsere Schule gewesen sind.

Dulce et decorum est pro patria mori. Süß und ehrenvoll ist es, für das Vaterland zu sterben, singt der Dichter des Altertums. Ehrenvoll ist es, ja, das fühlen wir alle in tiefster Seele; aber süß? Klingt dies Wort unseren Ohren nicht wie Hohn? Und doch: wenn sich in solcher Treue bis zum Letzten das jugendliche Heldentum erfüllt, dann mag uns sein Opfer in dem Licht erscheinen, das von dem tiefsinnigen Wort des römischen Dichters ausstrahlt. So nehmen wir Abschied von unserem auf dem Feld der Ehre gefallenen Kameraden Franz Merkl. Kurz war sein Dasein auf Erden; aber es ist umstrahlt vom Glanz der Bewährung; daher wird es für uns stets ein leuchtendes Vorbild sein. Allzeit wollen wir ihm ein ehrendes Andenken bewahren. Er ruhe in Frieden!"[163]

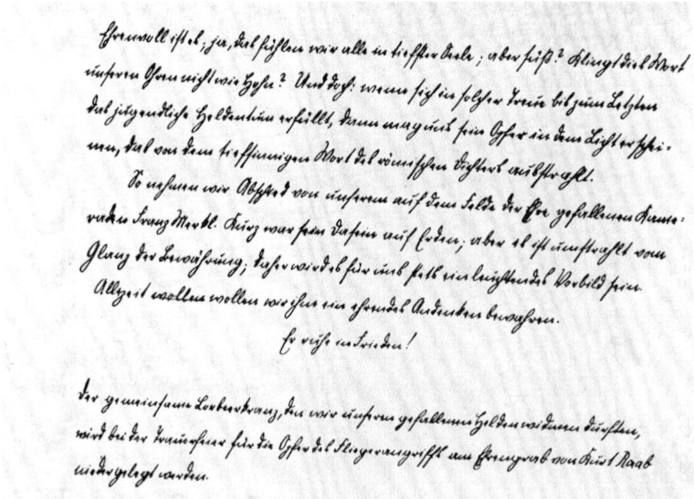

Abb. 103: Trauerredemanuskript von Direktor Dr. Mezger anlässlich der Beerdigung des 15jährigen Franz Merkl 1943

Von 62 bzw. 66 Opfern der Schule in Folge des Krieges spricht Dr. Mezger im März 1943. Tatsächlich sank die Schülerzahl vom Schuljahresbeginn Ostern 1939 mit 328 Schülern auf 157 Schüler im Sommer 1944 und die Einschnitte im Schulbetrieb durch Einberufungen der Lehrer und Schüler waren immens. Als zweites Beispiel einer Schulkarriere im Krieg soll hier Ferdinand Klaever zu Wort kommen, der 1937 eingeschult wurde und trotz kriegsbedingter Unterbrechungen ab Januar 1943 im Jahr 1945 sein Notabitur bekam.

3.3.2 Ferdinand Klaever: Kulturschutz ohne Schülerschutz

Ferdinand Klaever, als Sohn eines katholischen Arztes am 7. November 1926 geboren, folgte 1937 seinem großen Bruder Karl Heinz Klaever, geboren am 23. Januar 1925, auf das Melanchthon-Gymnasium. Beim Filminterview am 11. Oktober 2011 mit Tanja Böhm schilderte er, durch vielfältige Fotos aus der damaligen Zeit belegt, seinen Werdegang im Arbeitsdienst beim Hopfenpflücken, im Einsatzgefolge beim Schutz Nürnberger Kulturgüter, an der Flak und im Krieg.

Während die ersten Schuljahre von den benannten Infiltrationen der NS-Ideologie überschattet und bestimmt waren, griff in Ferdinand Klaevers fünftem Schuljahr der Krieg direkt in den Schulalltag und das Leben der Melanchthonianer ein. Parallel zu Otto Hornsteins Schilderungen seien hier neben den paramilitärischen Pflichten seiner Jahrgangsstufe beim Schutz der Kulturgüter Nürnbergs auch die Erinnerung an den 8. März 1943, und damit die erste Begegnung mit gewaltsamem Tod, genannt. Auf die Frage, wann er das Melanchthon-Gymnasium kriegsbedingt verlassen musste, nennt er das Schuljahr 1941/42 als Endpunkt einer regulären Ausbildung. „In der fünften Klasse 1941/42 haben wir Dr. Ulmer gehabt, der Verständnis für uns hatte, da er Vater von fünf Kindern war. […] In der sechsten Klasse, heutige zehnte, unter Dr. Rittelmeyer wurde damals der Klassenwechsel von Ostern auf Herbst verlegt. Ich bin also im Herbst 1942 in die sechste Klasse gekommen und im Januar habe ich die Uniform angezogen. Seitdem war ich nicht mehr im Melanchthon-Gymnasium." Im weiteren Verlauf des Gesprächs erinnert er sich an seine kriegsbedingten Einsätze. „Wir waren [ab Januar 1943] als Einsatzgefolgschaft auf der Kaiserburg kaserniert, d.h. wir wurden kaserniert, um die Kulturschätze Nürnbergs vor Feuer zu retten. Wir wurden auf der Kaiserburg stationiert, mussten nach der Schule wieder dorthin und von dort zur Schule. Wir durften nicht mehr nach Hause. Das war die strengste Zeit, die ich je mitgemacht habe. Ich bin nie mehr so geschliffen worden wie dort! Wir mussten stramm stehen. Das war eine schlimme Zeit."[164]

„Dann brach eine Scharlachepidemie aus, weil wir 40 Mann auf einer Stube waren und die hygienischen Verhältnisse waren katastrophal. Meine Klasse ist in der Zwischenzeit zur Flak eingezogen worden und sobald die Quarantäne aufgelöst war, sind wir zur Parallelklasse gekommen – eine Katastrophe für mich, weil wir uns überhaupt nicht mit der Parallelklasse verstanden! Denn ich kam zum Reichsbahnausbesserungswerk statt zum Schusserplatz in der Gartenstadt. Wir sind am 3.3. eingezogen worden und am 8.3. waren in meiner Klasse vier tot. Die Batterie war noch nicht befestigt gewesen und die Bomben schlugen ungeschützt ein. Und die Kameraden haben Splitter in den Rücken bekommen und es waren alle vier tot."[165]

Ferdinand Klaever erinnert sich auch noch genau an die Umstände der Beerdigung von Fritz Bosch, Franz Merkl, Kurt Raab und Paul Bayer. „Den Paul Bayer, den hab ich beerdigt, dessen Sarg hab ich runtergelassen. Wir waren abkommandiert und mussten den Sarg tragen. Und der Vater vom Bayer war der Leiter der Städtischen Werke und da kommt's mir heute noch hoch, wenn ich dran denke, entschuldigen Sie, wenn ich hier sentimental werden – grüßt der mit Deutschem Gruß! Und der Popp, dessen Vater war Leiter von der Stadtbibliothek, sagte zu mir rüber: ‚Arschloch'. Und das hat der so laut gesagt, dass die da unten das gehört haben. Denn als ich mir 1945 mein Abiturzeugnis abgeholt hab, fragte mich Doktor Mezger, ob ich nicht bei der Beerdigung dabei gewesen sei. Da sei ein Ausdruck gefallen! Also haben die das da drunten gehört!"[166]

Auch Ferdinand Klaever erzählte von den mäßigen Versuchen, wenigstens dreimal wöchentlich Unterricht in den Flakstellungen zu geben, wobei „aber viel weggefallen

Abb. 104: Reichsarbeitsdienst beim Hopfenpflücken in Spalt 1942 mit Professor Ostertag, genannt Oleon

Abb. 105: Ferdinand Klaever (2. v. r. oberste Reihe) mit Prof. Ulmer im Schuljahr 1941/42

[ist], Physik und Griechisch ist auf jeden Fall weggefallen. Und wenn nachts Luftgefahr war, mussten wir an die Geschütze, und wenn dann einer im Unterricht eingeschlafen ist, haben die Lehrer, die bei uns waren, für uns Verständnis gehabt. Dr. Stettner etwa war Englisch- und Deutschlehrer, der ist nach jedem Angriff in die Batterie gekommen, hat geschaut, ob was passiert ist, und hat unsere Eltern benachrichtigt."[167]

Anders als seine Klassenkameraden musste Ferdinand Klaever nach eineinhalb Jahren Kriegseinsatz an der Flak nochmals kurz die Schulbank drücken, bevor er endgültig eingezogen und in Würzburg der Batterie Heinrichs zugeteilt wurde.

Abb. 106: Ferdinand Klaever mit seiner Klasse im Wehrertüchtigungslager Winter 1942

Abb. 107: Einsatzgefolgschaft zum Schutz der Kunstschätze der Nürnberger Burg

Abb. 108: geheime Fotografien der Geschütze Anton und Berta im Reichsausbesserungswerk

Abb. 109: Ferdinand Klaevers Wehrpass verzeichnet ihn als „Gymnasiasten"

Abb. 110: Aufnahmen des Reichsausbesserungswerks mit Kommandogerät (rechts)

Abb. 111: Flakhelfer der 6b des Melanchthon-Gymnasiums beim Reichsausbesserungswerk 1943

Abb. 112: ganz links an der Flak Ferdinand Klaever und rechts Mitschüler Kuhlmann

Abb. 113: Ferdinand Klaever in der Batterie 633 Heinrichs in Würzburg

Abb. 114: Ferdinand Klaever (Mitte) mit Hermann Kirste

Abb. 115: Ferdinand Klaevers älterer Bruder Karl Heinz 1939

3.4 Rolf Riedel: Bomben über dem Melanchthon-Gymnasium

Abb. 116: Rolf Riedel überlebte die Bombennacht vom 2. Januar 1945 im Bunker der Schule.

Von den Luftangriffen, in der Nacht vom 28. auf den 29. August 1942, in denen das Gymnasialgebäude durch Brandbomben im Dachgeschoß des Ostflügels getroffen wurde, haben diese Schüler, die seit Anfang 1943 als Flakhelfer eingesetzt worden waren, nur noch wenig mitbekommen. Die Turnhalle diente seither als Stapelplatz für den Hausrat der ausgebombten Nürnberger, bis die Halle selbst beim Luftangriff auf Wöhrd im August 1943 grauenvoll „zerschlagen" wurde. Phosphorbomben zerstörten die Turnhalle, die Dienstwohnungen und den Physiksaal. Das Haus wurde zum großen Teil als Flüchtlingslager hergenommen und der wenige Unterricht, der noch gegeben wurde, fand in vier Räumen des Ostflügels statt. Später gab man die verbliebenen Schüler an das Neue Gymnasium weiter, bevor der Bombenhagel vom 2. Januar 1945 eine Beschulung in Nürnberg unmöglich machte. Ebenso wie das Gebäude an der Sulzbacher Straße, dessen Ostwand aufgerissen wurde, waren andere Schulen Nürnbergs verwüstet worden. Das Melanchthon-Gymnasium wurde nach Langenaltheim bei Pappenheim ausgewiesen. Diese Bombennacht des 2. Januar 1945 hat sich tief in das Gedächtnis der Stadt eingeprägt und eine Erinnerung soll hier herausgegriffen werden.

Rolf Riedel[168], der der Schule, genauer gesagt dem Bunker in der Schule sein Überleben verdankte, notierte seine Erinnerungen an jene Nacht. Er war am 21. April 1936, gerade einmal einen Tag nach dem „Führer-Geburtstag", im israelitischen Krankenhaus in Fürth geboren worden und wuchs in Fürth und in der Sulzbacher Straße 25[169], in unmittelbarer Nähe des Melanchthon-Gymnasiums auf. Nach dem frühen Tod seiner jüdischen Mutter am 9. April 1941 zogen ihn seine Halbschwester Liesl aus der ersten Ehe der Mutter und sein Vater auf und beschlossen nach den furchtbaren Erfahrungen der Pogromnacht in Fürth und angesichts der Repressalien, die allerorts lauerten, den kleinen Rolf nach Dinkelsbühl verbringen zu lassen, in eine „nationalsozialistisch geprägte Zuchtanstalt". Als der Direktor herausfand, dass er Halbjude war, wurde er der Anstalt verwiesen und kam nach Leipersloh bei Schwabach. Zu Weihnachten 1944 holte ihn sein Vater mit einem „Holzvergaser" ab und er sah endlich sein Heim in der Sulzbacher Straße, Ecke Rudolphstraße wieder und entdeckte das peinlich verschlossene Zimmer seiner großen Schwester Liesl, die bereits ohne sein Wissen am 17. Juni 1943 ins Fürther Kinderheim gebracht und mit Waggons aus Würzburg nach Auschwitz deportiert worden war. Sein Vater, der das Zimmer peinlich sauber hielt, ahnte nur, dass sie dort am 21. Juni 1943 in den Gaskammern umgekommen war. In familiärer Atmosphäre hatte Rolf Riedel mit seinem Vater Weihnachten gefeiert und sollte am 3. Januar zurück nach Leipersloh zum Helfen in eine Metzgerei gebracht werden.

„Am Abend des 2. Januar 1945 um 18.43 Uhr heulten in Nürnberg wieder einmal die Sirenen. Diese Signalgeber waren insbesondere auf öffentlichen Gebäuden angebracht, und weil auf der gegenüberliegenden Straßenseite, an der Ecke zur Merkelsgasse ein Schulhaus stand, auf dessen Dach solch eine Sirene stand, waren die nervtötenden Heultöne bei uns besonders intensiv zu hören: Fliegeralarm. Mein Vater meinte, es wäre sicherer, in das gegenüber gelegene Schulhaus zu gehen, dort gab es einen richtig ausgebauten Bunker, während es bei uns im Haus nur einen Schutzraum gab. Also packten wir unsere Siebensachen und gingen dort hinein. Zuvor hatte mein Vater noch einmal den ‚Feindsender' abgehört und dabei hatte er erfahren, dass große Bomberverbände im Anflug auf Nürnberg sind. Er beschwor mich, allein im Bunker zu bleiben, appellierte an meine Tapferkeit, er wolle noch einmal in die Wohnung zurückkehren, um von dort noch einige wichtige Dinge zu holen. Unter anderem wollte er noch eine Kassette mit dem gesamten Familienschmuck in Sicherheit bringen, den er bisher niemandem anvertrauen wollte. Und diesmal, so meinte er zu wissen, kommt es stärker als bisher. Und er sollte wieder einmal Recht behalten. Ich hatte entsetzliche Angst, erste Einschläge waren hörbar, und mein Vater war immer noch nicht zurück. Endlich erschien er und ich war doch sehr erleichtert, wenngleich ich immer noch panische Angst hatte. Die Einschläge waren nun ganz nahe, manche Leute beteten, andere murmelten vor sich hin, manche weinten. Es waren fast nur ältere Leute, Frauen und Kinder. Mütter beugten sich über ihre Kinder, um sie zu schützen, ein unvergessliches Szenario, das mich lange Zeit auch in Träumen verfolgt hat. Mein Vater war in Wehrmachtsuniform und so fiel es ihm nicht schwer, das Kommando zu übernehmen. Das ganze Gebäude wurde von den Detonationen erschüttert. Die Einschläge rundherum waren gar nicht mehr voneinander zu unterscheiden. Von den Wänden rieselte der Zement, ganze Steinbrocken fielen herunter. Es war ein Inferno. ‚Wir müssen hier raus', war die Meinung meines Vaters. Also sammelten sich einige Mutige und sie begannen, die Riegel der Luftschutztüren zu öffnen und sich auf den Aufstieg nach oben zu machen. Diese Entscheidung rettete uns das Leben."[170]

Abb. 117: Nachkriegsaufnahme des Melanchthon-Gymnasiums vom 22. September 1965

3.5 Wiederaufbau des Schulbetriebs nach Kriegsende

Die Rückführung der Schülerschaft aus Langenaltheim bei Pappenheim und die Etablierung eines „normalen" Schulalltags sollte nach 1945 eine geraume Zeit in Anspruch nehmen. Zunächst wurden die intakten Räume des Schulgebäudes durch die Verlegung des 7. Polizeireviers in den I. Stock Zimmer 11 bis 13 fremdgenutzt[171]. Im Oktober 1945 bekam die Polizei mit Zustimmung des Direktors vier Räume im Erdgeschoss zugeteilt und einen Kelleranteil zur vorläufigen Nutzung. Der Unterricht fand nur noch in den kleineren, also heizbaren Räumen statt. Die Polizei, die zu diesem Zeitpunkt für 22 000 Leute Obhut übernehmen musste, blieb bis zum 22. September 1949 im Schulhaus und verließ es dann aufgrund der unzureichenden Räumlichkeiten und gesundheitsschädlicher Stoffe.

Auch das Revierbaubüro bzw. „Baubüro für Fliegergeschädigte", das auf die Freimachung des „reichseigenen Anwesens" in der Sulzbacher Straße 42 wartete, in dem sich mehrere Familien widerrechtlich einquartiert hatte, wurde ab 22. September 1942 gegen Miete im Schulhaus untergebracht. Direktor Mezger versuchte scheinbar, die Heizkosten umzulegen, wenn er auch Raum 35 an städtische Behörden und v.a. Zimmer 3 und 6 im Erdgeschoss mit insgesamt 69 Quadratmetern an die Lebensmittelkartenverteilstelle weitergab.

Im September 1945 ergab sich also eine Fünffachnutzung des Schulhauses durch die Polizei, die Kartenstelle, das Baubüro, die Stadt und die Schule. Am 18. November 1945 kündigte Direktor Mezger der Kartenstelle, die am 13. Februar 1946 tatsächlich in den Laufertorgraben 7 verlegt wurde. Dem ursprünglichen Bestimmungszweck zurückgegeben, hatte das Melanchthon-Gymnasium nach den Krieg nicht nur die eigenen Schüler, sondern auch noch zwei Mittelschulen zugewiesen bekommen, sodass sich in den zerstörten Gängen 1100 Schüler im Schichtbetrieb drängten. Am 24. Januar 1949 forderte man über das Landbauamt eine sofortige „Entwesung der Polizeiräume", da dort Ungeziefer vorhanden sei, um danach die Räume wieder für den Physikunterricht nutzen zu können. Somit schien Anfang der 50er Jahre ein geregelter Schulbetrieb eingetreten zu sein. Ein äußeres Kennzeichen des Abschlusses mit der Kriegsära war 1954 die Enthüllung einer Totengedenktafel für die Opfer des Zweiten Weltkriegs beim Treffen der Abiturienten des Jahrganges 1934.

Als am 25. September 1954 die Jahrgänge 1899 und 1900 mit dem ehemaligen Melanchthonianer, dem evangelischen Landesbischof Hans Meiser, zusammentrafen, um das 100jährige Jubiläum der Kastalia am 23. Oktober 1954 zu begehen, begann die Feier mit der Übergabe und der Enthüllung der den Opfern des Zweiten Weltkrieges gewidmeten und von der Kastalia gestifteten Ehrentafel. Der Vorstand des Altherrenverbandes der Kastalia, Herr Eberle, und der Anstaltsvorstand sprachen vor der Tafel. Beim Festakt in der Aula sprach OStR a. D. Dr. Mezger[172], dessen Sohn Hans 1944 gefallen war. Man hatte sich gegen die Auflistung der einzelnen Namen der Verstorbenen entschieden und pars pro toto eine kleine Inschrift an die bestehende Tafel des Ersten Weltkrieges angehängt.

Ausgespart blieben in dieser Ehrung die jüdischen Schüler, die ihr Leben im Holocaust lassen mussten. Diese Ehrung fand erst am 19. April 2010 in Form der Kunstobjekte der Schülerinnen und Schüler zum Thema „Vergessen–Erinnern?" statt.

Abb. 118: Ehrentafel für die Gefallenen des Alten Gymnasiums während des Ersten Weltkriegs (Foto von 1936)

Abb. 119: Aufnahme von 2011 mit der Zusatztafel der Gefallenen des Zweiten Weltkriegs

EHRENTAFEL

der im Kriege 1939-1945 gefallenen Lehrer, Absolventen u. Schüler des Melanchthon-Gymnasiums der Jahrgänge 1939-1945.

Lehrer:

StR, Hans Mahr A
StR. Dr. Dankfried Schenk A
StR. Josef Schmid M

Absolventen:

1939:
Albert Betz
Ludwig Glockner
Herbert Keßler
Hans Ziegler
Jürgen Afheldt
Eberhard Graf Armannsperg
Helmut Hirsch
Erhard Reinhold
Eduard Schäfer
Helmut Schmidt
Walter Grießhammer

1940:
Walter Döring
Hans Frühwald
Helmut Berg
Alfred Übelacker
Helmut Rupprecht
Erwin Bäsler
Erhard Heinlein
Hanns Kost
Wilhelm Müller
Rudolf Schander
Heinz Wölffel
Karl Zellfelder
Franz Beducker

1941:
Walter Klingler
Karl Kochendörffer
Hermenegild Mangold
Wolfgang Raab
Sepp Streng
Theodor Robert Sueß
Rudolf Eger
Hugo Köhler
Georg Fink
Leo Ulm
Tobias Liebermann
Walter Thamerus
Robert Wehringer
Kurt Wieseler

1942:
Paul Bauer
Dieter Goeschen
Werner Kimmel
Gerhard Muth
Rudolf Haas

1943:
Walter Heubeck
Rüdiger Hagen
Ernst Theo. Hofmann
Helmut Körner
Ernst Kotze
Hermann Böhner
Klaus Merkl
Ottmar Scharrer
Albrecht Schardt
Wolfgang Schneider
Lothar Sundermann
Eberhard Wankel
Siegfried Behem
Georg Abend

1944:
Albrecht Dietel
Ludwig Dürnhöfer
Raimund Macher
Hans Mezger
Hermann Schick
Josef Schwendner
Theodor Wieseler
Bernd Willberg

1945:
Reinhold Dumrauf

Schüler:

Paul Bayer, 7. Kl.
Fritz Bosch, 6. Kl.
Franz Merkel, 6. Kl.
Kurt Raab, 6. Kl.
Nikolaus Rauch, 5. Kl.
Wilhelm Erhard, 6. K.

Abb. 120: Entwurf einer Ehrentafel, die die Namen der Opfer des Zweiten Weltkriegs erfasst.
Gegenüberliegend: Fotos des MGN 1936

Abb. 121: Die Installation „Bank" dokumentiert die brachiale Separation von jüdischen und „arischen" Schülern 1938 Farbbildteil Seite 158

4 Entnazifizierung der Lehrer nach 1945

Die geschilderte Indoktrinierung der Schulwelt zwischen 1933 und 1945 fand in persona durch die damals das Melanchthon-Gymnasium prägenden Lehrer statt. Insgesamt hatte das altsprachliche Gymnasium, wie unter 3.2 geschildert, einen schweren Stand innerhalb der NS-Schulpolitik, da der Erwerb antiken Wissens nicht nur als lebensfern, sondern als geradezu ideologiefern galt. Das vorsichtige Taktieren des Direktors Dr. Mezger samt seines Lehrkörpers, das zuweilen in vorauseilenden Gehorsam umschlug, mag mit dieser Angst um den Erhalt der eigenen Schulform zusammenhängen. Von einer ideologiefreien oder apolitischen Haltung des Humanistischen Gymnasiums während der nationalsozialistischen Herrschaft kann angesichts der gesammelten Belege nicht die Rede sein. Verlässlicher Gradmesser für die Durchsetzung mit NS-Gedankengut sind aber letztlich die Lehrer. Anhand der Biographien einiger Lehrer mag diese Durchdringung des Unterrichts exemplifiziert werden. Direktor Dr. Mezger scheint weitgehend Distanz zu den NS-Gremien gehalten zu haben, um die Schule nicht über das Maß zu ideologisieren.

4.1 Oberstudiendirektor Dr. Friedrich Mezger

Dr. Mezger war kein Parteigenosse und sah sich nach 1945 im offiziellen Meldebogen der Entnazifizierungsstelle in keiner Belastungsstufe angesiedelt. Er war zwar von 1936 bis 1945 offizielles Mitglied des nationalsozialistischen Lehrerbundes (NSLB) und von 1935 bis 1945 Mitglied der Nationalsozialistischen Volkswohlfahrt (NSV) sowie von 1933 bis 1945 des Reichsluftschutzbundes, im Verein für das Deutschtum im Ausland (VDA) von 1925 bis 1945 und des Reichskolonialbundes von 1938 bis 1945, hatte aber keine offiziellen Ämter in diesen NS-Unterorganisationen inne. Die Mitgliedschaft bei der SA-Reserve II war für Dr. Mezger nicht mit der Mitgliedschaft einer NS-Organisation gleichzusetzen, da die SA-Reserve II keine SA-Uniformen trug und keinen militärischen Dienst tat, sondern lediglich Appelle in einem Gasthaus abhielt. Seine Scharführung beschränkte sich auf das Einsammeln der Beiträge, nämlich 15 RM

Abb. 122: Direktor Dr. phil. Friedrich Emil Mezger nebst seiner Unterschrift auf offiziell gestempeltem Papier der Schule nach 1933

pro Person im Monat. Seine Mitgliedschaft im Kyffhäuser-Bund hatte er frühzeitig aufgelöst. Unter solch geringer offizieller Beteiligung am sogenannten „Tausendjährigen Reich" war gegen ihn kein Verfahren angestrengt worden, sodass der 1936 berufene und am 1. Januar 1937 als Direktor vereidigte Altphilologe am 28. Januar 1946 seine Tätigkeit als Direktor des Melanchthon-Gymnasiums auf Befehl der Militärregierung Nürnberg wieder aufnehmen und bis zur Pensionierung 1952 weiterführen konnte.[173]

4.2 Naturkunde bzw. Rassenkunde bei Franz Bauer

Die erhaltenen Schülerurteile über Franz Bauer zeichnen das Bild eines Hardliners oder gar, wie Claude Frank 1984 schreibt, eines „gefährlichen" Befürworters des Systems. Von Karl Buck, der 1933 am Melanchthon-Gymnasium eingeschult wurde, wird Franz Bauer als SA-Oberscharführer und Zyniker beschrieben. „Er soll als einer der Ersten die Gebete durch Freiübungen ersetzt haben", erinnert sich der damals Zehnjährige. Bauers Unterlagen im Hauptstaatsarchiv München[174] enthalten seinen handgeschriebenen Lebenslauf, seine Lehrtätigkeit von 1911 bis zur Pensionierung am 1. August 1951 sowie die einzelnen Schritte der Entnazifizierung nach 1945.

Der am 16. April 1886 als Sohn von „Caffetiereseheleute[n]" in Würzburg geborene Franz Bauer, absolvierte dort das Humanistische Gymnasium und studierte an der Universität Würzburg vier Jahre Naturwissenschaften, bevor er 1909 in München das Lehramtsexamen für beschreibende Naturwissenschaften und Chemie ablegte. Ab November 1911 lehrte er an der Soff'schen Vorbereitungsanstalt in Braunschweig als Lehrer für Biologie, Chemie, Physik und Mathematik. Im Ersten Weltkrieg war er vom 8. August 1914 bis 30. Januar 1919 Soldat und trug zahlreiche Verletzungen davon, wobei ein Lungenstecksplitter von 7 cm zu Lungenbluten führte. Nach dem Krieg kam er am 1. September 1919 als Gymnasiallehrer [Studienrat] an das Alte Gymnasium in Nürnberg, dem er bis zu seiner Entlassung durch die amerikanische Militärregierung angehörte. „Unterricht habe ich zumeist nur am Melanchthongymnasium Nürnberg erteilt, aushilfsweise vorübergehend auch am Realgymnasium Nürnberg und während des Krieges in den verschiedenen Flakstellungen um Nürnberg. 1928 bekam ich

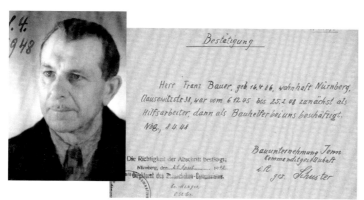

Abb. 123: Passbild im Personalakt des Naturkundelehrers Franz Bauer und seine dreijährige Degradierung zum Bauhelfer im Zuge der Entnazifizierung

Titel und Rang eines Studienprofessors, [am 1. September] 1932 wurde ich etatsmäßiger Studienprofessor. Am 12.4.1945 wurde ich zum Volkssturm in die Armee eingezogen, wo mir die Führung einer Kompagnie übertragen wurde. Ich geriet dann am 20.4.1945 in amerikanische Kriegsgefangenschaft, aus der ich am 17.9.1945 entlassen wurde. Nach meiner Entlassung nötigte mich das Arbeitsamt Nürnberg zur Arbeit als Bauhilfsarbeiter, obwohl die amerikanische Militärregierung meine [Zurücksetzung] noch nicht verfügt hatte. Diese wurde am 12.3.1946 ausgesprochen. Vom 6.12.1945 war ich mit geringfügiger Unterbrechung infolge Erkrankungen bis 25.2.1948 als Bauhilfsarbeiter bzw. Bauhelfer tätig, obwohl ich 50% kriegsbeschädigt bin."[175]

Dieser Lebenslauf wird deshalb in aller Ausführlichkeit zitiert, um auf die Lücken hinzuweisen. Der bewusste Zeitraum zwischen 1933 und 1945 wird lediglich hinsichtlich des Volkssturms erwähnt. Seine Teilnahme am NS-Regime ist durch die Zugehörigkeit zur NSDAP seit 1. Mai 1937, zur SA-Reserve als Hauptsturmführer seit 1. Februar 1934, sowie seiner Mitgliedschaft beim N.S.V. seit 1. Juni 1935, beim Nationalsozialistischen Lehrerbund (NSLB) seit 1. Dezember 1935, beim Reichsluftschutzbund seit 1940, beim Verein für das Deutschtum im Ausland (VDA) seit 1935, der Kriegsgräberfürsorge seit 1935 und dem Stahlhelm vom 4. November 1933 bis 1. Februar 1934 klar belegt. All dies bleibt aber im Lebenslauf vollkommen unerwähnt.[176] Vom Lehrerengagement hinsichtlich der offiziösen Doktrin ist nichts erwähnt. Die Schüler merkten aber selbst in den unteren Klassen sehr schnell, welche Gesinnung ihre Lehrer hatten, und erkannten v.a. bei Bauer und Daut den militanten Geist der Blut- und Bodenmentalität. Ferdinand Klaever bestätigt in einem Interview vom 11. Oktober 2011, dass „Dr. Bauer, der Biologielehrer […] der Einzige war, der, neben dem Professor Daut, in SA-Uniform Unterricht gehalten hat."[177] Volkmar Schardt bemerkt, dass „Franz Bauer […] mit dem Fach Bio die Last der damaligen Ausdeutung der Vererbungslehre" hatte, und sein Klassenkamerad Otto Hornstein fügt hinzu, dass man merkte, dass „er sehr ängstlich war und den Lehrplan einhalten wollte. Was er uns damals gelehrt hat, das kann ich als Arzt heute sagen, das war so hanebüchen. So was an Dummheit, was uns da verzapft wurde!"[178] Aufgrund all dieser Indizien und Mitgliedschaften wurde Bauer am 26. März 1946 von der amerikanischen Militärregierung durch Amtsdirektor Raab seines Amtes enthoben: „Die Alliierte Militärregierung Nürnberg hat am 12. März 1946 Ihre sofortige Entlassung von der von Ihnen innegehabten Stellung und die Beendigung Ihres mittelbaren und unmittelbaren Einflusses und Ihrer weiteren Bestätigung angeordnet. Sie dürfen in der Stellung, aus der Sie entfernt wurden, nicht wieder verwendet werden; auch dürfen Sie nicht in einer anderen staatlichen oder behördlichen Stellung ohne Genehmigung der Militärregierung beschäftigt werden."[179]

Zwei Jahre nach seiner Degradierung zum Bauarbeiter, als in der allgemeinen Politik eine Schlussstrichmentalität unverkennbar war, um die Westanbindung und den Wiederaufbau nicht durch innergesellschaftliche Grabenkämpfe zu gefährden, betrieb Bauer seine Wiedereinstellung als Lehrer am Melanchthon-Gymnasium Nürnberg. Seine handschriftliche Begründung der Wiedereinstellung vom 25. Februar 1948 wiederholte den Lebenslauf und endete mit der Zusicherung, dass er trotz Lungenstecksplitter nur wenige „Tage [hatte], an denen [er] während [s]einer Lehrtätigkeit 1919 bis 1945 den Unterricht nicht erteilen konnte. […] Ich bin nur ferngeblieben, wenn Blutungen eintraten. Ich glaube sicher allein aus dem Opfer heraus, das ich für den Staat gebracht habe, einen moralischen Anspruch auf Wiederverwendung zu haben. Im Arbeitseinsatz als Bauhilfsarbeiter bin ich seit 6. Dezember 1945 bis zur jetzigen Zeit. Ich erkläre, daß ich den festen Willen habe, meine ganze Kraft zur Förderung der Jugend einzusetzen, und bitte daher, unter Zubilligung meiner alten Rechte mich wieder als Studienprofessor zu verwenden. Als besonderen Wunsch trage ich meinen Einsatz in Nürnberg vor, da ich hier ein Haus besitze, zwei meiner Kinder höhere Schulen besuchen (einer 7. Klasse des Gymnasiums) und eine längere Trennung von meiner Familie meine Leistungsfähigkeit im Hinblick auf meine Kriegsverletzung herabsetzen würde."[180] Nach Art. 3 der Vo.Nr.113 v. 29. Januar 1947 erhält er am 24. Februar 1948 von Oberstudiendirektor Dr. Mezger die sachliche und pädagogische Qualifikation bei der Entwicklung und Förderung der Demokratie zugesprochen. „Der vorm. Studienprofessor (C) Franz Bauer erfüllt die sachlichen Vorausetzungen für die Begründung eines neuen Dienstverhältnisses, da er die für einen Lehrer seiner Fächer an höheren Schulen vorgeschriebene Ausbildung genossen und die Lehramtsprüfung bestanden hat, ferner da er die persönliche Eignung für sein Amt in vollem Maße besitzt. Seine Persönlichkeit bietet die Gewähr dafür, dass er am Ausbau und an der Sicherung neuer Grundlagen eines demokratischen Staatslebens positiv mitwirken wird. Auch besitzt er die politischen, liberalen und moralischen Eigenschaften, die erwarten lassen, dass er als Lehrer und Erzieher der Jugend zur Entwicklung und Förderung der Demokratie in Deutschland beitragen wird."[181]

Trotz dieser Verflechtung mit der nationalsozialistischen Ideologie, die im Falle Bauers besonders durch die zu unterrichtende Rassenkunde entstand, erfolgte nach der Degradierung zum Bauhelfer am 15. Mai 1948 die Wiedererteilung der Lehrbefähigung. Dieser Brief scheint aber nicht fristgemäß bei Bauer angelangt oder aber nicht postwendend an ihn weitergeleitet worden zu sein, da Dr. Mezger Bauers Stelle mittlerweile an Dr. Kalb vergeben hatte, denn am 10. Juni 1948 schreibt Bauer einen geharnischten Brief an das Bayerische Staatsministerium für Unterricht und Kultur und reicht seine Pensionierung ein. „Durch Spruchkammerentscheid der Spruchkammer I Stadtkreis Nürnberg Military office 2 Akt[en]z[eichen] I 1891/TS 21134 LI 4/5 vom 29. Januar 1948 wurde ich in die Gruppe der Mitläufer eingereiht. Durch Mitteilung der amerikanischen Militärregierung Nürnberg vom 6. Februar 1948 wurde ich verständigt, daß die Beschäftigungsbeschränkung gegen mich aufgehoben sei. Durch Zuschrift des öffentlichen Klägers der Spruchkammer I Nürnberg Military off[ice] 2 vom 19.2.48 wurde ich vom Gesetz zur Bef[reiung] von N[ationalsozialismus] u[nd] M[ilitarismus] vom 5. März 1946 als nicht betroffen erklärt (Weihnachtsamnestie). Daraufhin habe ich noch im Februar ein Gesuch um Weiterverwendung im Dienst an das Ministerium gerichtet. Nachdem seit Einreichung meines Gesuchs über ein Vierteljahr vergangen ist, ohne daß ich irgendeine Mitteilung des Ministeriums erhielt, muß ich zu dem Schluß kommen, daß das Ministerium nicht gewillt ist, mich wieder in meine alten Rechte einzusetzen. Ich stelle daher den Antrag auf Pensionierung unter Aufrechterhaltung meiner Ansprüche, die sich aus meinem früheren Beamtenverhältnis ergeben. Ich finde es besonders drückend, dazu genötigt zu werden, weil ich 4 Kinder zu versorgen habe, von denen einer die Hochschule und zwei die Mittelschule besuchen und deren Schul- und Unterhaltungskosten wesentlich mehr ausmachen als der Lohn eines Bauhilfsarbeiters beträgt. Als hart und ungerecht empfinde ich das Verhalten des Ministeriums, weil ich als Volkssturmmann in amerikanischer Gefangenschaft schwer mitgenommen wurde [und] weil ich obwohl 50% kriegsgeschädigt (7 cm langer [und] 10 cm dicker Lungenstecksplitter) damals 2 Jahre 2 Monate als Bauhilfsarbeiter aushielt [und] weil auf eine anonyme Anzeige die Spruchkammer Nürnberg die Durchführung des Spruchkammerverfahrens zurückstellte, so daß die Behandlung meines Falls sehr spät erfolgte, so daß ich anderen Amtsgenossen gegenüber bei der Bewerbung um Wiedereinstellung ins Hintertreffen kam. Ich hoffe, dass das Ministerium bei der Erledigung meines Antrags mich nicht weiter unnötigerwei[s]e warten lässt." Dieses vorschnelle Pensionierungsgesuch musste er zurücknehmen, nachdem die Wiedereinstellung vom 15. Mai 1948 publik wurde. Am 15. Juni schrieb Bauer an das Bayerische Kultusministerium, um v.a. die Dienstverletzung seines alt-neuen Vorgesetzten heftig anzuprangern.

„Die in meinem Pensionierungsantrag vom 10. Juni 1948 gegen das Ministerium erhobenen Beschuldigungen ziehe ich mit dem Ausdruck des Bedauerns als unberechtigt zurück, da sich herausgestellt hat, daß das Ministerium bereits am 15. Mai 1948 durch Verfügung Nr. VIII 25499 meine Wiederverwendung angeordnet hat. Ich erkläre, daß von dieser Verfügung, die am 2. Juni 1948 beim Melanchthon-Gymnasium als eingegangen vermerkt ist, mich der Anstaltsleiter weder schriftlich noch mündlich verständigt hat, obwohl eine leichte Möglichkeit dazu bestand, da einer meiner Söhne die 7. Klasse des Melanchthon-Gymnasiums besucht. Vor einigen Tagen sprach meine Frau, die meine seelische Zermürbung mit Besorgnis erfüllte, ohne einen Auftrag von mir zu haben, beim Direktor des Melanchthongymnasium vor, um sich zu erkundigen, warum sich in der Angelegenheit meiner Wiedereinstellung gar nichts rühre und erhielt den Bescheid, daß das Ministerium meine Wiederverwendung genehmigt habe, daß aber keine Stelle frei sei, ich solle bei den Nürnberger Anstalten während der Ferien nachfragen. Herr Oberstudiendirektor Dr. Mezger hat also von einer mich betreffenden Verfügung des Ministeriums mich nicht unterrichtet und damit gegen seine Pflicht verstoßen. Er hat mir die Ausübung der mir zugesprochenen Beschäftigung unmöglich gemacht und damit mich um meine Einkünfte gebracht; eine Handlungsweise, die für mich gerade zur Zeit der Währungsumstellung besonders nachteilig war. Er hat durch sein Verhalten mich seelisch sehr stark geschädigt."[182] In dieser, von Vorwürfen geprägten und damit sicherlich nicht ganz ungiftigen Atmosphäre unterrichtete Bauer noch bis zur Pensionierung am 1. August 1951 am Melanchthon-Gymnasium und soll als erstes Beispiel der Rehabilitierung eines NS-Lehrers in die demokratisierte Bundesrepublik gelten. Es bleibt festzuhalten, dass Bauer an keiner Stelle sein NS-Engagement, seine Mitgliedschaft in menschenverachtenden Strukturen oder gar sein militärisches Tun in Frage stellte, sondern lediglich larmoyant um die Wiederherstellung seiner materiellen Basis als Beamter im

Schuldienst anfragte. Ansätze zur Widerlegung der Rassenlehre, die er als SA-Mann unterrichtet hatte, fehlen vollständig.

4.3 Altphilologe Dr. Friedrich Helmreich

Der Lehrer für alte Sprachen, Deutsch, Geschichte und Erdkunde, Dr. Friedrich Helmreich, unterrichtete vom 1. April 1936 bis 30. April 1939 und somit bis zu seiner Beförderung und Versetzung an die Lateinschule Bergzabern am Melanchthon-Gymnasium und war v.a. als Schulluftschutzleiter tätig. In der zur Beförderung ausgestellten Dienstbeurteilung Dr. Helmreichs vom Juni 1939 heißt es, dass „Dr. Helmreich, Mitglied der NSDAP, fest auf dem Boden der nationalsozialistischen Weltanschauung [steht], für die er stets mit Eifer und Überzeugung eintritt. Für den nationalsozialistischen Staat setzt er sich jederzeit ein, bei seiner Erziehertätigkeit wie außerhalb der Schule. Sein Unterricht trägt ein entschieden nationalsozialistisches Gepräge und in der ihm eigenen Begeisterungsfähigkeit weiß er auch die Jugend zur Begeisterung für nationalsozialistisches Gedankengut zu entflammen. Dabei fördert er, weit über sein Pflichtstundenmaß hinausgehend, besonders die staatspolitisch wichtigen Seiten der Erziehertätigkeit, stellt sich für zusätzliche Pflege der Leibesübungen, für Brand- und Luftschutzausbildung, für Wanderfahrten, Lager zur Verfügung, entfaltet auch auf diesen Gebieten ein ungewöhnliches Maß von Organisationskraft und zeigt entschieden die Gabe der Jugendbeeinflussung und der Jugendführung im nationalsozialistischen Geiste. Für solche Zwecke bringt er auch manches Geldopfer. Für sein Lehrfach (alte Sprachen, Deutsch, Geschichte, Erdkunde) besitzt er gediegene und vielseitige Kenntnisse, so daß er auf allen Stufen verwendbar ist und als erfolgreicher Lehrer wirkt. Dazu trägt auch seine tadellose, ernste Dienstauffassung bei, die ihn zu voller Hingabe an seinen Beruf und zum Einsatz aller seiner Kräfte befähigt. Diese Eigenschaften und seine große Gewandtheit in geschäftlichen und organisatorischen Dingen machen ihn zu einem vorzüglichen Erzieher und Anstaltsleiter."[183] Die hier beschriebene nationalsozialistische Prägung seiner Lehrtätigkeit hat seine Beförderung scheinbar begünstigt, denn im Jahresbericht vom 5. Mai 1940 Nr. 196 über das Schuljahr 1939/40 wurde „mit Wirkung vom 1. Mai 1940" der Studienrat Dr. Fritz Helmreich als Leiter an die Lateinschule Bergzabern berufen. Für die dortige Anstellung musste Helmreich nochmals seine arische Herkunft niederlegen, denn er versichert, dass er die Bewerbungsunterlagen nach „besten Wissen und Gewissen" gemacht hat und ihm „keine Umstände bekannt sind, welche die Annahme rechtfertigen könnten, daß [er] von jüdischen Eltern oder Großeltern abstamme."[184]

Es ist frappierend, mit welch rhetorischer Retoure diese vormals streng parteilichen Charaktereigenschaften nach dem Krieg in unparteilichen Altruismus umcodiert wurden. Helmreich brachte nach dem Krieg vielzählige Dokumente aus dem kirchlichen Umfeld herbei, um genau diese NS-Verbundenheit zu widerlegen. Vor der Einreichung der entlastenden Dokumente und seines Lebenslaufs samt Persilscheinen beschrieb Dr. Fritz Helmreich am 5. Juli 1946 aus Neudrossenfeld dem Ministerium seine gegenwärtige Lage. Er habe zwar keine Dienstenthebung durch die Militärregierung erhalten, wurde aber durch eine Entschließung des Staatsministeriums für Unterricht des Dienstes enthoben. Er sei seit 1. Juli 1945 ohne Gehalt, was einer Gesamtnettoeinbuße bis 30. April 1946 von 4780 RM entspreche. Unverheiratet lebe er seit seiner Internierung vom 2. Juni 1945 bis zum 15. Juni 1946 bei seiner Schwester, die Pfarrer Körber geheiratet hatte, und ging diesem zur Hand.

Ein erstes ausführliches Charakterzeugnis als selbstloser Zwangsmitläufer wird ihm von seinem vormaligen Direktor, Dr. Mezger, am 16. Juni 1946 ausgestellt. „Herrn Oberstudienrat Dr. Fritz Helmreich kenne ich seit Anfang 1937. Er wirkte damals als Studienrat am Melanchthongymnasium Nürnberg und wurde im Frühjahr 1939 als Studiendirektor an eine auswärtige Oberschule berufen. Dr. Helmreich ist ein sehr feingebildeter und kenntnisreicher Philologe, aber auch ein gewandter Praktiker des Schullebens. Einzigartig ist die tiefe, leidenschaftliche Hingabe an seinen Erzieherberuf, seine Liebe und seine aufopfernde Fürsorge für den jungen Menschen. Sie trieb ihn zu Bemühungen und Leistungen in und außerhalb des Unterrichts, die weit über das Pflichtmäßige hinausgingen und durch ein außergewöhnliches Verständnis für die seelische Eigenart der Knaben wie der Jugendlichen und durch eine staunenswerte Vielseitigkeit auf allen Gebieten der Erziehung, der körperlichen wie der geistig-sittlichen bedingt waren. Die von ihm geprägten Klassengemeinschaften wurden zu Lebensgemeinschaften mit den Schülern, die es ihm auch durch eine Anhänglichkeit und Verehrung dankten, wie sie selten einem Erzieher zuteilwird. Der Dienst an der Jugend, nicht die Förderung von Parteizielen blieb das Ideal Dr. Helmreichs. Erst im Jahre 1937 und zwar, soviel ich weiß, wegen seiner Tätigkeit im Reichsluftschutzbund ist er zur Partei gestoßen. Sein Wirken im RLB galt übrigens auch in erster Linie dem Schutze der Schulen und ihrer Jugend. Von der Tätigkeit für die NSDAP hat er sich entschieden ferngehalten; er hätte alleine schon die dazu nötige Zeit nicht aufgebracht und als Erzieher besaß er ein zu großes Verantwortungsbewusstsein, um Parteipolitik in den Unterricht zu tragen; bei der Behandlung, der Beurteilung und der Förderung der Schüler in und außerhalb der Schule kannte er nur vorurteilslose Unparteilichkeit. Besonders anerkennenswert war es, daß er auch in den Zeiten des dritten Reichs ein Liebenswerk der evangelischen Kirche mit selbstloser Hingabe und größtem Eifer unterstützt hat. Er besorgte lange Zeit ohne Hilfe die Geschäfte des Melanchthonbundes, einer Vereinigung zur Förderung evangelischer Studienanstalten und zur Unterstützung evangelischer Schüler und Hochschüler."[185]

Diese mehr als euphemistische Darstellung der NS-Tätigkeiten Dr. Helmreichs, die im starken Widerspruch zu seiner Dienstbeurteilung von 1939 steht, ging geflissentlich über die ordentliche Mitgliedschaft bei der NSDAP seit 1. Mai 1937, über die Mitgliedschaft im Nationalsozialistischen Lehrerbund (NSLB) und der NSFK hinweg. Während seiner Tätigkeit in Nürnberg war er beim Reichsluftschutzbund Obertruppenmeister und zuletzt Leiter der Luftschutz-Hauptschule Nürnberg II und ist als solcher auch von schulischen Pflichten entbunden worden. Erhalten ist ein Einsatzbefehl der Landesleitung des Reichsluftschutzbund vom 15. März 1939, der Helmreich im „Sudetengau bei einer Aufklärungsveranstaltung" verpflichtet. Direktor Dr. Mezger bat das Ministerium darum, die Abwesenheit Helmreichs vom 6. bis 15. März 1939 genehmigen zu wollen, und versicherte, dass er die „Arbeit seiner Klasse so eingeteilt hat, daß seine Anwesenheit in dem genannten Zeitraum einigermaßen entbehrlich erscheint."[186]

Mehrfach belegt wird allerdings seine Treue zum evangelischen Glauben. Das evangelisch-lutherische Pfarramt St. Lorenz in Nürnberg bestätigt am 4. November 1946, dass Oberstudiendirektor Dr. Helmreich, „geboren am 2. April 1902 während der Zeit seines Schuldienstes am Melanchthongymnasium in Nürnberg von 1930 bis 1939, also in der Zeiten der härtesten Bedrückung und des Kampfes der NSDAP gegen die Kirche, unbeirrt und regelmäßig die Gottesdienste und Abendmahlsfeiern der Kirchengemeinde St. Lorenz besucht hat. Er ist darinnen einer jahrzehntealten Tradition seiner Familie treu geblieben."[187] Helmreich versuchte mit diesen sogenannten Unbedenklichkeitsbescheinigungen, vulgo „Persilscheinen", seine Wiedereinstellung voranzutreiben und beschreibt dem Ministerium seinen Lebenslauf, seine Verdienste und seine selbst so empfundene Buße: „Geboren am 2.4.1902 in Nürnberg als Sohn des späteren Oberpostinspektors Hans Helmreich und seiner Ehefrau Sofie, geb. Schuler, besuchte ich dort die Volksschule und sodann das Gymnasium, das ich 1921 absolvierte. Hierauf studierte ich in Erlangen und München klassische Philologie und promovierte am 17.11.1924 zum Dr. phil. Die beiden Staatsprüfungen für das Höhere Lehramt in Bayern legte ich in den Jahren 1925 und 1926 ab und erzielte in beiden Prüfungen die beste Note des Jahrgangs. Seit 1926 war ich ununterbrochen im Staatsdienst verwendet; als Sohn einer alten Beamtenfamilie blieb ich auch da, als die Entlohnung in den Notjahren sehr gering wurde und ich von privater Seite weit lockendere Angebote erhielt. 1930 wurde ich außerordentlicher Beamter und am 1.4.1936 endlich nach reichlicher Verspätung Studienrat." Ich „wurde am 1.9.1939 zum Studiendirektor berufen. Diese Beförderung erfolgte nur wegen meiner Benotung und Beurteilung. In der Partei hatte ich mich bis dahin überhaupt noch nicht betätigt. Der Weg hatte mich, weil ich unverheiratet geblieben war, über gar viele Schulen Bayerns geführt." Helmreich begann als Studienassessor des Melanchthon-Gymnasiums im Schuljahr 1932/33, wurde dann vom 1. August 1933 bis 31. März 1936 als nicht etatsmäßiger Studienassessor geführt und vom 1. April 1936 bis 30. April 1939 als Studienrat. „Im Mai 1939 erhielt ich die Leitung des Gymnasiums Bergzabern/Pfalz. […] Im Mai 1941 wurde ich in gleicher Diensteigenschaft nach Neustadt/Aisch versetzt. Hier war ich bis Kriegsende tätig. Am 13. Februar 1946 wurde ich des Dienstes enthoben." Helmreich setzte sich wesentlich intensiver als Bauer mit seinem Eintritt in die Partei und seiner Tätigkeit dort auseinander, wenn er die väterliche Abneigung gegenüber Parteien als eigene Lebensmaxime anführt. „Auch ich hatte nie einer Partei angehört. So wollte ich auch der NSDAP nicht beitreten und weigerte mich noch nach 1933 beharrlich, irgendeinen Schritt zu tun. Ich wurde daher, trotzdem ich die beste Staatsprüfung meines Jahrgangs aufzuweisen hatte, erheblich später angestellt. [...] Erst als die Ausdehnung der Regierung gesichert schien, wie sie sich durch die Anerkennung durch fremde Diplomaten und bei den Olympischen Spielen zeigte, überwand ich meine inneren Widerstände. Dazu hatte man mir bei einer Vorsprache im Kultusministerium 1936 geraten. Genau denselben Rat gab mir mein Vater, der auf Grund seiner eigenen schlimmen Erfahrungen mir ein elendes Schicksal der Zurücksetzung ersparen wollte. Ich ließ mich damals wie viele täuschen und glaubte, daß nach Überwindung der Revolution die Partei allmählich in geordnete Bahnen zurückfinden würde. [...] Seit 1934 hatte ich mich schon beim Luftschutz betätigt und Vorträge über erste Hilfe gegeben, um weitergehenden Forderungen nach Mitarbeit auszuweichen. Ich verlangte bei meiner Aufnahme, dass mir zugesichert würde, kein Amt bei der Partei bekleiden zu müssen. Dies geschah und das Versprechen wurde auch bis Anfang September 1944 gehalten. So habe ich in diesen mehr als 7 Jahren nicht das geringste Parteiamt innegehabt."[188]

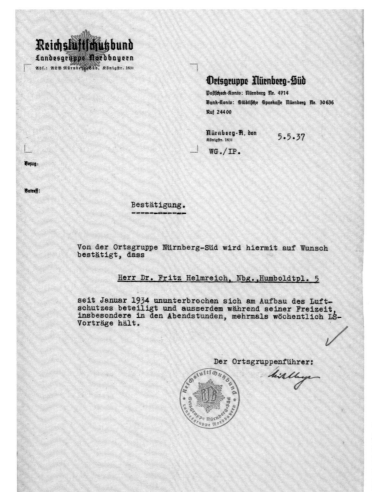

Abb. 124: Bestätigung der Reichsluftschutztätigkeit von Helmreich durch die Ortsgruppe Nürnberg-Süd 1937

Helmreich berief sich hinsichtlich seiner Teilnahme am Verein für das Deutschtum im Ausland (VDA) auf einen Befehlsnotstand. Er habe lediglich den zur Wehrmacht einberufenen Lehrer ersetzt und auf den nächsten Parteigenossen gewartet, der die Schreibarbeit übernehmen sollte. Besonderes Gewicht für seine parteiferne Einstellung sollte seine Kirchentreue erhalten. „Wie meine beiden Eltern gehörte ich von Jugend an der Evang. Luth. Kirche an. Gerade die von ihr gelehrte persönliche Freiheit, die mir stets das höchste Gut der Reformation erschien, sollte nun in dem Kirchenkampf, der seit 1935 besonders heftig einsetzte, gefährdet werden. Daß ich mich weigerte, aus der Kirche auszutreten war für mich selbstverständlich," schrieb Helmreich in der Verteidigungsschrift zur Wiedereinstellung als Lehrkraft an die Militärbehörde.[189]

In diesem Sinne war er Mitglied der Bekenntnisfront in der Gemeinde Nürnberg-Lichtenhof und seit 1928 Mitglied des Landesvorstandes des Melanchthonbundes und als solcher beim Amtsgericht Nürnberg im Vereinsregister eingetragen. „Der

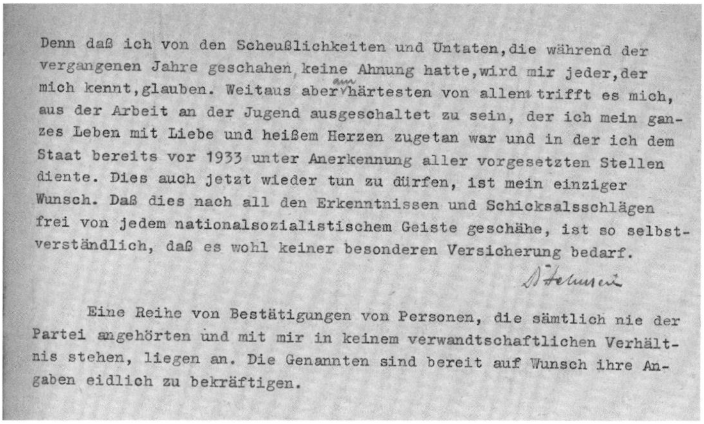

Abb. 125: Ankündigung verschiedener Persilscheine im Wiederanstellungsgesuch von Dr. Helmreich 1945

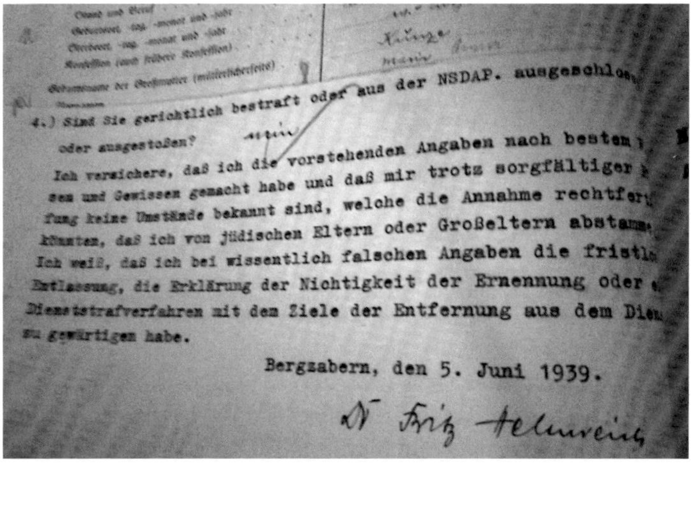

Abb. 126: Dr. Helmreichs Versicherung, nicht von jüdischen Eltern oder Großeltern abzustammen, die für die Bewerbung nach Bergzabern notwendig war, von 1939

Melanchthonbund ist als kirchliches Hilfswerk in die Kirche eingegliedert und sieht seine Aufgabe darin, evang. Schüler und Studierende zu unterstützen, evangelische Schüler zu betreuen und für Kirchen- und Staatsdienst einen betont evangelischen Beamtennachwuchs zu sichern. Ich führte als Schriftführer die Geschäfte des Landesvorstandes ehrenamtlich jahrelang fast allein."[190]

Auch sein Verhältnis zu Juden schildert er, ob der genossenen Wohltaten als Hauslehrer im Hause Leopold Cohns in Nürnberg, als harmonisch und gut. „Nie habe ich mich an einer Verfolgung oder Hetze gegen die Juden beteiligt. Es war wohl kein Zufall, daß gerade im Frühjahr 1933 mir der damalige Direktor des Realgymnasiums Nürnberg die Klasse als Klassleiter anvertraute, die mehr als die Hälfte jüdische Schüler zählte, und daß es dabei nicht die geringste Reibung gab. Auch am Melanchthongymnasium Nürnberg führte ich in den folgenden Jahren die Klassen, die jüdische Schüler enthielten, und hatte die 3 letzten jüdischen Schüler solange, als sie überhaupt eine deutsche Schule besuchen durften. Bei ihrem Scheiden sprachen mir alle drei Eltern persönlich ihren Dank und ihr Entgegenkommen aus, das ich ihnen bis zum letzten Tage gehalten habe."[191]

In seiner Position beim Volkssturm in Neustadt a.d.A. berief er sich auf seine Besonnenheit und seinen Einfluss auf die Wehrmachtssoldaten hinsichtlich einer baldigen Kapitulation. Den Kommandanten der „Wehrmacht von Neustadt, der zufällig ein früherer Schüler von mir war, bat ich wiederholt dringend, doch den Widerstand aufzugeben und der Stadt so weiteren Schaden zu ersparen. Ebenso versuchte ich ihn zu überreden das Sprengen der Brücken zu unterlassen. Er zeigte sich dazu auch geneigt, erklärte mir dann aber höherem Befehl gegenüber machtlos zu sein; nur den Aischsteg habe er retten können. Ich verließ auch Neustadt nicht, als sich die Front näher heran schob. Im Gegenteil ich half bei der Beseitigung der Sperren und ging beim Einmarsch den ersten amerikanischen Offizieren entgegen und führte sie durch die Stadt zum Bürgermeister, um eine möglichst rasche und reibungslose Übergabe der Stadt sicherzustellen."[192]

Insgesamt sieht Helmreich in diesem ausführlichen Schreiben seine Internierungshaft und Aussperrung vom Dienst samt Gehaltseinzug als ausreichende Sühneleistung für seine geringen Vergehen im NS-Reich an. „Eine Sühne, deren ich mich höchstens für meine Gutgläubigkeit und Vertrauensseligkeit schuldig fühlen könnte, die mich ein Opfer dieses größten Betruges werden ließen. Denn daß ich von den Scheußlichkeiten und Untaten, die während der vergangenen Jahre geschahen, keine Ahnung hatte, wird mir jeder, der mich kennt, glauben. Weitaus aber am härtesten von allem trifft es mich, aus der Arbeit der Jugend ausgeschaltet zu sein, der ich mein ganzes Leben mit Liebe und heißem Herzen zugetan war und in der ich dem Staat bereits vor 1933 unter Anerkennung aller vorgesetzten Stellen diente. Dies auch jetzt wieder tun zu dürfen, ist mein einziger Wunsch. Daß dies nach all den Erkenntnissen und Schicksalsschlägen frei von jedem nationalsozialistischem Geiste geschähe, ist so selbstverständlich, daß es wohl keiner besonderen Versicherung bedarf." Diesem Gesuch hängt er „eine Reihe von Bestätigungen von Personen, die sämtlich nie der Partei angehörten und mit mir in keinem verwandtschaftlichen Verhältnis stehen"[193], an. Nachdem diesem ersten Gesuch beschieden wurde, er solle zunächst das Entnazifizierungsverfahren in seinem Ausgang abwarten, wandte er sich nach dem rechtskräftigen Urteil vom 17. April 1947 erneut an die Unterrichtsbehörde. Helmreich wurde durch die Spruchkammer Kulmbach-Landkreis als Mitläufer eingereiht und musste 500 RM Strafe zahlen. Er wurde wieder in den Schuldienst genommen.

Der Fall wurde hier in dieser Ausführlichkeit zitiert, um auch Einblick in die innere Notlage der damaligen Zeit zu geben. Niemand konnte ohne Parteizugehörigkeit Karriere machen und doch fanden alle im Nachhinein genügend ethische Beweggründe, nicht dabei gewesen zu sein. Die Affinität zum Tausendjährigen Reich wurde standhaft und auch glaubhaft geleugnet. Ähnliche Strukturen finden sich auch bei den lediglich zur Abrundung des Lehrkörperbildes während der Jahre 1933 bis 1945 bei Turnlehrer Daut und dem aufgrund seiner griechischen Lehrwerke auch nachfolgenden Generationen noch gut bekannten Dr. Früchtel.

Abb. 127: ehemalige Turn- und Festhalle des Melanchthon-Gymnasiums im „festlichen" Dekor für Feierlichkeiten anlässlich des 25jährigen Schulbaus in der Sulzbacher Straße 32 im Jahr 1936

4.4 Turnlehrer Ludwig Daut

Abb. 128: Turnlehrer Ludwig Daut

Ludwig Daut war Turnlehrer, der nach mehreren Stellen bei Turnschulen, der Werkschule von MAN und staatlichen Institutionen vom 1. Mai 1934 bis 30. Juni 1945 und hiervon seit 1. Dezember 1940 als Studienprofessor am Melanchthon-Gymnasium Dienst tat. Da er allerdings vom 26. August 1939 bis 20. April 1945 ohne Unterbrechung Wehrdienst leistete, sind die letzten Jahre keine aktiven Jahre im Schulleben.

Sein Wirkungskreis war naturgemäß die Turnhalle, die nicht nur als Raum der körperlichen Ertüchtigung, sondern auch als Festraum hergenommen wurde. Die Fotos des Jahres 1936 zeigen eine hochpolitisierte Turnhallengestaltung. Den „künstlerisch geschaffenen Hoheitsadler für das Podium der Turnhalle"[194] hatte Hellmut Hirsch (Klasse 8b) auf Anregung von Studienprofessor Eschlwöch 1939 geschaffen.

Bei den Schülern war der Turnlehrer, der wie Bauer mit SA-Uniform unterrichtete, als parteitreu bekannt. Prof. Otto Hornstein erinnert sich im Juli 2011: „Der Daut war ein richtiger stämmiger Mann, der immer im Kommandoton befahl, aber technisch gut. Er hat uns nie ohne Hilfestellung am Reck turnen lassen für den Fall, dass einer kopfüber runterfällt. Er hat so Sprüche gehabt: Das Säule an die Säule. Mit Säule, da hat er uns gemeint. Solche Kalauer merkt man sich." Volkmar Schardt fügte hinzu: „Damals wurde am Anfang des Sportunterrichts marschieren geübt. Und der Daut war Reserveoffizier und nach dem Anschluss Österreichs gab es einen Parademarsch, da war er vor einer Abteilung mit gezogenem Säbel."[195] Dieser Einschätzung des Sportlehrers als militaristischen Leibeserzieher schloss sich Ferdinand Klaever an, der Daut in der ersten Klasse als Turnlehrer hatte und von dessen Gasalarm-Übung sprach."[196]

Daut schätzte sich selbst am 3. Mai 1946[197] als Mitläufer ein und bemerkt, dass er „keine unmoralische Handlung getan", sich „nicht bereichert" oder jemandem „Schaden zugefügt" habe. Er habe keine „Vorteile gehabt" und sei am 26. April 1937 „zwangsweise zum NSFK. Als Reserveoffizier der Fliegertruppe erhielt ich am 9.11.1937 den Rang eines ehrenamtl[ichen] Hauptsturmführers. Bei der Gleichschaltung erfolgte am 1.4.1938 mein Austritt, kurz vor meinem Ausschluss." Gleichzeitig war sich Daut seines martialischen Auftretens und seiner militärischen Schulpraxis wohl bewusst, denn im Berufungsgesuch kann „der Betroffene zwar nicht als ausgesprochener Militarist gewertet werden", wiewohl „die Ablegung seiner militärischen Übungen in den Jahren zwischen 1935 und 1938 die Beurteilung seiner Gesamthaltung beeinflussen" kann. Es solle aber beim Berufungsurteil in Erwägung gezogen werden, „daß der Betroffene [Daut] als ehemaliger Fliegeroffizier des ersten Weltkrieges verpflichtet war, aufgrund des Wehrgesetzes diese abzulegen." Er sei aber gerade kein Militarist gewesen, denn sonst hätten ihn seine Schüler kaum „Papa Daut" genannt. Es entspreche auch der antinazistischen Haltung des Betroffenen, wenn er am 9. April 1945 den Bürgermeister von Pettensiedel veranlasst habe, 28 amerikanische Kriegsgefangene zu verpflegen. Dauts Frau kochte dann für sie und bewirtete sie reichlich (Bestätigung des Stabssergeanten Henry Lang vom 9. April 1945). Das Amt des Schuljugendwalters habe er laut Erklärung des Oberstudiendirektors Dr. Mezger vom 12. Mai 1946 stets als Verwalter der Schule ausgeübt, vertrat deren Interessen und die ihrer Schüler, nicht die der Hitlerjugend, und hat keinerlei Versuche der Hitlerjugend unterstützt, in das Leben der Schule einzugreifen.

Daut berief sich während seiner Entnazifizierung vor der Spruchkammer auch auf ehemalige Schüler des Melanchthon-Gymnasiums. Zitiert wird Professor Dr. Konrad Bingold, dessen Sohn Claus als Halbjude vier Jahre Schüler bei Daut war. Der Vater bestätigt, „dass der Betroffene [Daut] mit größter Verachtung allen Auswüchsen des Hitler-Regimes entgegen getreten ist und daß er einer der sehr wenigen Lehrer war, mit denen sich [sein Sohn] rückhaltlos über alle Fragen und großen und kleinen Sorgen aussprechen konnte." Hier bleibt die berechtigte Frage, inwieweit ein Schülervater, der gewöhnlich außerhalb des Unterrichtsgeschehens steht, dies beurteilen konnte, es wird aber auch der Schüler selbst zitiert. Claus Bingold bekundete, „dass sich der Betroffene als sein Turnlehrer stets schützend vor ihn stellte und sich ihm auch in den späteren Jahren vor allem mit seinem Rat zur Seite stellte und ihn tröstete, wenn er durch Anfeindungen und schlechte Behandlung in Verzweiflung war." Der Schüler bestätigte Daut, dass dieser „alle Ungerechtigkeiten und Gemeinheiten, die sich aus den Verordnungen des Nazi-Regimes ergaben", ablehnte. Das Berufungsgesuch folgerte daraus, dass Daut nicht nur dem „Halbjuden Bingold", sondern auch anderen jüdischen Mischlingen „eine mehr als gerechte Behandlung" zukommen ließ und führte auch das Zeugnis des Schülervaters Hausinger auf, der bestätigt, „dass sein Sohn mit Wissen des Betroffenen bei der marianischen Studenten-Kongregation, einem illegalen Jugend-Verband war, und er trotzdem gegen ihn nichts unternahm."[198] Obwohl der Betroffene von Ende 1933 bis Ende 1934 Gefolgschaftsführer der Hitlerjugend war, wird seine Einstellung zu ihr dadurch charakterisiert, „dass er am Verhalten dieser Gliederung strengste Kritik übte, weshalb er auch des Öfteren mit der HJ-Führung Zusammenstöße hatte, die so weit gingen, daß er einen HJ-Führer bei einem Sportfest der höheren Lehranstalten Nürnbergs öffentlich ohrfeigte." So bezeugte es der Schüler Otto Götz eidesstattlich. Die kritische Einstellung Dauts gegen die HJ „führte schließlich auch dazu, daß über seine Veranlassung die HJ-Einheiten von der Benutzung der Anstalts-Turnhalle am Melanchthon-Gymnasium in Nürnberg wegen ihres undisziplinierten Verhaltens ausgeschlossen wurden, wie er überhaupt die falschen Erziehungsmethoden der Hitlerjugend geißelte."[199]

Daut schützte nach diesen zahlreich herbeigebrachten Aussagen nicht nur die (Halb-)Juden und Katholiken, sondern war als schlagkräftiger Gegner der NS-Erziehung auch noch ausländerfreundlich. „Daß der Betroffene ein Herz für Ausländer hatte, ergibt sich aus den eidesstattlichen Erklärungen des Schweizer Staatsangehörigen

Peter Schmid vom 4.8.1947 und des Ungarn Karoly Staudhammer vom 16.8.1947."[200] Peter Schmid konnte sich bei unserem Interview am 13. Dezember 2011 leider nicht mehr an seine Vertrauensaussage gegenüber dem martialischen Turnlehrer erinnern.

Es bleibt also zu konstatieren, dass Daut für seine Berufung rund zehn Persilscheine oder eidesstattliche Erklärungen in Gang gesetzt hat, die freilich in ihrer Aussagekräftigkeit unterschiedlich bewertet werden müssen. Eine Ohrfeige gegenüber einem „HJ-Lümmel" ist noch keine Systemkritik, eine Hilfestellung am Reck für einen Halbjuden noch kein Widerstandsakt, zumal der grundsätzlich militaristische Grundcharakter Dauts fortwährend entkräftet werden musste. Nach dem Grund seines Parteieintritts in die NSDAP am 1. Mai 1933 befragt, schob Daut am 18. Februar 1948 rein sozialpolitisches Engagement vor. „Meine Eltern hatten in Nürnberg eine Fabrik. Mein Vater wollte, daß ich diese Fabrik später übernehmen sollte. Ich mußte von frühester Jugend an neben meiner Schulzeit jede freie Minute in der Fabrik arbeiten, um sämtliche einschlägigen Handwerksarten kennen zu lernen (Schreinerei, Schlosserei, Flaschnerei, Kesselschmiede). In dieser harten Jugendzeit lernte ich im ständigen Umgang mit den Arbeitern meines Vaters die sozialen Nöte der Arbeiterschaft kennen. Als die Zahl der Arbeitslosen im Jahre 1933 auf 6 ½ Millionen gestiegen war, glaubte ich den Versprechungen der NSDAP, in kurzer Zeit die Arbeitslosigkeit und das damit verbundene Elend zu beseitigen. Der einzige Grund zu meinem Eintritt in die NSDAP war die Kenntnis der sozialen Nöte der Arbeiterschaft. Innerlich hatte ich nie irgendeine Verbindung mit der Partei, hatte in dieser, trotz häufiger Aufforderung, kein Amt. Ich bin als Parteimitglied niemals in Erscheinung getreten."[201]

Der Vorsitzende der Berufungskammer, Hain, stufte Daut letztlich als Mitläufer ein. „Was seine formale Belastung als Hauptsturmführer des NSFK anbelangt, so sei Folgendes herausgestellt: Der Betroffene war im Weltkrieg 1914/18 Leutnant der bayerischen Fliegertruppe. Als am Flugsport stets interessiert, trat er Ende 1933 dem Deutschen Luftsportverband bei. Dieser wurde dann im Juli 1937 zum NSFK erklärt. Nach erfolgter Umorganisation, die erst im November 1937 begann, trat der Betroffene wegen Zerwürfnisse[n] mit dem Standartenführer aus. Die Verleihung des Ranges eines Hauptsturmführers stand zweifellos im Zusammenhange mit seinem früheren Dienstgrad als Leutnant, denn laut eidesstattlicher Erklärung vom 23.9.1947 lebte der Betroffene nur seiner Fliegerei und hielt sich von jeglicher politischen Tätigkeit fern, abgesehen davon, daß ihm auch sein alsbaldiger Austritt aus dem NSFK nach geschlossener Überführung des DLV in dieses zugute kommt."[202] Der Vorsitzende der Berufungskammer, Dr. Hain, hält Daut also weder für einen „Aktivist[en], Militarist[en] oder Propagandist[en]. Die ursprünglich in diesem politischen Gutachten festgehaltenen politischen und menschlichen Schattenseiten des Betroffenen konnten dann später als nicht der Wahrheit entsprechend aufrechterhalten werden." Die Berufungskammer könne sich demnach „der Ansicht nicht verschließen, dass dem Betroffenen der Widerlegungs-Beweis in klarer und überzeugender Weise gelungen ist und zwar in der Richtung, daß er nur äußerlich ohne innere Bindung am Nationalsozialismus teilgenommen hat, daß er ihn nur unwesentlich unterstützt und sich auch nicht als Militarist erwiesen hat. Gründe, ihn wegen seiner individuellen Verantwortlichkeit und seiner tatsächlichen Gesamthaltung in die Gruppe der Minderbelasteten hinaufzustufen, bestehen nicht. Da der Betroffene laut Bestätigung des Versehrten Ambulatoriums Nürnberg-Fürth vom 29.1.1948 in die Versehrtenstufe II fällt, hat die Weihnachtsamnestie auf ihn Anwendung zu finden." Tatsächlich wurde diesem Berufungsgesuch stattgegeben und Daut aufgrund seiner „nur äußerlichen, ohne innerer Bindung" stattgehabten NS-Teilhabe als Mitläufer eingestuft.

Im Berufungsbescheid vom 3. Februar 1948 wurde der Spruch der Spruchkammer II Nürnberg vom 12. Mai 1947 aufgehoben und „Ludwig Daut, Studienprofessor, geb. 3.2.1897 in die Gruppe der Mitläufer eingereiht. Das Verfahren wurde aufgrund der Weihnachtsamnestie vom 5.2.1947 eingestellt. Die Kosten des Verfahrens fallen der Staatskasse zur Last; die aus der Amnestie entstehenden Gebühren hat der Betroffene zu tragen. Der Streitwert wird mit RM 8600.- festgesetzt."

Auch Daut wurde als Lehrer am Melanchthon-Gymnasium rehabilitiert. Er wurde nach seiner Rückkehr aus der Gefangenschaft am 15. März 1946 laut mündlichem Bescheid vom Direktorat vom 1. Juli 1945 „bis zur Klärung [s]einer politischen Vergangenheit durch die Spruchkammer vom Dienst beurlaubt [...]. Eine Entlassung durch das bayer. Staatsministerium für Unterricht und Kultus und durch die amerikanische Militärregierung wurde nicht ausgesprochen." Nach dem Spruchkammerurteil und seiner Amnestie beantragte Daut am 11. Februar 1948 seine Wiedereinstellung, die aufgrund der Durchblutungsstörungen an beiden Beinen und der spastischen Lähmung des linken Beines die eines zu 80% körpergeschädigten Turnlehrers sein musste. Auf Bitten Dr. Mezgers wurde Daut ab 1. April 1948 dem Melanchthon-Gymnasium zugeteilt, zusätzlich ab 1. September 1948 auch dem Realgymnasium Fürth. [203]

4.5 Griechischlehrer Dr. Ludwig Früchtel

Als letztes Beispiel soll der durch seine Lehrwerke auch weiteren Generationen des altsprachlichen Gymnasiums bekannte Dr. Ludwig Früchtel nach seinem Werdegang während der Jahre 1933 bis 1945 befragt werden. Der renommierte Lehrer für klassische Sprachen, Deutsch und Geschichte wurde am 1. Januar 1897 in Gunzenhausen geboren, hatte dort die Volksschule und in Ansbach das humanistische Gymnasium besucht. Ab Juli 1916 war er in Erlangen zum Studium eingeschrieben, das allerdings durch seinen Kriegsdienst im 21. Bayerischen Reserve-Infanterie-Regiment 4. Kompanie] sowie nach dessen Auflösung im 8. Bayerischen Infanterie-Regiment 3. Kompanie[204] im Ersten Weltkrieg vom 21. Juli 1916 bis 10. Februar 1919 beeinträchtigt wurde. Mit guten Prüfungsergebnissen des Seminarjahrs 1920/21 in Erlangen gelangte er ab 15.4.1923 in den Vorbereitungsdienst am Humanistischen Gymnasium Ansbach, heiratete und bekam zwei Kinder. Ein Erstlingswerk „Latein. Lateinisches Unterrichtswerk von Rubenbauer-Bacherler. Lateinisches Übungsbuch für die vierte Gymnasialklasse, bearbeitet von Dr. Ludwig Früchtel und Dr. Benedikt Haag" wurde im Oldenbourg Verlag München angenommen und erstmalig am 26. März 1931 vom Staatsministerium für Unterricht und Kultus als Lehrwerk empfohlen. Später folgte seine bis heute als Standardwerk geltende „Griechische Grammatik".

Am 2. Juli 1945 schreibt der bisher am Melanchthon-Gymnasium unterrichtende Früchtel an das Ministerium. „Als ich während des vergangenen Jahrzehnts wiederholt die Beförderung jüngerer, rein dienstlich oder gar wissenschaftlich wohl kaum besser qualifizierter, aber nationalsozialistisch eingestellter und tätiger Beamten in Oberstudienrats- und Oberstudiendirektorenstellen erlebte, habe ich mich selbst zurückgehalten, da ich wegen meiner Nichtparteizugehörigkeit und wegen meiner unentwegten inneren Opposition eine solche Bewerbung für aussichtslos hielt. Erst im Dezember 1943 habe ich ein entsprechendes Gesuch an das damalige bayerische Staatsministerium gerichtet, aber keinen Bescheid erhalten. Nunmehr gestatte ich

Abb. 129 und 130: Dr. Ludwig Früchtel als Lehrbuchautor für Griechische Grammatik und als Schulleiter in Burghausen

mir das neue bayerische Staatsministerium zu ersuchen, mich bei der Neubesetzung erledigter Direktorate meiner Heimat (ich stamme aus Gunzenhausen) wohlwollend zu berücksichtigen."[205] Dennoch wurde Früchtel auf Weisung der Militärregierung München vom 3. November 1945 mit sofortiger Wirkung seines Dienstes als Oberstudiendirektor bei der Oberschule für Jungen in Burghausen enthoben, wiewohl er vom Spruchkammergesetz laut Bescheid vom 5. März 1947 nicht betroffen war.

In der Dienstbeurteilung Dr. Mezgers aus dem Jahr 1931 wird Früchtel mit „staunenswerter Arbeitskraft und geistiger Elastizität" geschildert. Sie „lassen den pflichteifrigen Lehrer bei seinem ausgedehnten wissenschaftlichen Arbeiten noch die nötige Zeit finden, um den Anforderungen seines Lehrberufes gerecht zu werden."[206] Früchtel könne bei seinen umfassenden wissenschaftlichen Kenntnissen zweckentsprechend sowohl in den oberen Klassen eines Vollgymnasiums als auch in den Klassen eines Progymnasiums verwendet werden. Im Lehrerkollegium sei er gerne gesehen, weil er durch seine vielseitigen Kenntnisse aus allen möglichen Wissensgebieten gelegentliche Debatten und Unterhaltungen recht lebendig und fruchtbar gestalten kann. Am 1. Juni 1937 hatte man Früchtel scheinbar aufgefordert, das SA-Sportabzeichen zu machen. Er ist dem Ganzen nicht unaufgeschlossen, doch sieht er sich außerstande allen „Gesamtanforderungen Genüge zu leisten."[207]

Kurt Arnold, der 1937 ins Melanchthon-Gymnasium kam und Sohn einer jüdischen Mutter war, stellt Dr. Früchtel ein gutes Zeugnis aus. Beim Gang durch die Schule fiel ihm im Abstand von 70 Jahren „hier auf dem Treppenabsatz noch eine kurze Episode mit Professor Früchtel ein, der berühmte Früchtel, der auch unsere Griechische Grammatik verfasst hatte und später Schulleiter in Ansbach wurde. Ihm, der kein Nazi war und bei einem Stammtisch mit meinem Vater zusammensaß, sollte ich in der Schule ausrichten, dass ein Bekannter meines Vaters – nämlich der Kern, dessen Sohn dann auch hier Lehrer wurde – von der Gestapo verhört worden ist. Als ich ihn hier auf dem Treppenabsatz ansprach, hat er mich sofort zur Seite gezogen, damit solche Dinge auf keinen Fall lautbar wurden. Ganz im Geheimen habe ich ihm die Nachricht weitergegeben. Was daraus wurde, weiß ich nicht mehr."[208] Der Treppenabsatz von dem Kurt Arnold hier sprach, war damals mit ideologischen Wandmalereien „Alles für Deutschland" verziert. Früchtel ist mit der zitierten Beurteilung an das Progymnasium Frankenthal in der Pfalz empfohlen worden, aber mit dem Schreiben des bayerischen Staatsministers für Unterricht und Kultus vom 30. November 1945 auf Weisung der Militärregierung München vom 3. November 1945 [...] mit sofortiger Wirkung des Dienstes als Oberstudiendirektor bei der Oberschule für Jungen in Burghausen" enthoben. Seine weitere Verwendung im Staatsdienst ist nicht eindeutig nachzuvollziehen.

5 Vom Vergangenen ins Gegenwärtige

Der gegenwärtige Geschichtsunterricht soll laut Lehrplan „Einsicht in den menschenverachtenden Charakter der nationalsozialistischen Ideologie" liefern und das Bewusstsein von der „Gefährdung der Demokratie durch extremistische Kräfte" soweit fördern, dass eine „Bereitschaft zum persönlichen Engagement für unsere freiheitlich-demokratische Wertordnung"[209] bei den Heranwachsenden entsteht. Es gilt also, die Schüler als nachkommende Generation in die gültige Selbstbeschreibung unserer Nation einzuweisen, um verbindliche moralische Haltungen und Dispositionen zu erzeugen. Nun ist dieses Vertrautwerden der Jugendlichen mit den nationalen Werten und Normen sicherlich einfacher, wenn es sich um positiv besetzte Werte handelt, wenn also wie bei der französischen Nation seit 1789 die Prinzipien der Menschenrechte oder der Pioniergeist des Wilden Westens in Amerika zum Selbstverständnis gehören. Wie aber geht man im Geschichtsunterricht mit der Tatsache um, dass das Selbstverständnis der BRD seit den späten 60er Jahren in der Bekämpfung von Auschwitz gründet und in einem übergreifenden „Nie wieder" kulminiert? Der pädagogische Auftrag einer „Erziehung nach Auschwitz", den Adorno 1966 aufstellte, wurde zum normativen Bezugspunkt der bundesdeutschen Selbstbeschreibung verdichtet.[210] Anders ausgedrückt: Diese Zusammenstellung von Materialien zur Schulgeschichte zwischen 1933 und 1945 soll zur Vergangenheitsbewältigung beitragen können. Wir wissen, dass der Prozess der Auseinandersetzung mit den NS-Verbrechen auch über 80 Jahre nach der Machtübernahme nicht abgeschlossen ist, und haben versucht, diesen in zwei konkreten Projekten weiterzutreiben: in der dreijährigen Mitarbeit bei der Ausstellung „Schule im Nationalsozialismus" im Schulmuseum Nürnberg und der Begegnung zwischen deutschen und israelischen Jugendlichen beim Israelaustausch des Melanchthon-Gymnasium seit 2013.

5.1 Probanden für das Lernlabor „Schule im Nationalsozialismus"

Von 2013 bis 2015 arbeiteten einzelne Geschichtsklassen von Frau Dr. Switalski am Denkwerk-Projekt der Robert-Bosch-Stiftung des Schulmuseums Nürnberg zum Thema „Schule im Nationalsozialismus" mit. Sie durften Exponate ausprobieren und wurden vom Ausstellungsleiter Dr. Mathias Rösch vom Lehrstuhl für Allgemeine Erziehungswissenschaft I der Universität Erlangen-Nürnberg auch in die räumliche Konzeption der Ausstellung „Schule im Nationalsozialismus" mit einbezogen. Das Besondere dieser Ausstellung ist neben der intensiven Mitarbeit der „Endkunden", also der Schülerschaft, die diese Ausstellung besuchen soll, sicherlich auch die Konzeption. Im eigenen Tempo und auf der Basis des bisher erworbenen Hintergrundwissens können Schülerinnen und Schüler in Gruppen oder alleine an den 18 Lerninseln lesen, hören, forschen und nachschlagen.

Michel Zwicker, Judith Winter, Julia Dörsam, Jan Dittmar und Elisabeth Bühner haben sich im Schuljahr 2014/2015 nachhaltig dafür eingesetzt, dass diese Module zur menschenverachtenden Ideologisierung der Schulwelt zwischen 1933 und 1945 auf jeden Fall als Sitzecken eingerichtet werden und auch den sogenannten Austauschraum nach Beendigung des individuellen Rundgangs mit gemütlichen Sitzsäcken ausstaffieren lassen. Vielleicht sind die harten Themen zwischen Zwangssterilisation, Judenhass und Kinderlandverschickung tatsächlich sitzend besser zu verkraften. Insgesamt kommt diese Haltung dem Studieren und Vertiefen näher als herkömmliche Museumsdarbietungen. Das Melanchthon-Gymnasium ist aber nicht nur beratend, sondern auch mit Exponaten in der Ausstellung vertreten. Schon das Titelbild des Ausstellungsflyers ist eine der zahlreichen Fotoleihgaben des 1926 geborenen ehemaligen Melanchthonianers Dr. Ferdinand Klaever, das seinen Mitschüler Kuhlmann als Luftwaffenhelfer an der Flak zeigt. Auch das Klassenphoto seines älteren Bruders Karl Heinz von 1939

Abb. 131: Klasse 9d setzt sich am 31.3.2013 mit Handgranaten, Kriegstagebüchern und den Veränderung im Schulalltag des Dritten Reichs anhand von Originalquellen auseinander

stellte Klaever der Ausstellung zur Verfügung. Paul Bayers Leben und Tod durch einen Bombenangriff am 8. März 1943 am Schusserplatz beim Südfriedhof werden ebenso thematisiert.

5.2 Schüleraustausch mit Jerusalem im Februar 2014

Eine wesentliche Folge der hier dargelegten Vergangenheitsbewältigung unterschiedlicher Klassen und Lerngruppen seit 2010 ist der neue Israelaustausch des Melanchthon-Gymnasiums. Nach der Vorbereitungsfahrt des Israel-Teams (Dr. Martina Switalski, Dr. Cornelia Kirchner-Feyerabend, Pfr. Johannes Roth und Thomas May) vom 8. bis 13. Juli 2013 nach Jerusalem waren insgesamt zwölf Schüler und Schülerinnen der zehnten Jahrgangsstufe als Pioniere des neuen Austauschs in Israel. Ihre begeisterten Resümees sollen das Schlusswort dieser Schrift bilden.

Luisa Heine: Die Untiefen der Geschichte im Yad Vashem

Ein Schüleraustausch mit Jerusalem? Ich habe in mir gespürt, dass das großartig und ganz neu werden würde. Ich wollte es aus irgendeinem Grund unbedingt machen, bis heute weiß ich nicht ganz genau, wieso. Aber eins weiß ich: Ich bin wahnsinnig froh, dass ich mich getraut habe. Als ich nach einem wunderbaren Willkommensabend allein unter dem Licht einer nackten Glühbirne im Zimmer meines Austauschpartners stand, ans Fenster ging und auf die Schnellstraße und die Hotels auf der anderen Straßenseite hinunterblickte, konnte ich es kaum glauben. Ich war wirklich in Jerusalem, in Israel! Das war eigentlich schon der beste Moment auf der Reise für mich und es folgen noch viele andere.

Nach dem Schabbat begann unsere eigentliche Arbeit und der offiziell wichtigste Teil unserer Reise. Oren, unser Gastlehrer aus Jerusalem, nannte diesen Teil die Vergangenheit, „the past", das Hineinblicken in die und das Konfrontieren mit der Geschichte. Dies fand in der internationalen Holocaust-Gedenkstätte Yad Vashem statt, die unglaublich detailreich jüdische Geschichte vor, während, und nach der Shoa ausstellt. Es wäre unmöglich, alle beeindruckenden und bewegenden Gegenstände und ihre Geschichten dahinter, die wir dort gesehen haben, zu beschreiben, deshalb beschränke ich mich auf die Sache, die mich am meisten berührt hat: In einem Raum gegenüber einer originalgetreuen Miniaturversion der unterirdischen Vergasungskatakomben des Arbeits- und Vernichtungslagers Auschwitz war in den Boden eine Luke eingelassen, in der ein riesiger Haufen von alten Schuhen lag. Darüber hatte man eine Glasplatte gelegt, sodass man als Betrachter darüber stehen oder darüber laufen konnte. Während ich über dieses Glas gelaufen bin, habe ich begriffen, dass alle diese Schuhe Menschen gehört haben müssen, die ermordet worden sind. Und ich stehe nun genau darüber, bin den Beinen und Füßen, die mal darin gesteckt haben, ganz nah. Noch nie hatte ich die Geschichte und vor allem die Bedeutung des Holocaust so genau und so nah nachempfinden können.

Abb. 132:
Familienerinnerungen
der deutschen Gruppe
an den Krieg

Die Verbundenheit mit unseren Partnern, deren Familien und der Schule war viel intensiver, als wir alle vorher gedacht hatten, denn die offenherzigen Israelis gingen von Anfang an wahnsinnig liebenswürdig und fürsorglich auf uns zu, und es war sehr leicht für uns, mit ihnen zusammen ihr, für uns noch fremdes Land kennenzulernen und zu erleben. Vor allem durch die vielen gemeinsamen bis spät in die Nacht dauernden Abende haben wir uns besser kennen gelernt. Der Abschied war für uns alle sehr schwer. Wir wollten uns nicht von den uns inzwischen so vertraut gewordenen und lieb gewonnenen Israelis trennen und das war für uns alle eigentlich der größte Gewinn: Freundschaft mit jungen Menschen eines anderen und uns doch so vertrauten Volkes zu schließen.

Abb. 133: deutsch-israelische Schülergruppe vor dem Felsendom in Jerusalem.

Hannah Feldmann: Das Beste, was ich je erlebte

Ich weiß gar nicht, mit was ich anfangen soll, denn wenn ich über die Zeit in Israel nachdenke, kommt ein Glücksgefühl in mir auf, das man nicht in Worte fassen kann. Für mich als deutsche Jüdin, ist es etwas ganz Besonderes, in Jerusalem zu sein. Denn einfach von seiner eigenen Religion umgeben zu sein und zu sehen, wie Juden ihren Alltag vollkommen gläubig leben können und es auch machen, lässt mich glücklich werden. Besonders an Schabbat, als nicht nur orthodoxe Juden, sondern auch viele liberale Familien zusammengekommen sind und den Kiddusch gemeinsam abgehalten haben. Aber abgesehen von meiner Religion und den netten Leuten, war natürlich auch das Wetter ausschlaggebend für die unvergessliche Zeit.

Ich erinnere mich am liebsten an den Moment zurück, als unsere Schülergruppe am Flughafen ankam und wir aus dem Gebäude raus gegangen sind und das erste Mal in der nahöstlichen Sonne standen. In dem Moment wusste ich: Das werden perfekte zehn Tage.

Sophia Deininger: Gedanken über den Holocaust

Einmal bin ich mit meiner Austauschpartnerin Inbar zu ihr nach Hause gelaufen, wobei wir uns natürlich unterhalten haben. Ich weiß nicht mehr, wieso, aber irgendwann ging es um den Holocaust. Und dann meinte sie im Gespräch, dass die Israelis ja schon Witze über den Holocaust haben, ihnen aber an einem Infoabend, bevor wir kamen, verboten wurde, diese vor uns auch nur zu erwähnen – wir würden das zu ernst nehmen. Ich habe immer gedacht, dass dieses Thema besonders für die Nachkommen der Opfer schwer ist, ich dachte, man erwähnt es besser gar nicht und macht einen großen Bogen darum. Aber anscheinend ist es die Generation der Nachkommen der Täter, die die unfassbare Vergangenheit nicht oder nur schwer verarbeiten kann und sich ihrer selber sehr schämt. Vielleicht, weil man sich selbst augenscheinlich viel schlechter verzeihen kann als anderen. Die Situation war einprägend für mich, da ich das erste Mal wirklich gemerkt habe, dass wir eben auf zwei verschiedenen Seiten stehen und wir von den viel mehr zukunftsorientierten Israelis sehr viel lernen können!

5.3 Schüleraustausch mit Tel Aviv im Februar 2016

Dieser Austausch mit Tel Aviv ist etwas ganz Besonderes. Angeregt vom bayerischen Kultusministerium und der Auslandsbeauftragten für deutsche Sprache in Jerusalem haben wir die lohnenswerte Aufgabe übernommen, eine Gruppe von Deutschlernern aus Tel Aviv im Juli 2015 bei uns aufzunehmen. Angesichts unserer gemeinsamen Vergangenheit ist es keineswegs „normal" in Israel Deutsch zu lernen. Es existieren noch ganze Generationen, die alles Deutsche ablehnen. Aber die Klasse aus der Ironi Alef High School will mit ihrer deutschstämmigen Lehrerin Shelley Kantarovich-Gimpel diese Gräben und Abgründe hinter sich lassen und war für zwei

Abb. 134: deutsch-israelische Gruppe tanzend in Jerusalem 2014

sonnige Wochen bei uns. Da die Ironi Alef High School für ihr künstlerisches Profil in ganz Israel bekannt ist, haben wir das Programm zum Spracherwerb in diese Richtung geprägt und versucht auf vielen Ebenen zusammenzukommen. Das begann schon bei der allerersten Schnitzeljagd im Schulumfeld. Ist uns jemals aufgefallen, dass der zionistische Gründer Israels, Theodor Herzl, mit einem riesigen Mosaik gegenüber von Walter Rathenau in der U-Bahnstation gleichen Namens prangt? Waren wir jemals in der Synagoge an der Kilianstraße und haben uns Gedanken über koscheres Essen gemacht? Die Begegnungen waren von Anfang an sehr offen, liebevoll und intensiv im Gespräch. Erste Höhepunkte war die Begehung des ehemaligen Reichsparteitagsgeländes und das gemeinsame Art-Projekt im Schmausenbuck bei der Akademie der Künste mit Thomas May. Herrlich waren das gemeinsame Kochen im Schulhof oder auch der gemeinsame Besuch des Germanischen Nationalmuseums, in dem die deutschen Schülerinnen und Schüler ihren israelischen Freunden ihre Lieblingsgemälde vorstellten. Wir haben viel gelacht, geredet, uns ausgetauscht und Musik gemacht. Ein letzter Höhepunkt war hier das gemeinsam genossene Klassik Open Air, dessen bombastisches Feuerwerk den Schlussakkord unserer ersten Begegnung setzte. Nach dieser erfolgreichen Zeit, die Freundschaften und Zuneigung entstehen ließ, war es nur ein Augenzwinkern, um eine Fortsetzung in Tel Aviv zu beschließen.

Elisabeth Adam: Zum Aufenthalt der Tel Aviver Schüler in Nürnberg (Juli 2015)

„Atar metaber yotaer midai" – „ Du redest zu viel". Damit mir das nicht passiert, will ich diesen Bericht eher kurz halten. Wenn ich an die Woche mit den Israelis denke, fallen mir nur positive und schöne Dinge ein: zusammen lachen und scherzen auf den Busfahrten und eigentlich überall, shoppen in München, Kärwa in Schwaig, ein vollkommen fremdes Gericht ganz ohne Rezept kochen, zusammen essen, kreativ sein, entspannte Gespräche nach anstrengenden Tagen bis tief in die Nacht, sogar der Kunstvortrag im Germanischen Nationalmuseum scheint rückblickend Spaß gemacht zu haben. Die Gruppe, mit der wir diese großartige Woche verbrachten, wird ebenso unvergesslich sein wie all das Neue, das wir gelernt haben. Dazu gehört ein Crashkurs in Hebräisch oder die Erkenntnis, dass es israelische Schüler dank größerer Auswahlmöglichkeiten sehr viel leichter haben, sich auf Fachrichtungen zu spezialisieren.

Ironischerweise aßen Ran und Lia sogar Schweinefleisch, während Victoria und ich Vegetarier sind und einige andere Probleme mit den Essgewohnheiten ihrer Austauschpartner hatten. Das vielfältige Programm und der vollgepackte Stundenplan, schweißten auch uns deutsche Austauschpartner größtenteils zu einer schönen Gruppe zusammen, die hoffentlich noch lange Bestand hat. Bis zu unserer Ankunft in Tel Aviv werden wir uns täglich schreiben und freuen uns auf ein baldiges Wiedersehen.

Elisabeth Adam: Zum Aufenthalt der Melanchthonianer in Tel Aviv (Februar 2016)

„What is the purpose of your visit?" (dt.: Was ist der Grund ihres Besuchs?) ist das Erste, was man bei der Ankunft am Tel Aviver Ben-Gurion-Flughafen gefragt wird. „ An exchange programme with the students of Ironi-Alef High School in Tel Aviv" (dt.: Ein Austauschprogramm mit den Schülern der Ironi Alef High School in Tel Aviv) lautet unsere Antwort. Nach den Sicherheitschecks und Passkontrollen können wir dann endlich unsere Austauschpartner wieder in die Arme schließen. „Es fühlt sich an wie Heimkommen", meint Tammy, eine von uns Deutschen, und beschreibt damit unser aller Gefühle, denn wir haben unsere Austauschpartner während deren Besuch in Nürnberg im Juli 2015 schon sehr lieb gewonnen und seither schrecklich vermisst. Nach der Begrüßung begleiten alle ihre Austauschpartner nach Hause und verbringen diesen Schabbat-Abend bei einem guten Essen in den Familien oder in einem der unzähligen Restaurants der Stadt.

Keiner unserer Tel Aviver Partner ist wirklich streng religiös. Die meisten essen sogar Schweinefleisch und gehen am Schabbat lieber mit uns an den Strand als in die Synagoge. Doch die jüdische Prägung des Landes wird spätestens dann offensichtlich, als wir am nächsten Tag, einem Sonntag, in die Schule gehen müssen. Allerdings nur für eine Stunde, denn danach steht eine Stadtführung durch den alten Teil dieser nur etwas mehr als hundert Jahre alten Stadt auf dem Programm. Wir Deutschen müssen uns erst wieder daran gewöhnen, dass sich die Israelis bei jeder Gelegenheit, die sich während der Führung durch Sarona bietet, einfach hinsetzen, sei es auf eine Bank oder einfach auf die Straße, doch am Ende der Woche

Abb. 135: Israelaustausch 2016 – deutsch-israelische Schülergruppe auf der Felsenfestung Masada

haben wir uns dieses Verhalten schon selbst zu eigen gemacht. Zum Glück ist die Stadtführung auf Englisch und im Allgemeinen sprechen alle Israelis inklusive unserer Austauschpartner hervorragendes Englisch, sodass wir uns fast ohne Probleme verständigen können. Nur das Musical „Hair" (oder hebräisch „Sear"), welches wir am nächsten Abend im Tel Aviver Theater Habima anschauen, ist komplett auf Hebräisch (mit englischen Untertiteln), was natürlich ziemlich ungewohnt klingt.

Da unsere Austauschpartner am nächsten Tag in den Unterricht müssen, können sie uns leider nicht auf unserem Ausflug nach Jerusalem begleiten. Diese Stadt ist schon besonders: Man spürt förmlich die jahrtausendealte Geschichte und die Spiritualität an der Klagemauer und im Suk. Mit der tragischen Geschichte zwischen Juden und Deutschen werden wir dann in der internationalen Holocaust-Gedenkstätte „Yad Vashem" konfrontiert. Und auch am Mittwoch dreht sich bei unserem Kunstprojekt in der Ironi-Alef High School alles um die beklemmende Geschichte unserer Vorfahren. Dazu haben wir alle vorher unsere Großeltern befragt und auch alte Familienbilder mitgebracht, die wir mit zwei Tel Aviver Künstlern, Doron und Talia Furman, die zufällig auch meine Austauscheltern waren, zusammen mit aktuellen Fotos unseres Austausches zu einer Collage zusammenfügten und somit ein Zeichen dafür setzten, dass wir den Schrecken von damals durch unsere Freundschaft überwunden haben. „Es war sehr interessant, auch mal die Geschichte aus dem Blickwinkel der Deutschen zu hören. Wir sehen sie immer nur als Täter und ich wusste gar nicht, dass sie, z.B. unter der Roten Armee und der Vertreibung, auch gelitten haben", sagte Oar, einer der Israelis, später zu mir und das allein zeigt meiner Meinung nach schon, dass unser Austausch nicht nur einen hohen Spaßfaktor hat, sondern auch für die Völkerverständigung wertvoll ist.

Doch genau diese Völkerverständigung scheint zwischen Israel und dem teilweise durch das israelische Militär okkupierten Palästina zu fehlen. Zwar kann man auch in Israel in jeder Stadt die Minarette der Moscheen aufragen sehen, die aus der Zeit der arabisch-osmanischen Herrschaft stammen, und in den Schmuckläden und auf dem Markt mehr Andenken mit Fatimas Hand als mit dem Davidsstern erwerben, aber Araber an sich sehen wir keine. Der ständige Zwist zwischen den beiden Völkern ist auch Thema in den Gesprächen mit meiner Gastfamilie, wobei zum Ausdruck kommt, dass sie gern die Möglichkeit hätten, freundschaftlich aufeinander zuzugehen. Doch von der israelischen Regierung werden die Palästinenser als Feinde stigmatisiert und die Bedrohung aus dem Gaza wird als Anlass für verschärfte Sicherheitskontrollen genommen. Zum Beispiel herrscht vielerorts eine fast erschreckende Militärpräsenz, unsere Taschen werden jedes Mal, wenn wir ein Kaufhaus oder öffentliches Gebäude betreten wollen, von bewaffnetem Sicherheitspersonal durchsucht und nach dem Schulabschluss heißt es für israelische Schüler nicht wie bei uns in Deutschland, ab ins Ausland oder an die Uni, sondern erstmal Wehrdienst leisten. Im Großen und Ganzen allerdings erweisen sich die übermäßigen Sorgen unserer Eltern um die Sicherheit ihrer Kinder als unbegründet. Hierzulande wird Israel nahezu immer in einem Atemzug mit dem Nahost-Konflikt genannt und man stellt sich ein Leben in ständiger Angst mit kriegsähnlichen Zuständen vor, aber tatsächlich spürt man von dieser potentiellen Bedrohung im Land selbst kaum etwas. Das Leben dort läuft genauso ab, wie bei uns auch: aufstehen, zur Schule gehen, Freunde treffen, einkaufen, Essen kochen, zu Bett gehen.

Unser letzter Tag in Israel stellt gleichzeitig den Höhepunkt für Viele von uns dar. Mit unseren Freunden fahren wir durch die Wüste zu der beeindruckenden, von dem biblischen König Herodes errichteten Festung Masada und dann weiter zur Ein Gedi-Oase und zum Toten Meer. Das fast schwerelose Gefühl bei einem Bad im Toten Meer lässt sich kaum beschreiben und ist einfach unglaublich cool! Nach einem kleinen Abschiedsbuffet heißt es dann am Freitagmorgen aber Abschied nehmen. Das fällt uns allen wirklich schwer und ist nur mit dem Versprechen zu ertragen, dass wir uns gegenseitig jeden Tag schreiben und auch mal wieder besuchen. Alles in allem, und da spreche ich sicher für uns alle, war diese Woche in Israel die bis jetzt spannendste, interessanteste und schönste Reise in meinem Leben.

6 Nachwort

Die vorliegende Schrift versucht, einen kleinen Schritt hinsichtlich der Aufarbeitung unserer Schulgeschichte zu machen, indem die Aufzeichnungen und Erinnerungen ehemaliger jüdischer Schüler, deren Mitschüler und deren Lehrer im Kontinuum der bisher verstrichenen Zeit gesammelt wurden.

Die Frage, die sich mit diesem Sammeln und Fragen, Recherchieren und Hinterfragen aufdrängt, ist die Frage nach dem Lernen aus der Geschichte. Kann man aus der Geschichte lernen? Ist Geschichte zur „Pädagogisierungsmacht" geworden, wie Joachim Fest 2003[211] schrieb? Der Schule wird die Aufgabe übertragen, zentraler gesellschaftlicher Erinnerungs- und Lernort zu werden, und so soll sich auch unsere Schule, das Melanchthon-Gymnasium nicht aus diesem Prozess des Lernens aus der Vergangenheit herausnehmen dürfen. Als humanistisches Gymnasium wurde es im Geiste Melanchthons bzw. des preußischen Bildungsministers Humboldt mit dem aufklärerischen Impetus gegründet, dass die Zukunft machbar sei und der Mensch und die Geschichte verbesserbar seien. Diese fortschrittsoptimistische Denkfigur ist im Schatten des Krieges und im Schatten von Auschwitz sicherlich ad absurdum geführt. Deshalb scheint es wichtig, neben aller humanistischen Tradition auch die inhumanen Seiten unserer Schule während der NS-Zeit faktentreu zur Diskussion zu stellen. Denn nicht unbedingt der immer währende Fortschritt, sondern die Prävention gegen einen immer drohenden Rückfall in die Barbarei ist identitätsstiftend. Auch im humanistischen Sinne müssen wir uns fragen, warum sich ausgerechnet das grauenvollste Menschheitsverbrechen der Geschichte dazu eignen soll, Toleranz, Empathie und Egalität zu lehren. Die Erfahrung mit meinen Schülerinnen und Schülern während dieses langjährigen Projekts „Schalom Melanchthon", das Zeitzeugenbefragungen, Archivbesuche, Hinterfragung unserer nationalen Identität und nicht zuletzt den sehr fruchtbringenden Austausch mit Jugendlichen aus Israel erbrachten, zeigte anschaulich, dass man auf der Basis negativer Zeitzeugenberichte durchaus positive Identitätsbildungsprozesse erwirken kann.

Natürlich haben alle Schulen – auch die unsrige – ihr Schicksal und natürlich wissen wir alle, dass „melas" schwarz heißt. Aber „ob ein Mensch Erfahrungen machen kann oder nicht, ist in letzter Instanz davon abhängig, w i e er vergisst." (Theodor W. Adorno)

Farbbildteil

Abb. 1: Jacob Rosenthal 2010 im Melanchthon-Gymnasium

Abb. 8: Heiner Rosenthals Impressionen für die zionistische „Pfadfinder"-Gruppe „Habonim" 1937

Abb. 12: Dr. Jacob Rosenthal beim Kunstwerk „Bank" mit den eingeblendeten Passbildern der letzten jüdischen Melanchthonianer vor 1938

Abb. 121: Die Installation „Bank" von Maximilian Wächter, Maximilian Zwicker und Denise Chladny dokumentiert die brachiale Separation von jüdischen und „arischen" Schülern 1938. Links im Bild die Projektleiterin Andrea Schneider-Deisel (Foto: Sauerbeck)

Abb. 69: *Ludwig Berlin mit seiner Tochter Anita vor seinem Geburtshaus und der am 15.3.2012 enthüllten Gedenktafel für die Hilfsstelle der Evangelisch-Lutherischen Kirche für Christen jüdischer Herkunft*

Abb. 71: Ministerialbeauftragter Joachim Leisgang, die Preisträgerin Ioanna Kopasaki, betreuende Lehrerin Dr. Martina Switalski und Direktor Otto Beyerlein bei der Vergabe des Preises für die beste Seminararbeit durch den Bayerischen Club im Maximilianeum am 21. November 2012

Abb. 75: Altstuhlmeister Kurt Otmar Wörl, die Preisträgerin Sophie Anuth, die betreuende Lehrerin Dr. Martina Switalski und der derzeitige Meister vom Stuhl, Leonhard Schwab, von der Loge „Zur Wahrheit" am 9.11.2014

Abb. 136: Luisa Heine mit ihrem Austauschpartner Jacov beim Willkommensabend in Jerusalem; Franca Bauernfeind, Mona Feder und Sophia Deininger vor dem Toten Meer

Abb. 137: Deutsche Schülergruppe singt 2014 in der Redeemer Church Jerusalem „Schalom, möge Friede mit dir sein" - eine Komposition zum Austausch von Johannes Mathias Roth

Abb. 138: Deutsch-israelische Gruppe im Naturpark En Gedi mit Oren Lallo (2014)

Abb. 139: Jan Dittmar, Julia Dörsam, Elisabeth Bühner, Judith Winter und Michel Zwicker mit ihrer Geschichtslehrerin Dr. Martina Switalski auf der Ausstellungseröffnung des Schulmuseums am 23.2.15

Abb. 140: Luisa Heine, Franca Bauernfeind und Sophia Deininger (Mitte) bei der Verleihung des Otto-Wels-Preises für Demokratie der SPD-Bundestagsfraktion in Berlin am 6. Mai 2015 für ihren Film „Mein Israel" durch Außenminister Steinmeier (links)

Abb. 141: Collagen des Schüleraustauschs Melanchthon-Gymnasium Nürnberg mit der Ironi Alef High School Tel Aviv 2016

Abb. 142: Theodor Tharandt erhält den 1. Preis der Kategorie Schülerarbeiten des Vereins für die Geschichte der Stadt Nürnberg aus den Händen von Oberbürgermeister Dr. Ulrich Maly für seine W-Seminarsarbeit „Kritischer Kommentar zum Champagnefeldzugtagebuch des jüdischen Melanchthonianers Dr. Walter Freundenthal von 1915" (Foto: Jasmin Staudacher, Stadtarchiv Nürnberg)

Jüdische Schüler am Melanchthon-Gymnasium 1899–1938

Name	Geburts-, ggf. Todesdatum	Beruf des Vaters bzw. Tod (✡)
Bacharach, Emil	19. September 1887 in Erlangen ermordet in Riga 1942	isr. Kgl. Professor
Bachmann, Paul	21. März 1914 in Nürnberg	
Baer, Hans	14. Februar 1903 in Nürnberg	isr. Fabrikbesitzer
Baer, Julius	21. April 1896 in Windsbach ermordet 1942 in Lublin oder Bialystok	isr. Handelsmann
Baer, Hermann	15. Juni 1893 in Windsbach	isr. Kaufmann
Bauer, Otto	3. November 1911 in Nürnberg	isr. Großkaufmann
Bechmann, Wilhelm	12. Juli 1921 in Nürnberg	isr. Fabrikdirektor
Bemsel, Wilhelm	5. August 1890 in Nürnberg	isr. Bankdirektor
Benario, Rudolf	20. Dezember 1908 in Frankfurt/M. ermordet 1933 in Dachau	isr. Dozent a.d. Handelshochschule
Bergmann, Rudolph	11. Oktober 1881 in Schweinfurt	isr. Kaufmann
Bergmann, Fritz	12. Dezember 1898 in Nürnberg	isr. Kaufmann
Berlin, Karl	25. März 1888 in Nürnberg	isr. Kgl. Oberamtsrichter
Berlin, Ludwig	29. Juni 1921 in Nürnberg	isr. Rechtsanwalt
Berlin, Walter	11. März 1887 in Nürnberg	isr. Kaufmann (✡)
Berlin, Martin	21. April 1893 in Nürnberg	isr. Kaufmann
Bernheim, Eduard	31. Mai 1908 in Buttenwiesen	isr. Religionslehrer
Bernheimer, Karl	28. Mai 1899 in Ansbach	isr. Kgl. Landgerichtsrat
Bing, Martin	11. Oktober 1897 in Nürnberg	isr. Kaufmann
Bloch, Richard	22. April 1890 in Nürnberg	isr. Kaufmann
Bloch, Fritz	23. Januar 1897 in Nürnberg	isr. Praktischer Arzt
Bloch, Hans	22. Juni 1902 in Nürnberg	isr. Praktischer Arzt
Boscowitz, Richard	9. Februar 1896 in Nürnberg	isr. Privatier
Brasch, Moritz	25. April 1887 in Nürnberg	isr. Weinhändler
Cohn, Ernst	23. Februar 1892 in Nürnberg	isr. Kaufmann
Cohn, Alfred	22. März 1902 in Nürnberg	isr. Kaufmann
Collin, Eugen	19. Juli 1890 in Backnang	isr. Kaufmann
Dannheisser, Fritz	25. Juni 1900 in Nürnberg	isr. Fabrikbesitzer
David, Alfred	3. März 1888 in Nürnberg	isr. Kgl. Oberamtsrichter (✡)
Dirnbach, Hans	2. Juli 1921 in Fürth ermordet 1941 in Zagreb	isr. Bankdirektor

Name	Geburtsdatum	Beruf des Vaters
Dispeker, Fritz	16. Juni 1884 in Fürth	isr. Bankier
Dünkelsbühler, Fritz	1. Mai 1886 in Nürnberg	isr. Bankier
Dünkelsbühler, Hans	24. November 1890 in Nürnberg	isr. Bankier
Dünkelsbühler, Joseph	13. Juli 1883 in Nürnberg	isr. Bankier
Dünkelsbühler, Fritz	14. Mai 1897 in Nürnberg	isr. Kaufmann
Eckstein, Kurt	20. Januar 1891 in Berlin	isr. Kaufmann
Epstein, Stephan	14. März 1900 in Nürnberg	isr. Oberarzt
Erlanger, Theodor	1. August 1880 in Neustadt/Aisch	isr. Kaufmann
Falk, Fritz	14. Mai 1899 in Nürnberg	isr. Versicherungsoberinspektor
Fechheimer, Otto	21. März 1908 in Nürnberg	isr. Kaufmann in Koburg
Fleißig, Wilhelm	13. Mai 1906 in Nürnberg in Riga verschollen?	isr. Fabrikant
Forchheimer, Paul	25. Juli 1913 in Nürnberg	isr. Fabrikdirektor
Frank, Claus	24. Dezember 1925 in Nürnberg	isr. Rechtsanwalt
Frank, Peter	6. Juli 1923 in Nürnberg	isr. Rechtsanwalt
Frank, Kurt	12. Oktober 1907 in Nürnberg	isr. Kaufmann
Fränkel, Karl	30. April 1909 in Nürnberg	isr. Bankdirektor
Frankenthal, Otto	13. Dezember 1898 in Fürth	isr. Fabrikbesitzer
Freudenthal, Heinz	25. April 1905 in Danzig	isr. Rabbiner
Freudenthal, Walter	10. Juli 1896 in Dessau	isr. Rabbiner
Freund, Heinrich	22. Mai 1909 in Nürnberg	isr. Kaufmann
Fuld, Paul	17. Mai 1893 in Burgebrach ermordet am 31. Oktober 1943 in Auschwitz	isr. Kaufmann
Gerngroß, Joachim	8. Januar 1908 in Nürnberg	isr. Fabrikdirektor
Goldschmidt, Ludwig	5. Januar 1894 in Bosen (Birkenfeld)	isr. Privatlehrer
Goldschmidt, Emil	14. Oktober 1901 in Nürnberg	isr. Privatlehrer
Goldschmidt, Justin	15. November 1908 in Nürnberg	isr. Vereinsbeamter
Goldschmidt, Ludwig	9. August 1895 in Nürnberg	isr. Praktischer Arzt u. Kgl. Hofrat
Goldschmidt, Moritz	18. April 1892 in Bosen (Birkenfeld)	isr. Privatlehrer
Goldstein, Kurt	1. März 1908 in Nürnberg	isr. Kaufmann
Götz, Manfred	4. März 1906 in Nürnberg	isr. Kaufmann
Grünbaum, David	28. April 1880 in Schwabach	isr. Kaufmann
Grünbaum, Isaak	24. Februar 1890 in Schwabach	isr. Kaufmann
Grünbaum, Jakob	8. November 1887 in Schwabach	isr. Kaufmann
Gugenheim, Rudolf	20. April 1903 in Nürnberg	isr. Spezialarzt
Gundelfinger, Paul	2. April 1914 in Nürnberg	isr. Kaufmann

Name	Geburtsdatum	Beruf des Vaters
Gutmann, Fritz	27. Juli 1908 in Nürnberg	isr. Kaufmann
Haas, Willy	17. Juni 1896 in Nürnberg ermordet in Auschwitz	isr. Bankdirektor
Hahn, Hans	12. März 1900 in Nürnberg	isr. Kaufmann
Hahn, Fritz	18. Oktober 1898 in Nürnberg	isr. Kaufmann
Haymann, Max	9. April 1899 in Würzburg ermordet am 8. April 1942	isr. Landgerichtsrat
Heilmann, Max	24. März 1897 in Parsberg	isr. Kaufmann
Helbing, Gustav	26. August 1888 in Nürnberg	isr. Antiquitätenhändler
Herzfelder, Justin	21. Mai 1897 in Nürnberg	isr. Kaufmann
Herzfelder, Otto	19. März 1897 in Nürnberg	isr. Bankier (✡)
Heßlein, Hans	14. April 1903 in Nürnberg	isr. Kaufmann
Heßlein, Paul	25. November 1908 in Nürnberg	isr. Kaufmann
Hirsch, Ludwig	13. September 1898 in Nürnberg	isr. Kaufmann
Hirschheimer, Bruno	16. Juli 1907 in Nürnberg	isr. Apothekenbesitzer
Horwitz, Arthur	5. März 1887 in Nürnberg	isr. Depeschenbürodirektor
Hummel, Walther	18. Januar 1907 in Nürnberg in Izbica verschollen	isr. Fabrikbesitzer
Jakob, Ernst	30. April 1906 in Nürnberg	isr. Kaufmann
Josephthal, Georg	9. August 1912 in Nürnberg	isr. Fabrikdirektor
Josephthal, Hans	10. Februar 1907 in Nürnberg	isr. Generaldirektor
Josephthal, Rolf	29. Juni 1910 in Nürnberg	isr. Fabrikdirektor
Kahn, Ernst	27. Mai 1923 in Nürnberg	isr. Rechtsanwalt
Karpf, David	12. März 1883 in Gersfeld (Kassel)	isr. Fabrikant
Katz, Jakob	19. Oktober 1920 in Nürnberg?	isr. Kaufmann in Przemysl, Polen
Kesten, Hermann	28. Januar 1900 in Podwoloczyska	isr. Kaufmann
Klugmann, Alfred	18. Dezember 1888 in Nürnberg	isr. Kaufmann
Klugmann, Moritz	9. Juli 1887 in Nürnberg	isr. Kaufmann
Kohn, Heinrich	18. April 1914 in Nürnberg	isr. Justizrat
Kohn, Jakob	24. Dezember 1894 in Nürnberg	isr. Kaufmann
Kohn, Richard	11. Februar 1881 in Nürnberg	isr. Bankier und Handelsrichter
Königshofer, Emanuel	27. September 1879 in Fürth	isr. Waisenhausdirektor
Körner, Gustav	6. Januar 1893 in Prag	isr. Fabrikbesitzer
Kupfer, Siegfried	14. November 1882 in Burgkundstadt, ermordet am 5. Dezember 1941 in Riga	isr. Rechtswissenschaftler
Langstadt, Hans	15. Juni 1908 in Nürnberg	isr. Kaufmann
Lauer, Julius	1. Januar 1893 in Nürnberg	isr. Kaufmann

Name	Geburtsdatum	Beruf des Vaters
Lazarus, Joseph	12. Juni 1897 in London	isr. Kaufmann in London
Lebermann, Kurt	24. November 1902 in Nürnberg	isr. Kgl. Reallehrer
Lemle, Leo	27. Juli 1882 in Fischbach ermordet in Piaski	isr. Kaufmann; Rechtswissenschaftler
Levi, Heinrich	6. Juni 1887 in Buttenhausen	isr. Kaufmann
Levi, Hermann	18. Juni 1892 in Nürnberg	isr. Kaufmann
Levy, Hans	8. Oktober 1908 in Nürnberg	isr. Großkaufmann
Levy, Kurt	9. Februar 1903 in Nürnberg	isr. Kaufmann
Lewy, Wilhelm	22. Februar 1880 in Georgensgmünd	isr. Kaufmann
Lichtenstein, Heinz	26. September 1921 in Düsseldorf	isr. Kaufmann
Liebstätter, Otto	8. April 1900 in Nürnberg	isr. Praktischer Arzt
Lippmann, Herbert	9. August 1886 in Leipzig	isr. Kaufmann
Loewy, Richard	15. Februar 1891 in Waidhaus	isr. Kaufmann
Loewy, Hermann	15. Februar 1891 in Waidhaus	isr. Kaufmann
Maienthau, Heinz	12. Januar 1908 in Nürnberg	isr. Großkaufmann
Maier, Hugo	1. Juni 1894 in Forth b. Erlangen	isr. Lehrer (✡)
Marcuse, Siegfried	8. Januar 1880 in Nürnberg	isr. Bankier
Marx, Wilhelm	19. Juni 1907 in Nürnberg	isr. Kaufmann
Mayer, Siegfried	30. Mai 1895 in Nürnberg	isr. Kaufmann
Metzger, Hans	12. November 1890 in Nürnberg	isr. Fabrikbesitzer
Meyer, Rudolf	2. Dezember 1886 in Nürnberg	isr. Fabrikbesitzer (✡)
Mohr, Martin	7. Januar 1895 in Nürnberg	isr. Praktischer Arzt
Mohr, Richard	2. Juni 1898 in Nürnberg	isr. Rechtsanwalt
Münz, Heinrich	6. Juni 1900 in Nürnberg	isr. Praktischer Arzt
Neu, Kurt	19. Oktober 1899 in Nürnberg	isr. Kunstanstaltsbesitzer
Neuberger, Hans	3. Oktober 1900 in Nürnberg	isr. Oberarzt (✡)
Neuberger, Harald	11. Februar 1908 in Nürnberg	isr. Großkaufmann
Neuberger, Heinz	3. Oktober 1900 in Nürnberg	isr. Oberarzt (✡)
Neuburger, Kurt	1. November 1914 in Nürnberg	isr. Rechtsanwalt (✡)
Neuburger, Ludwig	18. September 1902 in Hainsfarth	isr. Kaufmann (✡)
Neuburger, Franz	5. Februar 1905 in Nürnberg	isr. Fabrikbesitzer
Neumann, Ernst	13. August 1896 in Meiningen	isr. Kaufmann (✡)
Neustättel, Adolf	12. Juli 1893 in Nürnberg	isr. Kaufmann (✡)
Oettinger, Martin	28. März 1879 in Neumarkt i.d.Opf. ermordet am 22. März 1943 in Theresienstadt	isr. Kaufmann
Oettinger, Hans	27. Januar 1922 in Nürnberg	isr. Praktischer Arzt

Name	Geburtsdatum	Beruf des Vaters
Offenbacher, Hans	30. Oktober 1888 in Nürnberg	isr. Kaufmann
Offenbacher, Joseph	30. März 1891 in Nürnberg	isr. Kaufmann
Oppenheim, Heinz	18. März 1914 in Nürnberg	isr. Kaufmann
Ottenstein, Rudolf	15. Februar 1889 in Nürnberg	isr. Kaufmann
Ottenstein, Hans	14. April 1902 in Nürnberg	isr. Kaufmann
Pflaum, Alexander	30. März 1895 in Fürth	isr. Kgl. Kommerzienrat und Bankdirektor
Pflaum, Erich	3. Juli 1897 in Fürth	isr. Kgl. Kommerzienrat u. Bankdirektor
Prager, Ernst	5. Februar 1898 in Nürnberg	isr. Kaufmann
Ramer, Moritz	13. März 1898 in Lancut	isr. Kaufmann
Rau, Otto	9. Februar 1899 in Nürnberg	isr. Kgl. Justizrat, Rechtsanwalt
Regensburger, Joseph	23. Februar 1887 in Sulzbürg,	isr. Privatier (✡)
Reis, Joseph	10. Mai 1909 in Eichstätt	isr. Kaufmann
Reis, Kurt	2. Februar 1901 in Nürnberg	isr. Kaufmann
Reis, Walter	1. Mai 1902 in Nürnberg	isr. Kaufmann
Reizenstein, Franz	7. Juni 1911 in Nürnberg	isr. Sanitätsrat
Reizenstein, Max	8. Mai 1902 in Nürnberg	isr. Praktischer Arzt
Roderer, Fritz	15. Juli 1908 in Nürnberg	isr. Kaufmann (✡)
Rosenblatt, Heinrich	23. September 1898 in Nürnberg	isr. Kaufmann
Rosenthal, Heinrich	11. Juni 1922 in Nürnberg	isr. Chemiker (✡)
Rosenthal, Karl	7. Juli 1879 in Nürnberg	isr. Kaufmann
Rothmann, Martin	28. September 1902 in Nürnberg	isr. Praktischer Arzt
Sahlmann, Georg	12. Dezember 1906 in Nürnberg	isr. Kaufmann
Schaalmann, Adolf	7. Juli 1890 in Eichstätt	isr. Kaufmann
Schiff, Max	23. November 1890 in Scheinfeld	isr. Kaufmann
Schild, Wilhelm	27. Juli 1903 in Nürnberg	isr. Spezialarzt
Schloss, Ludwig	30. Juli 1889 in Nürnberg	isr. Kaufmann
Schloß, Siegfried	3. März 1880 in Nürnberg ermordet am 9. März 1940 in Sachsenhausen	isr. Kaufmann
Schönbaum, Artur	7. September 1903 in Czernowitz	isr. Hilfsarbeiter
Schrotter, Richard	17. Juni 1900 in Nürnberg	isr. Kaufmann
Schulhöfer, Franz	27. September 1905 in Nürnberg	isr. Kaufmann
Schwab, Joseph	10. Juni 1898 in Nürnberg	isr. Kaufmann
Sieradzki, Ernst	5. Dezember 1910	isr. Kaufmann
Silberschmidt, Hans	11. April 1899 in Forchheim	isr. Kgl. Landgerichtsrat

Name	Geburtsdatum	Beruf des Vaters
Silberschmidt, Franz	2. Januar 1904 in Nürnberg	isr. Kgl. Landgerichtsrat und 1. Staatsanwalt
Silberstein, Erich	29. Januar 1906 in Nürnberg	isr. Kaufmann
Silberstein, Lothar	11. Februar 1908 in Nürnberg	isr. Kaufmann
Simon, Paul	4. Februar 1907 in Nürnberg	isr. Kaufmann
Sinauer, Ernst	21. Februar 1918 in Nürnberg	isr. Rechtsanwalt
Soyka, Fred	21. April 1914 in Nürnberg	isr. Kaufmann
Späth, Kurt	15. September 1908 in Nürnberg	isr. Kaufmann
Stark, Karl	29. März 1889 in Nürnberg	isr. Kaufmann
Stark, Leonhard	12. Januar 1892 in Nürnberg	isr. Kaufmann
Sterner, Wilhelm	23. Dezember 1890 in München ermordet in Izbica	isr. Kaufmann
Strauss, Hans	3. Januar 1913 in Nürnberg	isr. Rechtsanwalt
Teutsch, Eduard	14. März 1914 in Nürnberg	isr. Bankdirektor
Thurnauer, Hans	11. Juni 1908 in Nürnberg	isr. Fabrikbesitzer (✡)
Uhlfelder, Fritz	24. September 1914 in Nürnberg	isr. Rechtsanwalt
Ullmann, Arthur	5. Dezember 1881 in Kempten	isr. Bankier
Ullmann, Leopold	8. März 1887 in Burghaslach	isr. Kaufmann
Ullmann, Ludwig	7. August 1892 in Nürnberg	isr. Kaufmann
Wagner, Richard	11. April 1886 in Wien	isr. Kaufmann
Wassermann, Fritz	30. September 1888 in Nürnberg	isr. Kaufmann
Wassermann, Ernst	7. November 1904 in Nürnberg	isr. Kaufmann
Weinberger, Martin	21. April 1893 in Nürnberg	isr. Fabrikbesitzer
Wolff, Kurt	15. September 1908 in Nürnberg	isr. Kaufmann

Erhebung aus den Jahresberichten 1899 bis 1938

Anmerkungen Vorwort

DL = download

1. Rede von Bundespräsident Roman Herzog „Die Zukunft der Erinnerung", gehalten am 27. Januar 1999 im Deutschen Bundestag zum Tag des Gedenkens an die Opfer des Nationalsozialismus, vgl. https://www.bundesregierung.de/Content/DE/Bulletin/1990-1999/05-99_Herzog.html DL am 15.8.2016.
2. Kung-Futse (Konfuzius): Gespräche (Lun Yü), Jena ²1945, S. 254.
3. Kluge, Friedrich: Etymologisches Wörterbuch der deutschen Sprache, Berlin/New York ²²1989, S. 822.
4. „Let us not burthen our remembrance with/A heaviness that's gone." in: William Shakespeare: The Tempest (herausgegeben von Frank Kermode/übersetzt von August Wilhelm v. Schlegel), London 1976, S. 125.
5. Schiller, Friedrich: Was heißt und zu welchem Ende studiert man Universalgeschichte? Eine akademische Antrittsrede, in: Der Teutsche Merkur. 1773–89. 4. Bd. 1789, S. 105–135, hier: S. 125.
6. Der Babylonische Talmud: Traktat Taanith, Vom Fasttage, Folio 7a, Königstein ³1980, Band III, S. 654.
7. zitiert nach Arno Schmidt: Die Schule der Atheisten. Novellen-Comödie in 6 Aufzügen, Frankfurt/M. 1972. Schule 51, recte: „For some must watch while some must sleep/So runs the world away"; „Der eine schläft, der andre wacht,/Das ist der Lauf der Welt" nach William Shakespeare: Hamlet, Prinz von Dänemark, 3. Akt, 2. Szene, Vers 279–80. Übersetzt von August Wilhelm von Schlegel, in: Shakespeares Werke in vierzehn Teilen, Berlin 1912, Sechster Teil, S. 23125.
8. Horaz: Carmina, Liber III, Carmen 30, „Unsterblichkeit", in: Sämtliche Werke. Lateinisch und Deutsch. Hrsg. von Karl Bayer, Manfred Fuhrmann und Gerhard Jäger, München/Zürich ¹⁰1985, S. 170.

Anmerkungen zu Kapitel 1

1. Arendt, Hannah: Über das Böse. Eine Vorlesung zu Fragen der Ethik, München ⁵2012, S. 11f.
2. Für alle Hinweise auf die Familie Freudenthal danke ich Leibl Rosenberg sehr herzlich.
3. Willerich-Tocha, Margarete: Geschichten erzählen – Geschichte erfahren. Interdisziplinäre didaktische Überlegungen zum Thema Holocaust und Drittes Reich in der Literatur, in: GWU 2001, Heft 12, S. 732–751, hier S. 732.

Anmerkungen zu Kapitel 2

4 Redemanuskript Dr. Jacob Rosenthals für die Festveranstaltung anlässlich des 450. Todestages von Philipp Melanchthon am 19.4.2010 im Melanchthon-Gymnasium.
5 ebd.
6 Jochem, Gerhard in: http://www.rijo.homepage.t-online.de/pdf/DE_NU_JU_rosenthd.pdf, S.7, DL am 9.11.2012.
7 Jahrbuch 1937/38.
8 Schularchiv Akte Rosenthal.
9 Schularchiv Akte Rosenthal.
10 Jochem, Gerhard, in: http://www.rijo.homepage.t-online.de/pdf/DE_NU_JU_rosenthd.pdf, S. 8, DL am 9.11.2012.
11 Jochem, Gerhard, in: http://www.rijo.homepage.t-online.de/pdf/DE_NU_JU_rosenthd.pdf, S. 8, DL am 9.11.2012.
12 vgl. Jahresbericht 1938/39, S. 18.
13 Er war als Gausachbearbeiter vom 8. bis 13.6.1939 ebenso vom Dienst befreit wie als Teilnehmer der Reichswettkämpfe der SA in Berlin vom 15. bis 18.7.1939. Roll war vom 23.8. bis 19.9.1939 bei einer Wehrmachtsübung und vom 4. bis 9.10. 1939 zum Sudetendeutschen Freikorps abberufen, vgl. Jahresbericht 1938/39, S. 17.
14 Redemanuskript Dr. Jacob Rosenthal für die Festveranstaltung anlässlich des 450. Todestages von Philipp Melanchthon am 19.4.2010.
15 Filminterview mit Volkmar Schardt und Prof. Otto Hornstein am 5.7.2011.
16 Impulse zu Kapitel 2 stammen aus der Seminararbeit „Zionismus und Habonim in Nürnberg. Früher und heute" von Valeriy Izrailevych, dem ich hier ausdrücklich danke.
17 Redemanuskript Dr. Jacob Rosenthal für die Festveranstaltung anlässlich des 450. Todestages von Philipp Melanchthon am 19.4.2010.
18 ebd.
19 ebd.
20 Marie hörte innerhalb der Familie auf den ungewöhnlichen Spitznamen „Schladitz", da sie sich immer ein Fahrrad der Dresdner Marke Schladitz gewünscht hatte. Cieslik, Jürgen (Hrsg.): Ignaz Bing – Aus meinem Leben, Jülich 2004, S. 292.
21 ebd., S. 223ff.
22 ebd., S. 226.
23 In seinen Lebenserinnerungen „Aus meinem Leben" nannte Ignaz Bing die FZ „meine Frankfurter Zeitung", bei der auch der älteste Sohn der Unternehmerfamilie, Siegmund Bing, arbeitete, der bis zur Eröffnung des Neuen Gymnasiums in Nürnberg am Alten Gymnasium eine „gediegene Gymnasialausbildung" genossen hatte. Siehe Jahresbericht Altes Gymnasium Nürnberg 1887/88, S. 27.
24 Die Einwohnermeldekarte Irene Benario, Stadtarchiv Fürth, gibt den 5. Mai als Geburtstag an. Auf allen weiteren Dokumenten (Reifezeugnis, Heiratsurkunde etc.) ist jeweils korrekt der 8. Mai angegeben.
25 www.geni.com/people/Stefan Bing; Stefan Bing fiel am 5. Mai 1916 bei Amiens, DL am 5.9.2016.
26 Appell, Wolfgang, Juden in Erlangen, Bd. III Jüdische Euthanasie – Opfer der Heil- und Pflegeanstalt Erlangen, Erlangen 2016, www.lorlebergplatz.de.: hier Eintrag über Leo Benario aus den Kriegsranglisten und Stammrollen des Königreiches Bayern, Erster Weltkrieg 1914–1918, Bd. 6223, DL am 9.7.2016.
27 Jochem, Gerhard, Jüdische Soldaten aus Nürnberg im 1.Weltkrieg und ihre Schicksale nach 1918, vgl: rijo research2.0 rijo.homepage.t-online.de http://Geschichte-bayern.de, DL am 5.8.2016.
28 Laut Verordnung vom 14.3.1921 wurde der Schulbeginn ins Frühjahr verlegt, erstmals im Schuljahr 1921/22, vgl. Jahresbericht über das humanistische Carolinum Gymnasium in Ansbach für die Schuljahre 1920/21–1926/27, S. 13 StAN Bestand: Gymnasium Carolinum Ansbach Nr. 450.
29 Handschriftlicher Brief Leo Benarios, StAN Bestand: Gymnasium Carolinum Ansbach Nr. 1236.
30 Die Schulzeugnisse und Bemerkungen zu Benario am Carolinum Ansbach finden sich im STAN Bestand: Gymnasium Carolinum Ansbach Nr. 919, 929, 939 und 192 zum Abitur Benarios.
31 https://de.wikipedia.org/wiki/Olga Benario-Prestes, DL am 6.6.2016. Olga wurde in der DDR zu einer Ikone hochstilisiert; auch sie wurde Opfer der Shoa.
32 Stadtmuseum Erlangen (Hrsg.): Die Friedrich-Alexander-Universität Erlangen-Nürnberg 1743–1993. Geschichte einer deutschen Hochschule (Ausstellungskatalog, Veröffentlichung des Stadtmuseums Erlangen, Nr. 43, Nürnberg 1993, 3.2.42d, S. 334 und 3.3.53a-d, S. 353 (FAU 1743-1993). Diese Veröffentlichung ist dem Gedenken an Rudolf Benario und Max Hanns Kohn gewidmet.

33 vgl. Szyszka, Peter, Leo Benario, in: Meyer, Michael/Weidemann, Thomas (Hrsg.): Biographisches Lexikon der Kommunikationswissenschaft, Köln 2015, http://blexkomhalemverlag.de/leo.benario, DL am 27.5.2016 und Bergler, Georg: Geschichte der Hochschule für Wirtschafts- und Sozialwissenschaften Nürnberg 1919–1961, Bd. 1 und 2, Nürnberg 1963 und 1969.

34 vgl. Anm. 32 FAU 1743–1993, 3.2.43d, S. 334, Rudolf hatte im Wintersemester 1929/30 das Diplom-Volkswirt-Examen abgelegt und war nunmehr Doktorand. FAU 1743-1993 ebd. 3.3.53a–d, S. 353f.

35 vgl. Anm. 32, FAU 1743–1993, 3.2.40a, S. 333 und 3.3., S. 336.

36 vgl. Anm. 32, Erlanger Volksblatt am 12.6.1931, in: FAU 1743–1993, 3.2.44, S. 334.

37 vgl. Recherchen der Klasse 9b der Hauptschule Soldnerstraße in Fürth: Birken am Rednitzufer. Eine Dokumentation über Dr. Rudolf Benario, am 12. April 1933 im KZ Dachau ermordet, in: Der Landbote. Verein für sozial- und politikwissenschaftliche Studien e.V., Fürth 2003, S. 1–16, hier S. 7.

38 vgl. Anm. 32, FAU 1743–1993, 3.3.53d, S. 354.

39 Strauß, Heinrich: Fürth in der Weltwirtschaftskrise und der nationalsozialistischen Machtergreifung, in: Schriftenreihe des Stadtarchivs Nürnberg, Bd. 29, Nürnberg 1980, S. 458.

40 Zámecnik, Stanislav: Das war Dachau, Luxemburg 2002, S. 22; so auch Hedwig Laufer (verh. Regnart), eine junge, mit Rudolf befreundete Kommunistin aus Fürth in ihren „Erinnerungen" (Typoskript), S. 1.

41 Fürther Anzeiger vom 11.3.1933, Stadtarchiv Fürth.

42 Seubert, Rudolf: Mein lumpiges Vierteljahr Haft... – Die ersten Morde von Dachau, in: Döring, Jörg/Joch, Markus (Hrsg.): „Alfred Andersch revisited", Berlin/Boston, S. 77ff.

43 Die Vernehmungsprotokolle liegen im Archiv der Gedenkstätte Dachau: Berichte von Schirmer, Hermann; Gesell, Willi; Dittenheber, Kasimir; Hirnickel, Anton; Aussagen von Steinbrenner u.a. bei Seubert, Rudolf: Mein lumpiges Vierteljahr Haft... – Die ersten Morde von Dachau, wie Anm. 42.

44 Stunden vor Ankunft des ersten Häftlingstransports aus Nürnberg-Fürth war den neuen Bewachern in einer Rede eines SS-Oberführers klargemacht worden, dass derjenige für den Lagerdienst ungeeignet sei, der annähme, dass die Häftlinge „Menschenantlitz" trügen. Wer kein Blut sehen könne, sei untauglich. „Wenn einer unter Euch ist, der glaubt, es sind Menschen wie ihr, soll er sofort nach links austreten", in: Zámecnik, Stanislav: Das war Dachau, S. 27 und Anm. 40.

45 Richardi, Hans-Günter: Schule der Gewalt. Das Konzentrationslager Dachau 1933–1934, München 1983, S. 88ff.

46 Imholz, Siegfried: Der Mord an Ernst Goldmann in Dachau am 12. April 1933, http://der-landbote.de/downloads/ S. 7, DL vom 6.8.16.

47 Fürther Anzeiger vom 13.4.1933 (Stadtarchiv Fürth); Zámecnik, Stanislav: Das war Dachau, S. 28.

48 Abdruck des Briefes mit Liste der nach Dachau gesandten Dinge in: Sponsel, Udo/Steiner, Helmut: Erinnerung an Rudolf Benario, S. 52.

49 Kolb, Bernhard: Die Juden von Nürnberg 1839–1945, bearbeitet von Jochem, Gerhard, siehe www.rijo.homepage t-online.de, S. 21, DL am 10.7.2016.

50 ebd.

51 Für Erwin Kahn sind fünf Einschüsse, für Arthur Kahn vier bezeugt, die Ohrenzeugen sprachen von ca. 20 Pistolenschüssen, was für Ernst Goldmann und Rudolf Benario ebenfalls mehrere Schussverletzungen bedeutet. War Rudolf Benario derjenige, der den „Gnadenschuss" in die Stirn erhielt?

52 So bei Schneeberger, Michael: Die Benarios (Typoskript), S. 4, Nachlass im Johanna-Stahl-Zentrum Würzburg. Rudolf war nie berufstätig gewesen, hier irrt der Verfasser der Festschrift 150 Jahre BLLV (www.bllv.de/index, DL vom 8.8.16) Rudolf ist nie Hochschuldozent gewesen, hier liegt eine Verwechslung mit Vater Leo Benario vor.

53 Die Todesanzeige Rudolf Benarios ist sowohl in Fürth als auch in Erlangen veröffentlicht: Erlanger Todesanzeigen im Nachlass Anneliese Haas, Kopie Stadtarchiv Erlangen III.424. B.1.

54 Brief Irenes vom 2.8.1993 an Gertrud Lehmann, Stadtarchiv Erlangen.

55 Schularchiv MGN Akte Kurt Arnold.

56 ebd.

57 ebd.

58 Briefwechsel Claude Frank und Karl Fischer 1984 (Privatsammlung Franziska Reim)

59 Einwohnermeldekarte StadtAN C21/10 Nr. 2

60 Hans Schemm war Gauleiter der Bayerischen Ostmark und wurde von Hitler am 13. April 1933 zum „Leiter der kulturellen und erzieherischen Angelegenheiten Bayerns" ernannt.

61 Der Nationalsozialistische Lehrerbund (NSLB) wurde 1929 als NS-Organisation für Erzieher bzw. Lehrer gegründet und hatte bis 1943 Bestand. Ab 1933 stieg der NSLB zur alleinigen Lehrerorganisation im Deutschen Reich auf. Sein Ziel war die Verbreitung der NS-Weltanschauung. Der Einfluss auf die Schulpolitik war trotz beachtlicher Mitgliederzahlen eher spärlich. Publikationsorgan war die „Nationalsozialistische Lehrerzeitung", die in Bayreuth, dem Wohnsitz von Hans Schemm (1891–1935) sowie dessen Nachfolgers Fritz Wächtler (1891–1945), herausgegeben wurde.
62 vgl. Stadtlexikon Nürnberg, Lemma Josephthal (Gerhard Jochem)
63 Der Stürmer", Juni 1923.
64 http://www.rijo.homepage.t-online.de/pdf/DE_NU_JU_joseph2d.pdf, DL am 16.6.2015.
65 StAN F14, Nr. 33 und http://www.rijo.homepage.t-online.de/pdf/DE_NU_JU_joseph2d.pdf, DL am 16.6.2015.
66 StadtAN, E1/1626 Nr. 3.
67 StadtAN, E6/1026 Nr. 4.
68 Leo Baeck Institut, Josephthal Paul AR 4179.
69 StadtAN E50, Nr. 2.
70 Stadtlexikon Nürnberg, Lemma Josephthal.
71 StadtAN, Einwohnermeldekarte Hans Josephthal C21 X, Nr. 4.
72 Josephthal, Senta: The Responsible Attitude: The Life and Opinions of Giora Josephthal. Biographical Sketch, New York 1966.
73 Zinke, Peter: Flucht nach Palästina. Lebenswege Nürnberger Juden, Nürnberg 2003 und ein Interview Sonja Reinholds und Valeriy Izrailevych mit Peter Zinke vom 12. April 2011.
74 vgl. Anm. 72, S. 6.
75 ebd., S. 8.
76 ebd., S. 10f.
77 ebd., S. 14.
78 ebd., S. 17.
79 ebd., S. 25.
80 StadtAN, F14 Nr. 33, fol 8.
81 Schularchiv MGN, Akte Berlin.
82 StadtAN, E48 Nr. 3, fol. 3.
83 StadtAN, F33 Nr. 33, fol. 9.
84 StadtAN, E48 Nr. 3, fol. 4.
85 Aly, Götz: Warum die Deutschen? Warum die Juden? Gleichheit, Neid und Rassenhass, Frankfurt 2011.
86 StadtAN, F5, Nr. 406, fol. 4.
87 StadtAN, F5, Nr. 406, fol. 3.
88 ebd.
89 StadtAN, F5, Nr. 406, fol. 5–6.
90 ebd.
91 StadtAN, F5, Nr. 406, fol. 6–7.
92 ebd., fol. 10.
93 ebd., fol. 9.
94 vgl. Müller, Arnd: Geschichte der Juden in Deutschland 1146–1945, Nürnberg 1968, S. 248.
95 vgl. Weber, Reinhard: Das Schicksal der jüdischen Rechtsanwälte in Bayern nach 1933, München 2006, S. 185.
96 vgl. Anm. 95 Weber: Jüdische Rechtsanwälte, S. 185. Da sein letzter Brief an seine Frau Helene vom 31.1.1940 stammt, wird er wohl länger in Fürth eingesperrt worden sein.
97 StadtAN, F5, Nr. 406, fol. 11.
98 vgl. Wörl, Kurt O.: Erinnerungen an Leopold Stahl, Moritz Wertheimer und Dr. Siegfried Schloß, in: Der Wahrheit verpflichtet. 100 Jahre Freimaurerloge „Zur Wahrheit" i.O. Nürnberg (1907–2007), Nürnberg 2007, S. 65. (www.loge-zur-wahrheit.de/unsere Geschichte, DL am 5.10.2012)
99 vgl. Anm. 72 Zinke: Flucht nach Palästina, S. 153f.
100 vgl. Anm. 98, Wörl: Dr. Siegfried Schloß, in: Der Wahrheit verpflichtet, S. 66.
101 vgl. ITS Archives Arolsen: Doc. No. 11741828#1 (1.2.1/1924A-2123/1971/0102). Auszug aus Gefangenenbüchern B des Landgerichtsgefängnisses Hof.
102 vgl. Kogon Eugen: Der SS-Staat. Das System der deutschen Konzentrationslager, München 1994, S. 59–63.
103 vgl. Morsch, Günther und Ley, Astrid (Hrsg.): Das Konzentrationslager Sachsenhausen. 1936–1945 Ereignisse und Entwicklungen, Berlin 2011, S. 41 f., 54 f.
104 vgl. ITS Archives Arolsen: Doc. No. 4094935#1 (1.1.38.1/0001-0189/0110/0044). Zugangsliste des KZ Sachsenhausen.
105 vgl. Anm. 103, Morsch und Ley (Hrsg.): Sachsenhausen, S. 38
106 StadtAN, F5, Nr. 406, fol. 13.
107 Der Internationale Suchdienst, englisch International Tracing Service, in Bad Arolsen ist das Zentrum für Dokumentation, Information und Forschung über die nationalsozialistische Verfolgung, Zwangsarbeit sowie den Holocaust. Das Archiv des ITS verzeichnet für internationale Nachfrage auf Englisch. International Archives Arolsen: Doc. No. 4109776#1 (1.1.38.1/0001-0189/0167/0076).

108 vgl. http://www.loge-zur-wahrheit.de/?p=916, DL am 12.12.2015.
109 Das 243seitige maschinengeschriebene Manuskript „Dichtheit und Wahrung" ist vom Leo-Baeck-Institut New York digitalisiert worden und unter hinterlegt: http://www.lbi.org/digibaeck/results/?qtype=pid&term=374161.
110 Für wesentliche Hinweise zu Dr. Max Freudenthal danke ich sehr herzlich Herrn Leibl Rosenberg (Stadtbibliothek Nürnberg).
111 Freudenthal, Max: Die Erkenntnislehre Philos von Alexandria [Nachdr. der Ausg.] Berlin 1891, Nendeln/Liechtenstein, Kraus Reprint, 1975; ders.: Religionsbuch für den israelitischen Religionsunterricht an den Oberklassen der Gymnasien und Töchterschulen, Nürnberg, Verl. der Friedr. Kornschen Buchhandlung, 1912; ders.: Kriegsgedenkbuch der israelitischen Kultusgemeinde Nürnberg, Nürnberg 1920; ders.: Zum zweihundertjährigen Geburtstag Moses Mendelssohns [Nachdr. d. Ausg.] Berlin 1929; ders.: Die israelitische Kultusgemeinde Nürnberg 1874 – 1924, Nürnberg 1925.
112 Dichtheit und Wahrung, S.32.
113 Freudenthal, Max: Gedächtnis-Nummer, in: Israelitische Gemeinde Nürnberg (Hg.), Nürnberger Isr. Gemeindeblatt Nummer 6, Nürnberg 1922, S. 37ff.
114 ebd.
115 Freudenthal, Max (Hg.): Kriegsgedenkbuch der israelitischen Kultusgemeinde Nürnberg, Nürnberg 1920, S.143.
116 Freudenthal, Walter: Champagne-Tagebuch, fol. 4r. (www.lbi.org/digibaeck)
117 ebd.
118 ebd., fol7r.
119 ebd., fol 8r.
120 ebd.
121 Freudenthal, Max (Hg.): Kriegsgedenkbuch der israelitischen Kultusgemeinde Nürnberg, Nürnberg 1920, S.143.
122 Freudenthal, Walter: Champagne-Tagebuch., fol. 10r.
123 ebd.
124 ebd.
125 ebd., fol. 11r.
126 ebd.
127 ebd.
128 ebd., fol. 18l.
129 ebd.
130 ebd. fol. 18r.
131 ebd. fol. 18r.
132 ebd.
133 http://bio.bwbs.de/Die_Herbstschlacht_in_der_Champagne_B503.html, DL vom 14.10.2015.
134 Freudenthal, Heinz: Dichtheit und Wahrung, fol. 21r.
135 ebd.
136 StadtAN, C21/CII Nr. 126.
137 http://www.franzreizenstein.com/biography.html, DL vom 14.10.2014.
138 StadtAN, C21/X 7.
139 Dichtheit und Wahrung, S. 45.
140 ebd., S. 52.
141 ebd., S. 53.
142 ebd., S. 54.
143 ebd., S. 55.
144 ebd., S. 58.
145 ebd., S. 80.
146 ebd., S. 95.
147 ebd., S. 176f.
148 ebd., S. 195.

Anmerkungen zu Kapitel 3

149 Filminterview mit Volkmar Schardt und Prof. Otto Hornstein am 5.7.2011, 7:45 bis 8:20.
150 Filminterview mit Volkmar Schardt und Prof. Otto Hornstein am 5.7.2011, 17:00 bis 17:19.
151 Filminterview mit Ferdinand Klaever am 11.10.2011, 18:45 bis 20:45.
152 vgl. Doms Alexander: Titus Livius - Historikerlektüre unter dem Hakenkreuz, Pegasus Onlinezeitschrift XII (2012), Heft 1, S. 1-11, unter http://www.pegasus-onlinezeitschrift.de/2012_1/pegasus_2012-1_doms.pdf, DL am 1.11.2012.
153 Aly, Wolfgang: Das griechisch-römische Altertum im Rahmen der nationalsozialistischen Erziehung, in: Volk im Werden 2 (1934), S. 226–235.
ders.: Von der Zukunft des humanistischen Gymnasiums, in: Volk im Werden 3 (1935), S. 427–433.
Oppermann, Hans: Vom erzieherischen Wert des römischen Schrifttums, in: Gegenwärtiges Altertum. Mitteilungen aus dem Reichssachgebiet Alte Sprachen im NSLB 1 (1936), S. 33–41.
154 siehe Anm. 152
155 Haug, Otto: Die griechisch-römische Antike in deutscher Auffassung, in: Ziele und Wege des altsprachlichen Unterrichts im Dritten Reich, Stuttgart 1937, S. 28f.
156 ebd.
157 Aly, Wolfgang: Titus Livius, in: Auf dem Wege zum nationalpolitischen Gymnasium 4, Frankfurt 1938, S. 41.
158 Bucherer, Fritz/Ostern, Hermann (Hg.): Das humanistische Gymnasium (1933) Heft 6, S. 235.
159 Eichhorn, Friedrich: Das Reichssachgebiet „Alte Sprachen" im NSLB und der altsprachliche Unterricht im Dritten Reich, in: Ziele und Wege des altsprachlichen Unterrichts im Dritten Reich, Stuttgart 1937, S. 12f.
160 Erziehung und Unterricht in der Höheren Schule, Amtliche Ausgabe des Reichs- und Preußischen Ministeriums für Wissenschaft, Erziehung und Volksbildung, Berlin 1938, S. 232.
161 Die Fotos des Mitschülers Paul Bayer sind der Ausstellung „Verführt, verleitet, verheizt. Das kurze Leben des Nürnberger Hitlerjungen Paul B." vom 28. Mai bis 30. November 2004 im Dokumentationszentrum Reichsparteitagsgelände entnommen.
162 Filminterview mit Volkmar Schardt und Prof. Otto Hornstein am 5.7.2011, 38:40 bis 45:00.
163 StadtAN, F5 Nr. 444.
164 Filminterview mit Ferdinand Klaever am 11. 10. 2011, 5:32 bis 7:16.
165 ebd., 7:44 bis 9:09. ebd.
166 ebd., 9:28 bis 10:29.
167 ebd., 11:00 bis 12:40.
168 Erinnerung von Rolf Riedel an die Bombennacht 2. Januar 1945 (handschriftliches Manuskript, Sammlung Switalski).
169 Im Erinnerungsbericht von Rolf Riedel heißt es: „Im Juni des Jahres 1940 wurden wir dann in Nürnberg in die Wohnung eines weitläufig mit uns verwandten Ehepaares, Jonas und Rosa Uhlfelder, mit eingemietet. Die Eheleute Uhlfelder waren auch jüdischen Glaubens und hatten nach der damaligen Gesetzeslage nicht mehr Anspruch auf so viel Wohnraum. Da meine Familie wohnungssuchend gemeldet war, ergab sich der Umstand, dort einziehen zu können, was auch den beiden Uhlfelders naturgemäß lieber war, als irgendwelche fremde Kriegsflüchtlinge einquartiert zu bekommen." Die Sulzbacherstraße 25 wurde eines von 52 Judenhäusern, in denen vor den Deportationen die jüdischen Familien kaserniert wurden.
170 Erinnerungsbericht von Rolf Riedel.
171 StadtAN, C7/VIII KR Nr. 525.
172 Jahresbericht 1954/55, S. 35.

Anmerkungen zu Kapitel 4

173 vgl. BayHStAM, MK 46904, Dr. Friedrich Mezger Laufzeit 1908 – 1969.
174 BayHStAM, MK 45609, Franz Bauer Studienprofessor, Laufzeit 1948 – 1959.
175 HSTAM MK 45609, Franz Bauer am 25. März 1945, fol 3 ff.
176 HSTAM MK 45609, fol. 17.
177 Filminterview mit Ferdinand Klaever vom 11. Oktober 2011 ab 35:37 bis 35: 55.
178 Filminterview mit Volkmar Schardt und Otto Hornstein am 5.7.2011, 13:51 bis 14:45.
179 HSTAM MK 45609, unfoliert.
180 HSTAM MK 45609, fol. 12 .
181 HStAM MK 45609, fol. 22.
182 HSTAM MK 45609, fol. 14.
183 BayHStAM, MK 46332, Dr. Friedrich Helmreich Oberstudiendirektor, Laufzeit 1924 – 1956, fol 5.
184 BayHStAM, MK 46332, Dr. Friedrich Helmreich Oberstudiendirektor, Laufzeit 1924 – 1956, fol. 1.
185 BayHStAM, MK 46332, Dr. Friedrich Helmreich Oberstudiendirektor, Laufzeit 1924 – 1956, fol. 9f.
186 Schreiben des Melanchthon-Gymnasiums an das Bayer. Staatsministerium vom 3. März 1939.
187 BayHStAM, MK 46332, Dr. Friedrich Helmreich Oberstudiendirektor, Laufzeit 1924 – 1956, fol 12ff. gilt auch für alle weitern Zitierungen
188 BayHStAM, MK 46332, Dr. Friedrich Helmreich Oberstudiendirektor, Laufzeit 1924 – 1956, fol. 8.
189 BayHStA, MK 46332, fol. 9.
190 BayHStAM, MK 46332, Dr. Friedrich Helmreich Oberstudiendirektor, Laufzeit 1924 – 1956, fol. 11.
191 BayHStAM, MK 46332, Dr. Friedrich Helmreich Oberstudiendirektor, Laufzeit 1924 – 1956, fol. 13.
192 ebd.
193 ebd.
194 Jahresbericht 1938/39, S. 19
195 Filminterview mit Volkmar Schardt und Prof. Otto Hornstein am 5.7.201, 5:11 bis 6:00.
196 Filminterview mit Dr. Ferdinand Klaever am 11. Oktober 2011; 18:45 bis 19:35.
197 BayHStAM, MK 45862, unfoliert.
198 BayHStAM, MK 46433, Daut Berufung, Blatt 2.
199 BayHStAM, MK 46433, Daut Spruch vom 3. Februar 1948, BK VI/1005–II/1033 Blatt 2 (ehemalige Folierung der Abschrift 9754).
200 ebd.
201 BayHStAM, MK 46433, Daut (ehemalige Folierung 11282)
202 BayHStAM, MK 46433, Kollege August Blab über Dauts Verhältnis zur HJ, unfoliert.
203 Nachtrag zum Personalakt durch Dr. F. Stählin
204 BayHStAM, MK 46083, Oberstudiendirektor Dr. Ludwig Früchtel, Laufzeit 1929 – 1964, fol. 1.
205 BayHStAM, MK 46083, Oberstudiendirektor Dr. Ludwig Früchtel, Laufzeit 1929 – 1964, unfoliert.
206 ebd.
207 ebd.
208 Filminterview mit Kurt Arnold am 22. März 2011.

Anmerkungen zu Kapitel 5

209 http://www.isb-gym8-lehrplan.de/contentserv/3.1.neu/g8.de/index.php?StoryID=26228&PHPSESSID=9ad21765376e276054f0d5c1359b3325, DL am 13.8.12.
210 vgl. Meseth, Wolfgang/ Proske, Matthias/ Radtke, Frank-Olaf (Hg.): Schule und Nationalsozialismus. Anspruch und Grenzen des Geschichtsunterrichts, Frankfurt/M. 2004.
211 Fest, Joachim: Was wir aus der Geschichte nicht lernen, in: Die Zeit 13/2003, vgl. http://www.zeit.de/2003/13/Dankrede, DL am 21.8.15.

Abbildungsverzeichnis

Abb. 1: Heiner, später Jacob Rosenthal um 1939 und 2010 im Melanchthon-Gymnasium (Foto links: Sammlung Rosenthal; Foto rechts: Martin Rösch)

Abb. 2: „Besondere Schulzensur" für Heinrich (Jacob) Rosenthal 1933 (Schularchiv MGN)

Abb. 3: Mantelbogen des Schülers Heinrich Rosenthal mit antisemitischer Zeugnisbemerkungen von Professor Hufnagel aus dem Jahr 1935 (Schularchiv MGN) und Titelbild „Die Judenfrage im Unterricht" von Friedrich Wilhelm Fink

Abb. 4: Konrad Heißner als Mathematiker am Melanchthon-Gymnasium (BayHStA, MK46325)

Abb. 5: Ankündigung der jüdischen Feiertage für das Alte Gymnasium durch Rabbiner Dr. Freudenthal vom 5. September 1920 (STAN Rep 254/4 Melanchthon-Gymnasium Nürnberg, Reg. KdI Abg 1968 XIII Nr 3133, Nr. 396 außergewöhnliche Feste)

Abb. 6: Formlose Abmeldung für Claus Frank 25. September 1938 (Schularchiv MGN)

Abb. 7: Pass von Heinrich (Israel) Rosenthal (StadtAN, C21 VII 130)

Abb. 8: Heiner Rosenthals Impressionen für die zionistische „Pfadfinder"-Gruppe „Habonim" 1937 (Sammlung Rosenthal; Collage Mathias Single)

Abb. 9: Jacob Rosenthal als Marineoffizier und mit seiner Frau Tirza (Sammlung Rosenthal)

Abb. 10: Die Ehre des jüdischen Soldaten; Dissertation von Jacob Rosenthal von 2003 (Foto: privat)

Abb. 11: Clara Künne erklärt Direktor Beyerlein und Landesbischof Dr. Friedrich die Installation „Ausgrenzung" am 19. April 2010. (Foto: Martin Rösch)

Abb. 12: Dr. Jacob Rosenthal beim Kunstwerk „Bank" mit den eingeblendeten Passbildern der letzten jüdischen Melanchthonianer vor 1938 (Foto: Hans-Peter Weigl, Collage Mathias Single)

Abb. 13: Drittes Artefakt zum 450. Todestag von Philipp Melanchthon „Durchbruch des Humanismus" (Foto: Martin Rösch)

Abb. 14: Ludwig Ullmann (1892–1942) vgl. http://yvng.yadvashem.org, DL am 4.10.15.

Abb. 15: Todesfallanzeige von Ludwig Ullmann vgl. http://yvng.yadvashem.org, DL am 4.10.15.

Abb. 16: page of testimony für Ludwig Ullmann vgl. http://yvng.yadvashem.org, DL am 4.10.15.

Abb. 17: Siegfried Kupfer (1882–1941) vgl. http://yvng.yadvashem.org, DL am 4.10.15.

Abb. 18: Emil Bacherach (1887–1941) http://yvng.yadvashem.org, DL am 4.10.15.

Abb. 19: Straßenschild „Dr.-Rudolf-Benario-Straße" in Fürth (Foto: Dr. Cornelia Kirchner-Feyerabend)

Abb. 20: Pass von Hans Thurnauer (StadtAN, C2/VII Nr. 166)

Abb. 21: Pass von Kurt Späth (StadtAN, C21/VII Nr. 155)

Abb. 22: Rudolf Benario beim Ballspielen im Garten des elterlichen Anwesens Erlenstegenstraße 24a (Foto: Dr. Cornelia Kirchner-Feyerabend von Marc Oettinger/Vermont)

Abb. 23: Meldeblatt Benarios (Foto: Dr. Cornelia Kirchner-Feyerabend)

Abb. 24: Rudolf Benario (1908–1933) vor seiner Ermordung im KZ Dachau im Garten des Elternhauses, Erlenstegenstraße 24a. (Foto: Dr. Cornelia Kirchner-Feyerabend)

Abb. 25: Grabstein Dr. rer. pol. Rudolf Benario auf dem Israelitischen Friedhof in Nürnberg, Schnieglinger Straße 155 (Foto: Dr. Cornelia Kirchner-Feyerabend)

Abb. 26: Schülerfilmteam vom 22. März 2011 mit Nikolai Wüstemann, Valentin Olpp, Pascal Henninger, Fiona Ruppert und Kurt Arnold (Foto: Martin Rösch)

Abb. 27:	Klassenliste der 1b von 1937 mit Kurt Arnold (Jahresbericht des MGN Schuljahr 1937/38)
Abb. 28:	Filminterview mit Peter Schmid durch Nina Heinz, Alba Koch und Helen Enßle am 13. Dezember 2011 (Foto: Martina Switalski)
Abb. 29:	Klassenliste der 3a im Schuljahr 1937/38 mit Peter Schmid, Claus Bingold, Albrecht Schardt und Karl Heinz Klaever (Jahresbericht des MGN Schuljahr 1937/38)
Abb. 30:	Geburtshaus von Peter Schmid mit Schweizer Flagge (Sammlung Schmid)
Abb. 31:	Klassenfoto mit Peter Schmid aus dem Jahr 1935 mit rückwärtiger Gefallenenliste (Sammlung Schmid)
Abb. 32:	Unterrichtsschnappschüsse aus dem Jahr 1942 mit Dr. Früchtel in der Klasse VIIa (Sammlung Schmid)
Abb. 33:	Pass mit Schülerbild von Claus Frank samt seiner Aberkennung der deutschen Staatsbürgerschaft (StAN, C21/VII Nr. 41)
Abb. 34:	Professor August Blab (Turnen und Kurzschrift) und Professor Leo Stettner (Deutsch, Geschichte, Englisch), der als Kettenraucher „Nikotin" genannt wurde, im Pausenhof des Melanchthon-Gymnasiums 1937 (Sammlung Klaever)
Abb. 35:	Antwortbrief Claude Franks aus New York auf die Schuldbekenntnisse seines ehemaligen Klassenkameraden Karl Fischer aus dem Jahr 1984 (Sammlung Karl Fischer)
Abb. 36:	Claude Franks Schulerinnerungen im Brief an seinen ehemaligen Klassenkameraden Karl Fischer 1984 (Sammlung Karl Fischer)
Abb. 37:	Zeugnis mit antisemitischen Bemerkungen über Klaus (sic) Frank aus dem Schuljahr 1935/36 (Schularchiv MGN Akte Claus Frank)
Abb. 38:	Künstlerportraits von Claude Frank als Beethoveninterpret (http://www.musicandarts.com/CDpages/CD4640hi.html, DL am 14.9.11)
Abb. 39:	Aula des Melanchthon-Gymnasiums 1936 mit Fuhrerbild (Schularchiv MGN)
Abb. 40:	Klassenfoto mit Karl Buck (2. Reihe, 3. v.r.), Ernst Kahn (2. Reihe, 4. v. l.) und Peter Frank (unterste Reihe, 5. v. l.) aus dem Jahr 1933 (Sammlung Buck)
Abb. 41:	Pfarrer Karl Buck im Gespräch mit Lara Stöckle (Foto: Julia Nagler)
Abb. 42:	NS-Tätigkeiten (Jahresbericht Melanchthon-Gymnasium 1935/36)
Abb. 43:	Verleihung des Titels „Melanchthon-Gymnasium" durch NS-Kultusminister Schemm am 1. Juni 1933 (Jahresbericht des MGN Schuljahr 1933/34)
Abb. 44:	Im Modellzimmer des 2. Obergeschosses fand sich 1936 die reichsweit verbreitete Hitlerbüste des Kunstprofessors Eschlwöch (Archiv Melanchthon-Gymnasium Direktorat und Sammlung Dr. Ferdinand Klaever)
Abb. 45:	Der Bauplan des zweiten Obergeschosses zeigt neben dem Zeichensaal samt Modellraum das Israelitische Religionszimmer (heute Zi. 218). (STAN, Abg. 1968, Tit XIII Nr. 3136)
Abb. 46:	Streicher bei der Festnahme in Berchtesgaden 1945 (http://blog.rothenburg-unterm-hakenkreuz.de/wp-content/uploads/2013/10/Streicher-Festnahme-1945-in-Berchtesgaden.jpg, DL am 15.8.2016)
Abb. 47:	Peter Franks Pass (StadtAN, C21/VII Nr. 41)
Abb. 48:	Besuch Peter Franks in Nürnberg anlässlich der Eröffnung des Dokumentationszentrums 2001 (Nürnberger Nachrichten vom 6. November 2001, S. 13)
Abb. 49:	Peter Franks Besuch im Saal 600 und im Melanchthon-Gymnasium 2001 (Nürnberger Nachrichten vom 3./4. November 2001, S. 4)

Abb. 50:	Justizrat und Geheimer Hofrat Gustav Josephthal (1831–1914)(Germanisches Nationalmuseum Nürnberg; Inventarnummer des Originals MED 10833 aus: http://www.rijo.homepage.t-online.de/pdf/DE_NU_JU_josephth.pdf, DL am 14.6.14)
Abb. 51:	Todesanzeigen für Emil Josephthal (Fränkischer Kurier vom 23. Mai 1923)
Abb. 52:	Diffamierung des verstorbenen Emil Josephthal („Der Stürmer" Juni 1923)
Abb. 53:	Bericht Rose Berlins für die Nürnberger Kriegsverbrecherprozesse 1945 (StadtAN, F14, Nr. 33)
Abb. 54:	Paul Josephthals Urkunde für das Ehrenkreuz der Frontkämpfer von 1935 (StadtAN, E50, Nr. 2)
Abb. 55:	Pass von Hans Josephthal, der als politisch gefährlich eingestuft wurde (StadtAN, Einwohnermeldekarte Hans Josephthal (StadtAN, C21 X, Nr.4)
Abb. 56:	Pass von Rolf Josephthal mit Schüler- und Adoleszenzbild (StadtAN, C21/VII Nr. 75)
Abb. 57:	Pass von Georg, später Giora Josephthal (StadtAN, C21/VII Nr. 75)
Abb. 58:	Senta und Giora Josephthal in Israel (http://de.wikipedia.org/wiki/Georg_Josephthal, DL am 14.9.12)
Abb. 59:	Dr. Martina Switalski deutet auf der Ehrentafel der Kabinettsmitglieder der Knesset auf Giora Josephthal (Foto: Thomas May 10. Juli 2013)
Abb. 60:	Dr. Walter Berlin als Offizier im Ersten Weltkrieg (StadtAN, E48, Nr. 1)
Abb. 61:	Ludwig Berlin im Interview mit Ioanna Kopasaki (links) und Regina Kreuz (Foto: Valeriy Izrailevych)
Abb. 62:	Ludwig und Dr. Anita Berlin mit Martina Switalski vor der Installation „Bank im Eingangsbereich des Melanchthon-Gymnasiums 2012 (Foto: Valeriy Izrailevych)
Abb. 63:	Würdigung der Taten Dr. Walter Berlins (StadtAN, E48, Nr. 3)
Abb. 64:	Geburtshaus und Kinderbild Ludwig Berlins um 1922 (Sammlung Ludwig Berlin)
Abb. 65:	Ludwig Berlin mit Mutter und Schwester Anneliese (Sammlung Ludwig Berlin)
Abb. 66:	Ludwig Berlin als Gymnasiast (Sammlung Ludwig Berlin)
Abb. 67:	„Austrittszeugnis" Ludwig Berlins vom 24. März 1937 (Schularchiv MGN Akte Ludwig Berlin)
Abb. 68:	Ludwig Berlin um 1945 (Sammlung Ludwig Berlin)
Abb. 69:	Ioanna Kopasaki bei der Auszeichnung des Bayerischen Clubs im Maximilianeum am 21. November 2012 mit Herrn Ministerialbeauftragten Joachim Leisgang, Direktor Otto Beyerlein und Dr. Martina Switalski (Foto: Elefteria Kopasaki)
Abb. 70:	Ludwig Berlin mit seiner Tochter Anita vor seinem Geburtshaus und der am 15.3.2012 enthüllten Gedenktafel für die Hilfsstelle der Evangelisch-Lutherischen Kirche für Christen jüdischer Herkunft (Foto: Martina Switalski)
Abb. 71:	Geschichtsklasse 9ac mit Ludwig Berlin und seiner Familie anlässlich seines 94. Geburtstags (Foto: Peter Berlin, London)
Abb. 72:	Ludwig Berlin bei der Betrachtung der Kunstwerke „Bank" und der Inschrift für die Gefallenen des Zweiten Weltkriegs (Foto: Martina Switalski)
Abb. 73:	Hildegard Schloß, später Meira Jerusalem, und ihr Vater Siegfried Schloß (Zinke, Peter: Flucht nach Palästina, S. 152 und StadtAN, C21/VII Nr. 140)
Abb. 74:	Zugangsliste des KZ Sachsenhausen mit Siegfried Schloß als Schutzjude auf Platz 67 (ITS Archives Arolsen, Doc. No. 4094935#1 /1.1.38.1/0001-0189/0110/0044)

Abb. 75:	Die Preisträgerin Sophie Anuth bei der Verleihung der Wertheimer-Schloß-Medaille am 9. November 2014 siehe Seite 164 im Farbteil (Foto: Kurt O. Wörl)
Abb. 76:	Todesschein von Siegfried Schloß aus dem KZ Sachsenhausen (ITS Archives Arolsen: Doc. No. 4109776#1 (1.1.38.1/0001-0189/0167/0076)
Abb. 77:	Dr. Max Freudenthal als Rabbiner 1907 und 1932 (Sammlung Leibl Rosenberg)
Abb. 78:	Max Freudenthals Geschichte der „Israelitischen Kultusgemeinde Nürnberg 1874–1924" aus der Bibliothek des Melanchthon-Gymnasiums (Sammlung Leibl Rosenberg)
Abb. 79:	Max Freudenthals „Kriegsgedenkbuch" aus der Bibliothek des Melanchthon-Gymnasiums (Sammlung Leibl Rosenberg)
Abb. 80:	Wege in den Krieg. Skizze der Anreise zur Westfront von Walter Freudenthal 1915
Abb. 81:	Franz Reizenstein als Professor am Royal College of Music in Manchester (http://www.franzreizenstein.com/biography.html, DL am 8.8.15)
Abb. 82:	Pass von Franz Reizenstein (StadtAN, C21/VII Nr. 126)
Abb. 83:	Franz Reizensteins Klavierabend Katharinenkapelle 1932 (Sammlung Leibl Rosenberg)
Abb. 84:	Aufnahme des Alten Gymnasiums nach 1911 (Schularchiv MGN Direktorat)
Abb. 85:	Nürnberger Konzertrezension für Heinz und Elsbeth Freudenthal 1932 (Sammlung Leibl Rosenberg)
Abb. 86:	Titelblatt des Nürnberg-Fürther Israelitischen Gemeindeblatts zu Ehren von Dr. Max Freudenthal 1932 (Sammlung Leibl Rosenberg)
Abb. 87:	Synagogen-Melodien von Louis Lewandowski (http://imslp.org/wiki/File:TN-Lewandowski,_Louis,_Synagogen-Melodieen,_Op.47.jpg, DL am 21.12.12)
Abb. 88:	Abschiedsgruß des Nürnberger Rabbiners Dr. Freudenthal beim Umzug nach München (Sammlung Leibl Rosenberg)
Abb. 89:	Walter Freudenthals Doktorarbeit über die „Steigerung der industriellen Selbstkosten im Jahr 1919 unter dem Einfluß seiner besonderen sozialen und politischen Verhältnisse" von 1921 (Sammlung Leibl Rosenberg)
Abb. 90:	Eintrag zu Walter Freudenthal im „Kriegsgedenkbuch" von Dr. Max Freudenthal
Abb. 91:	NS-Feiern im Schulalltag des Melanchthon-Gymnasiums 1937/38(Jahresbericht MGN 1937/38)
Abb. 92:	NS-Aktivitäten im Schuljahr 1933/34 (Jahresbericht MGN 1937/38)
Abb. 93:	Lateinische Schulaufgabe über den „Schandvertrag" von Versailles aus dem Jahr 1937 (Sammlung Wallner)
Abb. 94:	Griechische Aufzeichnungen Wallners zum Opferwillen der Lakedaimonier aus dem Jahr 1937 (Sammlung Wallner)
Abb. 95:	Lateinische Schulaufgabe über den Verlust der deutschen Kolonien aus dem Jahr 1937(Sammlung Wallner)
Abb. 96:	Lateinische Schulaufgabe über rationierte Kriegswirtschaft vom 1. Dezember 1937(Sammlung Wallner)
Abb. 97:	Lateinische Schulaufgabe über „Kraft-durch-Freude"- Fahrten vom 3. Dezember 1937(Sammlung Wallner)
Abb. 98:	Klassenfoto von Karl Heinz Klaever von 1939 (Sammlung Klaever)
Abb. 99:	Klassenliste von Otto Hornstein aus dem Jahresbericht 1938/39 und der Dreizehnjährige in Jahr 1939 (Jahresbericht MGN 1938/39 und Sammlung Hornstein)

Abb. 100: Schusserplatz, Flakhelfer und Flak zeigen den paramilitärischen Einsatz der Schüler (Fotos Schusserplatz und Flakhelfer aus Ausstellung „Verführt, verleitet, verheizt. Das kurze Leben des Nürnberger Hitlerjungen Paul B." vom 28. Mai bis 30. November 2004 im Dokumentationszentrum Reichsparteitagsgelände, Flak (Sammlung Dr. Ferdinand Klaever)

Abb. 101: Paul Bayer in HJ-Uniform, auf dem Klassenbild im Melanchthon-Gymnasium und aufgebahrt (Ausstellung „Verführt, verleitet, verheizt. Das kurze Leben des Nürnberger Hitlerjungen Paul B. vom 28. Mai bis 30. November 2004 im Dokumentationszentrum Reichsparteitagsgelände (Sammlung Dr. Ferdinand Klaever)

Abb. 102: Todesanzeigen für die vier gefallenen Schüler des Melanchthon-Gymnasiums 1943 (Nadler, Fritz: Eine Stadt im Schatten Streichers, Nürnberg 1969, S. 103)

Abb. 103: Trauerredemanuskript von Direktor anlässlich der Beerdigung des 15jährigen Franz Merkl 1943 (StadtAN, F5 Nr. 444. Fritz Nadler schreibt am 20.8.1971 an den Kulturreferenten Nürnberg und legt das Foto und die Grabrede Dr. Mezgers bei)

Abb. 104: Reichsarbeitsdienst beim Hopfenpflücken in Spalt 1942 mit Professor Ostertag, genannt Oleon (Sammlung Dr. Ferdinand Klaever)

Abb. 105: Ferdinand Klaever (2. v. r. oberste Reihe) mit Prof. Ulmer im Schuljahr 1941/42 (Sammlung Dr. Ferdinand Klaever)

Abb. 106: Ferdinand Klaever mit seiner Klasse im Wehrertüchtigungslager Winter 1942 (Sammlung Dr. Ferdinand Klaever)

Abb. 107: Einsatzgefolgschaft zum Schutz der Kunstschätze der Nürnberger Burg (Sammlung Dr. Ferdinand Klaever)

Abb. 108: geheime Fotographien der Geschütze Anton und Berta im Reichsausbesserungswerk (Sammlung Dr. Ferdinand Klaever)

Abb. 109: Ferdinand Klaevers Wehrpass verzeichnet ihn als „Gymnasiasten" (Sammlung Dr. Ferdinand Klaever)

Abb. 110: Geheime Aufnahme des Reichsausbesserungswerks mit Kommandogerät (rechts) (Sammlung Dr. Ferdinand Klaever)

Abb. 111: Flakhelfer der 6b des Melanchthon-Gymnasiums beim Reichsausbesserungswerk 1943(Sammlung Dr. Ferdinand Klaever)

Abb. 112: ganz links an der Flak Ferdinand Klaever und rechts Mitschüler Kuhlmann (Sammlung Dr. Ferdinand Klaever)

Abb. 113: Ferdinand Klaever in der Batterie 633 Heinrichs in Würzburg (Sammlung Dr. Ferdinand Klaever)

Abb. 114: Ferdinand Klaever (Mitte) mit Hermann Kirste (Sammlung Dr. Ferdinand Klaever)

Abb. 115: Ferdinand Klaevers älterer Bruder Karl Heinz 1939 (Sammlung Dr. Ferdinand Klaever)

Abb. 116: Rolf Riedel überlebte die Bombennacht vom 2. Januar 1945 im Bunker der Schule (Foto: privat)

Abb. 117: Nachkriegsaufnahme des Melanchthon-Gymnasiums von Osten vom 22. September 1965 . (StadtAN Fi S 4182)

Abb. 118: Ehrentafel für die Gefallenen des Alten Gymnasiums während des Ersten Weltkriegs (Photo von 1936) (Schularchiv Direktorat MGN)

Abb. 119: Gefallenentafel mit Ergänzung zum Zweiten Weltkrieg betrachtet von Prof. Hornstein 2011 (Foto: Martina Switalski)

Abb. 120: Namentlicher Ehrentafelentwurf für die Opfer des Zweiten Weltkriegs (Jahresbericht des Melanchthon-Gymnasiums 1954, S. 35) und Fotos des MGN von 1936

Abb. 121: Installation „Bank" (Photo: Robert Sauerbeck) Farbbildteil S. 162

Abb. 122: Direktor Dr. phil. Friedrich Emil Mezger nach 1933 (BayHStA, MK46904)

Abb. 123: Passbild des Naturkundelehrers Franz Bauer (BayHStA, MK45609)

Abb. 124: Bestätigung der Reichsluftschutztätigkeit Helmreichs durch die Ortsgruppe Nürnberg-Süd (BayHStA, MK46332)

Abb. 125: Persilscheine Dr. Helmreichs 1945 (BayHStA, MK46332)

Abb. 126: Dr. Helmreichs Ariernachweis (BayHStA, MK46332)

Abb. 127: ehemalige Turnhalle des Melanchthon-Gymnasiums 1936 (Schularchiv Direktorat MGN)

Abb. 128: Turnlehrer Ludwig Daut (BayHStA, MK45862)

Abb. 129: Dr. Ludwig Früchtel als Lehrbuchautor für Griechische Grammatik und als Schulleiter in Burghausen (BayHStA, MK46083)

Abb. 130: Griechische Grammatik von Dr. Ludwig Früchtel (Schularchiv Direktorat MGN)

Abb. 131: Klasse 9d setzt sich am 31.3.2013 mit Handgranaten, Kriegstagebüchern und den Veränderung im Schulalltag des Dritten Reichs mit Originalquellen auseinander (Foto: Martina Switalski)

Abb. 132: Familienerinnerungen der deutschen Gruppe an den Krieg (Foto: Martina Switalski)

Abb. 133: deutsch-israelische Gruppe vor dem Felsendom in Jerusalem (Foto: Martina Switalski)

Abb. 134: deutsch-israelische Gruppe, tanzend in Jerusalem 2014 (Foto: Martina Switalski)

Abb. 135: deutsch-israelische Schülergruppe Masada 2016 (Foto: Shelley Kantarovich)

Abb. 136: Luisa Heine mit ihrem Austauschpartner Jacov beim Willkommensabend in Jerusalem; Franca, Mona und Sophia vor dem Toten Meer 2014 (Foto: Martina Switalski)

Abb. 137: Deutsche Schülergruppe singt 2014 in der Redeemer Church Jerusalem „Schalom, möge Friede mit dir sein" - eine Komposition zum Austausch von Johannes Mathias Roth (Foto: Johannes Mathias Roth)

Abb. 138: Deutsch-israelische Gruppe im Naturpark En Gedi mit Oren Lallo 2014 (Foto: Johannes Mathias Roth)

Abb. 139: Jan Dittmar, Julia Dörsam, Elisabeth Bühner, Judith Winter und Michel Zwicker mit ihrer Geschichtslehrerin auf der Ausstellungseröffnung des Schulmuseums am 23.2.15 (Foto: Dr. Cornelia Kirchner-Feyerabend)

Abb. 140: Luisa Heine, Franca Bauernfeind und Sophia Deininger (Mitte) bei der Verleihung des Otto-Wels-Preises für Demokratie der SPD Bundestagsfraktion in Berlin am 6. Mai 2015 für ihren Film „Mein Israel" durch Außenminister Steinmeier (links) (Foto: Martina Switalski)

Abb. 141: Collagen des Schüleraustauschs MGN-Ironi Alef Tel Aviv 2016

Abb. 142: Theodor Tharandt erhält den 1. Preis der Kategorie Schülerarbeiten des Vereins f+r die Geschichte der Stadt Nürnberg aus den Händen von Oberbürgermeister Dr. Ulrich Maly für seine W-Seminarsarbeit „Kritischer Kommentar zum Champagnefeldzugtagebuch des jüdischen Melanchthonianers Dr. Walter Freundenthal von 1915" (Foto: Jasmin Staudacher, Stadtarchiv Nürnberg)